LA BOÎTE À OUTILS DE L'AUDITEUR FINANCIER

Sylvain Boccon-Gibod
Éric Vilmint

Préface de Jean-Luc Flabeau

67 outils clés en main
+ 3 vidéos d'approfondissement

3e édition

DUNOD

Mise en page : Belle Page
Maquette de couverture : mokmok.agency

Les QR codes et liens hypertexte permettant d'accéder aux sites Internet proposés dans cet ouvrage, n'engagent pas la responsabilité de Dunod Éditeur, notamment quant au contenu de ces sites, à leur éventuel dysfonctionnement ou à leur indisponibilité d'accès. Dunod Éditeur ne gère ni ne contrôle en aucune façon les informations, produits ou services contenus dans ces sites tiers.

11 rue Paul Bert, 92240 Malakoff
www.dunod.com

ISBN 978-2-10-083721-2

VOUS AUSSI, AYEZ LE RÉFLEXE

Boîte à outils

Des outils classés par dossiers thématiques

Une présentation visuelle de chaque outil

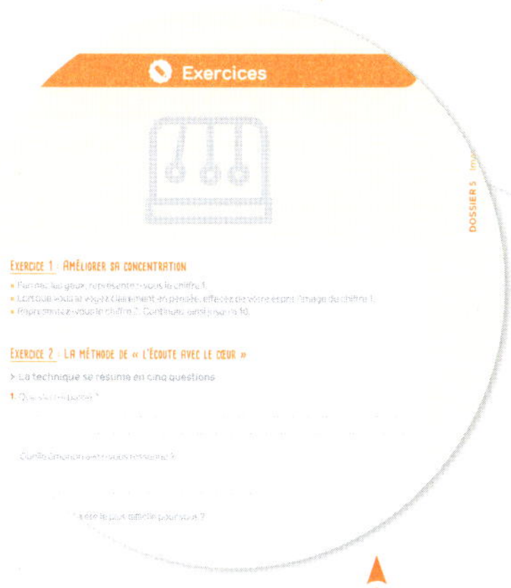

Des exemples, cas ou exercices pour approfondir

La Boîte à outils

DES OUTILS OPÉRATIONNELS TOUT DE SUITE

MANAGEMENT LEADERSHIP

Agilité
Dir. N. Van Laethem
Chef de projet, 3e éd.
J. Maes, F. Debois
Conduite du changement et de la transformation, 2e éd.
D. Autissier, J.M. Moutot, K. Johnson, et al.
Innovation managériale
D. Autissier, E. Métais-Wiersch, J.-M. Peretti
Intelligence collective, 2e éd.
B. Arnaud, S. Caruso Cahn
Leadership, 2e éd.
J.-P. Testa, J. Lafargue, V. Tilhet-Coartet
Management
V. Dicecca, P. Guillou
Management à distance
S. Levillain Desmarchelier
Management transversal, 2e éd.
J.-P. Testa, B. Déroulède
Manager de managers
A. Hamayon, J. Isoré, J.-P. Testa
Manager leader
P. Bélorgey, N. Van Laethem
Motivation
S. Micheau-Thomazeau, L. Thomas
Organisation, 3e éd.
B. Pommeret

STRATÉGIE D'ENTREPRISE

Acheteur, 3e éd.
S. Canonne, P. Petit
Analyse des données
C. Coron
Chief Digital Officer
E. Métais-Wiersch, D. Autissier
Consultant, 2e éd.
P. Stern, J.-M. Schoettl
Design thinking
E. Brunet
Développement durable et RSE
V. Maymo, G. Murat
Digital en entreprise
Dir. C. Lejealle
Gamification
A. Duarté, S. Bru
Innovation, 2e éd.
G. Benoit-Cervantes
Lean, 2e éd.
R. Demetrescoux
Stratégie, 4e éd.
B. Giboin
Stratégie Big Data
R. Rissoan, R. Jouin
Supply chain, 2e éd.
A. Perrot, P. Villemus

GESTION / FINANCE / COMPTABILITÉ

Auditeur financier, 3e éd.
S. Boccon-Gibod, É. Vilmint
Comptabilité, 3e éd.
B. Bachy
Contrôle de gestion
C. Selmer
Qualité, 4e éd.
F. Gillet-Goinard, B. Seno
Responsable financier, 3e éd.
C. Selmer
Santé – Sécurité – Environnement, 4e éd.
F. Gillet-Goinard, C. Monar

RESSOURCES HUMAINES / FORMATION

Accompagnement professionnel
M.-L. Barthélémy, H. Le Pennec
Chief Happiness Officer
A. Motte, S. Larabi, S. Boutet
Coaching, 3e éd.
B. Ammiar, O. Kohneh-Chahri
CSE, 2e éd.
A.-L. Smaguine
Dialogue en entreprise
A. Stimec, A. Benitah
Facilitation
E. Brunet, A. Monot
Formateurs, 4e éd.
F. Bouchut, F. Cuisiniez, I. Cauden, et al.
Gestion des conflits, 2e éd.
J. Salzer, A. Stimec
Ressources Humaines, 3e éd.
A. Haegel
Télétravail
G. Epitalon, F. Gault, C. Rabineau

MARKETING / COMMUNICATION

Communication, 4e éd.
B. Jézéquel, P. Gérard
Community manager, 2e éd.
C. Pellerin
Conférencier, 2e éd.
C. Morlet, B. Deloupy
Écrire pour le web, 2e éd.
M. Gani
Facebook Ads et Instagram Ads
C. Pellerin
Génération de Leads
P. Gastaud
Inbound marketing et growth hacking
S. Truphème, P. Gastaud
Instagram
C. Pellerin
LinkedIn
J. Pibourret
Marketing, 4e éd.
N. Van Laethem, B. Durand-Mégret
Marketing digital, 2e éd.
S. Truphème, P. Gastaud
Marketing vidéo
T. Gasio
Podcast
V. Béjot
Réseaux sociaux
C. Pellerin
SEO
B. Thiers
Stratégie digitale omnicanale
C. Headley, C. Lejealle

COMMERCIAL / RELATION CLIENT

Commercial, 3e éd.
P. Bélorgey, S. Mercier
E-commerce, 2e éd.
C. Delabre
Expérience client, 3e éd.
L. Chabry, F. Gillet-Goinard, R. Jourdan
Libraire
C. Meneghetti, J.-C. Millois

ENTREPRENEURIAT

Création d'entreprise, éd. 2022
C. Léger-Jarniou, G. Kalousis
Freelance
S. Moran
Levée de fonds
D. Bernard, C. Tremblais, A. Magnin, et al.
Micro-entrepreneur, 2e éd.
C. Selmer, J. Hellart

EFFICACITÉ / BIEN-ÊTRE AU TRAVAIL

Améliorer sa mémoire et sa concentration
X. Delengaigne, C. Maitre
Animer vos réunions
F. Gillet-Goinard, L. Maimi
Bien-être au travail, 2e éd.
C. Huet, G. Rohou, L. Thomas
Confiance en soi
A. Leibovitz
Créativité, 3e éd.
F. Debois, A. Groff, E. Chenevier
Développement personnel
L. Lagarde
Écrits professionnels
V. Le Broussois
Efficacité professionnelle, 2e éd.
P. Bélorgey
Gestion du stress, 2e éd.
G. du Penhoat
Gestion du temps, 2e éd.
P. Bélorgey
Intelligence émotionnelle, 2e éd.
C. Peres-Court, M.-E. Launet
Mind mapping, 2e éd.
X. Delengaigne, M.-R. Delengaigne
Négociation, 2e éd.
P. Stern, J. Mouton
Orthographe
A. Ponsonnet
Pensée visuelle
C. Tsiang, B. Lhuillier
Personal Branding
S. Moran, N. Van Laethem
Prendre la parole en public
A. Leibovitz
Psychologie positive au travail
B. Arnaud, E. Mellet
Relaxation
L. Histel-Barontini
Santé au travail
C. Vasey
Soft skills
N. Van Laethem, J-M Josset

Remerciements

Nous remercions nos familles, épouses et enfants respectifs, qui nous ont accompagnés dans la préparation de cette troisième édition.

Nous remercions également nos associés et notre équipe d'auditeurs. Les échanges que nous avons eus ensemble ont largement contribué à enrichir cet ouvrage.

Enfin, nous remercions notre préfacier qui fait bénéficier la profession de son expérience et de son engagement depuis de nombreuses années.

Préface

Gilets jaunes, mouvements sociaux, crise sanitaire et conflit armé en Europe… Le monde d'aujourd'hui est une succession de crises majeures et nous sommes contraints de nous adapter à ces situations d'imprévisibilité qui deviennent la normalité.

Face à ces évènements extrinsèques, les trois millions d'entreprises françaises et la grande majorité des TPE/PME qui caractérisent notre tissu économique, agissent pour assurer leur poursuite d'exploitation et continuer leur développement.

Mais toutes ces entreprises doivent, dans le même temps, intégrer de fortes mutations sociétales dans leurs organisations et business models : transformation numérique, développement durable avec une meilleure prise en compte de critères environnementaux, nouvelles attentes RH, etc.

Le nouveau monde économique qui se dessine devant nos yeux demandera plus de transparence, plus de conformité, plus de durabilité sociale, économique et environnementale. La comptabilité, qui encore récemment ne traitait que des informations financières, s'enrichit dorénavant de données extra-financières.

Afin de relever ces multiples défis, je suis convaincu que nos entreprises et leurs parties prenantes seront de plus en plus demandeuses de missions d'audit externes et indépendants. Avec des formes variées : audit légal et contractuel, financier et extra-financier. Les auditeurs sont les acteurs de confiance dont notre économie et ses entreprises ont tant besoin !

Les auteurs de cet ouvrage, Sylvain Boccon-Gibod et Éric Vilmint, deux professionnels reconnus de l'audit, fournissent de très nombreux outils pour réaliser un audit financier et apportent une aide pragmatique et précieuse, tant aux praticiens qu'aux étudiants.

La construction d'un audit doit toujours être guidée par une démarche intellectuelle de son auteur et le jugement professionnel de ce dernier est indispensable dans la délivrance de son opinion. L'auditeur doit constamment s'assurer que ses travaux d'audit sont toujours utiles et adaptés à l'entreprise et ses parties prenantes.

C'est donc à lui seul de choisir la démarche la plus adaptée pour réaliser un audit de qualité et celle qui lui permettra, de façon la plus efficace, de délivrer son opinion d'auditeur. C'est toujours au professionnel de choisir les meilleurs outils à sa mission d'audit.

Bonne lecture.

Jean-Luc Flabeau
Vice-président du Conseil national de l'ordre des experts-comptables (depuis 2020)
et président de la CRCC de Paris (2014-2017)

Avant-propos

Le commissaire aux comptes joue un rôle clé dans l'économie. Plus que jamais, sa position de tiers de confiance permet la sécurisation des différentes parties prenantes (entreprises, banques, investisseurs, actionnaires…). Investi d'une mission d'intérêt général, il est également au service de son client à qui il apporte de la valeur en identifiant d'éventuels risques ou faiblesses.

En 2019, la loi Pacte est venu bouleverser la profession en relevant les seuils de nomination obligatoire du commissaire aux comptes pour les sociétés commerciales. Ainsi, environ 70 % des mandats d'audit légal sont devenus facultatifs, avec des conséquences importantes :

- obligation pour les professionnels de se « réinventer », afin de démontrer à l'environnement économique l'utilité de leur mission ;
- nécessité de réfléchir aux « nouvelles missions » qui pourraient être développées par les commissaires aux comptes dans le respect de leur déontologie ;
- risque de dégradation du dispositif légal de prévention qu'est la procédure d'alerte, puisque le nombre d'entreprises contrôlées va nécessairement diminuer ;
- probable concentration du marché de l'audit à terme, avec la réduction du nombre de professionnels et un accès aux mandats devenant difficile pour les jeunes.

Cette réforme s'est accompagnée d'une réécriture du Code de déontologie, source d'une certaine confusion. Après la suppression des « DDL » (liste des services autorisés) en 2016 et l'instauration des « SACC » (liste des services interdits), la loi Pacte est encore venu changer l'angle de vue. Supprimant la notion de « services interdits », le texte la remplace par un triptyque « indépendance - absence d'auto-révision - mesures de sauvegarde » dont les contours restent à préciser.

Sur le fond, cette réforme ne change rien aux principes fondamentaux opérationnels de la profession. En effet, la fonction de l'auditeur consiste toujours à mener des travaux d'analyse des risques, de validation et de recherche dans le but de pouvoir exprimer une opinion sur des comptes et, le cas échéant, mettre en évidence des anomalies.

L'enseignement de l'audit est un exercice difficile puisqu'il s'agit d'un métier qui nécessite la compréhension d'un cadre théorique, qui va structurer une démarche essentiellement pratique, dont les principales évolutions sont liées à la technologie. Ce savoir-faire s'acquiert « sur le terrain », en complément de l'apprentissage théorique universitaire. L'expérience permet également d'appréhender les aspects comportementaux, les notions de jugement professionnel, d'esprit d'équipe et de confiance, qui constituent des piliers du métier.

Cet ouvrage s'adresse ainsi à l'ensemble des « auditeurs » et se focalise sur la dimension pratique du métier, dans le cadre de l'audit légal. Il a pour objectif de présenter les principaux aspects des outils permettant la réalisation des travaux au cours de la mission.

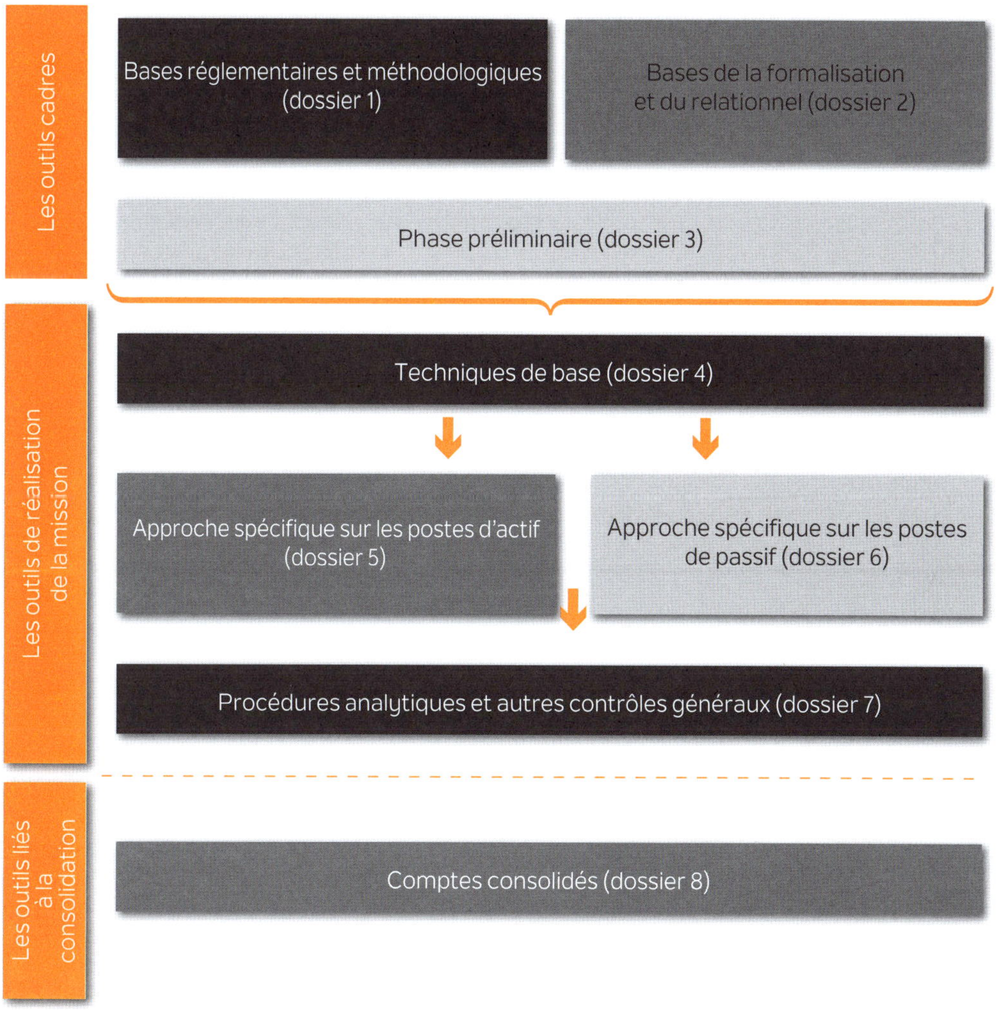

Sommaire des vidéos

Certains outils sont accompagnés de vidéos, accessibles par QR codes, qui complètent, développent ou illustrent le propos.

- **Dossier 1** L'esprit de l'auditeur
- **Dossier 2** L'importance de la communication
- **Dossier 3** L'approche par les risques

Sommaire

Préface ... 6
Avant-propos ... 8

DOSSIER 1 **BASES RÉGLEMENTAIRES ET MÉTHODOLOGIQUES** ... 12
- *Outil 1* Les normes d'audit ... 14
- *Outil 2* Le Code de déontologie ... 16
- *Outil 3* La documentation professionnelle ... 18
- *Outil 4* Les notes d'information ... 20
- *Outil 5* L'acceptation et le maintien d'un mandat ... 22
- *Outil 6* Le système d'évaluation du risque de blanchiment ... 24

DOSSIER 2 **BASES DE LA FORMALISATION ET DU RELATIONNEL** ... 26
- *Outil 7* Le dossier permanent ... 28
- *Outil 8* Le dossier de travail ... 30
- *Outil 9* Les feuilles maîtresses ... 32
- *Outil 10* La feuille de travail ... 34
- *Outil 11* Le programme de travail ... 36
- *Outil 12* Les étapes clés de la communication avec l'équipe ... 38
- *Outil 13* La supervision ... 40
- *Outil 14* Les étapes clés de la communication avec le client ... 42
- *Outil 15* La gestion de la réunion de synthèse ... 44
- *Outil 16* Les principaux documents de synthèse ... 46

DOSSIER 3 **PHASE PRÉLIMINAIRE** ... 48
- *Outil 17* Détermination des comptes et assertions significatifs ... 50
- *Outil 18* Évaluation du risque inhérent ... 54
- *Outil 19* Évaluation du risque lié au contrôle ... 56
- *Outil 20* Évaluation du risque d'anomalies significatives ... 60
- *Outil 21* Évaluation du risque de fraude ... 62
- *Outil 22* Le calcul des seuils ... 64

DOSSIER 4 **TECHNIQUES ÉLÉMENTAIRES** ... 68
- *Outil 23* Le tableau de passage ... 70
- *Outil 24* Le rapprochement ... 72
- *Outil 25* Les vérifications arithmétiques ... 74
- *Outil 26* La validation des quantités physiques ... 76
- *Outil 27* Les tests de *cut-off* ... *78*
- *Outil 28* La circularisation ... 82
- *Outil 29* La revue subséquente des décaissements ... 86
- *Outil 30* Démarche relative à la revue des tests de perte de valeur ... 88
- *Outil 31* Les techniques de sondage ... 92
- *Outil 32* L'analyse de données ... 96
- *Outil 33* La compréhension de la revue de l'environnement IT ... 98

- *Outil 34* L'utilisation des travaux d'un tiers ... 100
- *Outil 35* La lettre d'affirmation ... 102

DOSSIER 5 APPROCHE SPÉCIFIQUE SUR LES COMPTES D'ACTIF ... 104

- *Outil 36* Démarche d'audit sur les immobilisations incorporelles (hors R&D) ... 106
- *Outil 37* Démarche d'audit sur les immobilisations incorporelles : R&D ... 108
- *Outil 38* Démarche d'audit des immobilisations corporelles ... 110
- *Outil 39* Démarche d'audit sur les immobilisations financières ... 114
- *Outil 40* Démarche d'audit sur les stocks : quantités ... 116
- *Outil 41* Démarche d'audit sur les stocks : valorisation ... 118
- *Outil 42* Démarche d'audit sur les stocks : dépréciation ... 122
- *Outil 43* Démarche d'audit sur les créances clients ... 124
- *Outil 44* Démarche d'audit sur les autres créances et autres dettes ... 128
- *Outil 45* Démarche d'audit sur la trésorerie ... 130
- *Outil 46* Démarche d'audit sur les écarts de conversion ... 134
- *Outil 47* Démarche d'audit sur les comptes de régularisation ... 136

DOSSIER 6 APPROCHE SPÉCIFIQUE SUR LES COMPTES DE PASSIF ... 138

- *Outil 48* Démarche d'audit sur les capitaux propres ... 140
- *Outil 49* Démarche d'audit sur les provisions R&C hors retraite ... 142
- *Outil 50* Démarche d'audit sur les provisions R&C retraite ... 144
- *Outil 51* Démarche d'audit sur les dettes financières ... 146
- *Outil 52* Démarche d'audit sur les comptes fournisseurs ... 148
- *Outil 53* Démarche d'audit sur les dettes fiscales et sociales (hors TVA) ... 150
- *Outil 54* Démarche d'audit sur la TVA ... 152

DOSSIER 7 PROCÉDURES ANALYTIQUES ET AUTRES CONTRÔLES GÉNÉRAUX ... 154

- *Outil 55* La revue analytique du bilan ... 156
- *Outil 56* La revue analytique du compte de résultat ... 158
- *Outil 57* La revue analytique du tableau de flux ... 160
- *Outil 58* Le contrôle de la continuité d'exploitation ... 162
- *Outil 59* La procédure d'alerte ... 164
- *Outil 60* La revue indépendante ... 166

DOSSIER 8 COMPTES CONSOLIDÉS ... 168

- *Outil 61* Le référentiel de consolidation ... 170
- *Outil 62* Les instructions d'audit ... 172
- *Outil 63* La revue du tableau de variation des capitaux propres consolidés (TVCP) ... 174
- *Outil 64* La revue des contrats de location ... 178
- *Outil 65* La revue de l'impôt différé ... 180
- *Outil 66* La preuve d'impôt ... 182
- *Outil 67* La revue croisée des travaux ... 186

Glossaire ... 189
Bibliographie ... 191

1

DOSSIER

BASES RÉGLEMENTAIRES ET MÉTHODOLOGIQUES

“

Une réglementation spécifique et prolifique !

dunod.link/audit01
L'esprit de l'auditeur

Audit contractuel et audit légal

Les interventions de l'auditeur peuvent être menées dans différents cadres.

- Un cadre contractuel aux termes duquel une entreprise demande à un auditeur de réaliser des travaux d'audit pour son compte, qui peuvent concerner la structure elle-même, une de ses filiales ou une société qu'elle souhaite acquérir (notion de « due diligence »).
- Un cadre légal réservé aux commissaires aux comptes (CAC) qui doivent alors justifier d'un diplôme (le DEC, diplôme d'expertise comptable, ou bien le CAF CAC, certificat d'aptitude aux fonctions de commissaire aux comptes) et être inscrit auprès de la Compagnie régionale des commissaires aux comptes de son lieu d'exercice.

Cadre réglementaire de l'audit légal

La réglementation de l'audit légal, bien qu'imposant des contraintes, est un gage de qualité pour les tiers. Elle permet de définir les limites de l'intervention de l'auditeur qui, par définition, ne peut pas revoir l'exhaustivité des transactions intervenues au cours d'un exercice donné au sein d'une entreprise. Par ailleurs, cette réglementation est relativement dense. Les sources sont multiples et les textes « officiels » s'accompagnent d'interprétations foisonnantes. Elles peuvent porter sur des thèmes techniques mais aussi comportementaux et méthodologiques. Dans ce contexte, le professionnel doit être capable de hiérarchiser ces différents textes et être en mesure de s'y référer lorsqu'il en ressent le besoin.

Il est ainsi fondamental de distinguer :

- les normes professionnelles qui définissent les modalités de conduite de la mission (en France, les normes d'exercice professionnel ou « NEP ») ;
- le Code de déontologie de la profession de commissaire aux comptes qui présente les principes généraux applicables à la profession et les règles de comportement ;
- l'acceptation de la mission prévue par le Code de déontologie, reposant sur l'indépendance et la compétence du commissaire aux comptes ;
- la documentation professionnelle et la doctrine qui regroupent l'ensemble des publications issues de différents organismes et institutions sur une multitude de sujets ;
- les notes d'information publiées par la Compagnie nationale des commissaires aux comptes (CNCC) qui ont pour but de faciliter la pratique des professionnels sur les sujets traités ;
- la réglementation spécifique relative à la lutte contre le blanchiment de capitaux et le financement du terrorisme.

Les outils

1 **Les normes d'audit** 14

2 **Le Code de déontologie** 16

3 **La documentation professionnelle** 18

4 **Les notes d'information** 20

5 **L'acceptation et le maintien d'un mandat** 22

6 **Le système d'évaluation du risque de blanchiment** 24

Outil 1 Les normes d'audit

> “
> *Les NEP constituent le cadre d'exercice de l'auditeur légal.*

En quelques mots

Les **normes d'exercice professionnel (NEP)** constituent le cadre de référence pour l'auditeur qui doit pouvoir démontrer que son opinion est assise sur des travaux réalisés dans le respect de ces normes. Avec la réforme européenne de l'audit entrée en vigueur en 2016, le régulateur fait expressément référence aux **normes d'audit internationales (ISA)**, le recours aux normes « françaises », adoptées par le H3C, n'étant nécessaire qu'en l'absence de normes ISA.

DES NORMES INTERNATIONALES AUX NORMES FRANÇAISES

INTERNATIONAL → « ISA »		FRANCE → « NEP »
		Normes spécifiques à la France NEP 100, audit des comptes réalisé par plusieurs commissaires aux comptes NEP 730, changements comptables Etc.
ISA 200, objectifs généraux de l'auditeur indépendant et conduite d'un audit selon les normes internationales d'audit	Adaptées dans le référentiel français →	NEP 200, principes applicables à l'audit des comptes mis en œuvre dans le cadre de la certification des comptes
ISA 230, documentation d'audit		NEP 230, documentation de l'audit des comptes
ISA 240, obligations de l'auditeur en matière de fraude lors d'un audit d'états financiers		NEP 240, prise en considération de la possibilité de fraudes lors de l'audit des comptes
Etc.		Etc.
Autres normes ISA, non encore retranscrites dans le référentiel français		

POURQUOI L'UTILISER ?

Objectif

Dans le cadre d'une mission légale, il s'agit de définir les obligations qui incombent à l'auditeur de manière à assurer la qualité nécessaire à l'opinion émise.

Contexte

Les NEP françaises sont pour une large part la retranscription des normes ISA (*International Standard on Auditing*, normes consacrées dans le cadre de l'entrée en vigueur en 2016 de la réforme européenne de l'audit), lesquelles sont des normes internationales d'audit édictées par l'IFAC. Certaines spécificités françaises font l'objet de NEP qui nous sont propres. Afin de faciliter la correspondance NEP/ISA, la numérotation internationale a été conservée, ce qui explique que les numéros des NEP ne se suivent pas.

COMMENT L'UTILISER ?

Étapes

Les NEP couvrent l'ensemble des aspects de la mission. L'auditeur doit impérativement en avoir une maîtrise générale et se référer au texte en cas de doute. Elles sont organisées de la manière suivante.

1. Audit des comptes mis en œuvre dans le cadre de la certification des comptes :
- aspects généraux (NEP 100 à 265) ;
- évaluation du risque d'anomalie significative et procédures d'audit mises en œuvre (NEP 300 à 450) ;
- caractère probant des éléments collectés (NEP 500 à 580) ;
- utilisation des travaux d'un autre professionnel (NEP 600 à 630) ;
- rapports (NEP 700 à 730) ;
- audit des comptes mis en œuvre dans certaines entités (NEP 911 à 920) - qui comprend la nouvelle norme « ALPE ».

2. Examen limité en application des dispositions légales et réglementaires (NEP 2410).

3. Interventions en application d'autres dispositions légales et réglementaires :
- diligences du CAC relatives au rapport de gestion, aux autres documents sur la situation financière et les comptes, et aux informations relevant du rapport sur le gouvernement d'entreprise (NEP 9510) ;
- comptes annuels et consolidés présentés selon le format d'information électronique unique européen (NEP 9520) ;
- obligations du CAC en matière de lutte contre le blanchiment des capitaux et le financement du terrorisme (NEP 9605).

Méthodologie et conseils

La loi Pacte est venue modifier l'organisation des NEP, avec notamment l'introduction de la mission ALPE. Il est donc nécessaire, avant d'appliquer une norme, de s'assurer qu'elle est bien en phase avec les dernières évolutions réglementaires. En cas de doute, il est nécessaire de se référer aux publications de la CNCC.

Avant de se lancer...

✓ **Les NEP constituent un référentiel normatif relativement complet qui évolue régulièrement.**

✓ **Le référentiel NEP est un texte disponible au format papier et électronique. La version numérisée permet d'utiliser la fonction recherche et de faire des copier/coller de texte directement dans les documents de travail.**

✓ **L'auditeur doit impérativement suivre les mises à jour et ne pas hésiter à se référer au texte. Il doit suivre des formations régulières, être abonné à des revues d'actualité comptable et suivre la publication de la documentation professionnelle (*cf.* outil 3).**

Outil 2 Le Code de déontologie

> Le Code de déontologie est l'un des éléments du socle sur lequel repose la profession de commissaire aux comptes.

En quelques mots

En tant qu'auditeur légal, le commissaire aux comptes est soumis au respect de règles professionnelles précises. Au-delà des normes de travail à proprement parler (les NEP, *cf.* outil 1), la profession s'est dotée d'un **Code de déontologie** qui formalise les principes fondamentaux que chaque professionnel s'engage à respecter. Ce code a été réécrit en 2020 suite à la loi Pacte. Sa dernière version laisse place à quelques incertitudes.

LE RECUEIL DES PRINCIPES FONDAMENTAUX

Code de déontologie de la profession de commissaire aux comptes (annexe 8-1 du livre VIII du Code de commerce, partie réglementaire)

CNCC COMPAGNIE NATIONALE DES COMMISSAIRES AUX COMPTES

Code de déontologie de la profession de commissaire aux comptes (Annexe 8-1 du Livre VIII du Code de commerce, partie réglementaire) En vigueur à compter du 25 mars 2020

POURQUOI L'UTILISER ?

Objectif

Le Code de déontologie de la profession de commissaire aux comptes a pour objectif de fixer les principes fondamentaux devant être respectés par tous les commissaires aux comptes dans l'exercice de leurs fonctions.

Contexte

L'auditeur légal exerce une profession réglementée. Le Code de déontologie est l'un des éléments qui compose le socle de cette réglementation. Ses dispositions traitent notamment des thèmes suivants.

- Dispositions communes à l'ensemble des professionnels :
  - principes fondamentaux de comportement ;
  - conduite de la mission et acceptation ;
  - honoraires ;
  - publicité, sollicitation personnalisée et services en ligne ;
  - limitations et interdictions.
- Dispositions complémentaires applicables dans l'exercice de l'activité de certification des comptes :
  - interdictions, situations à risque et mesures de sauvegarde ;
  - acceptation, conduite et maintien de la mission ;
  - exercice en réseau ;
  - liens personnels, financiers et professionnels ;
  - honoraires.

COMMENT L'UTILISER ?

Étapes

- Le Code n'est pas un outil auquel le professionnel se réfère au quotidien dans le déroulement de ses missions. Il définit le cadre dans lequel doit s'inscrire la pratique du contrôle légal des comptes par le/les commissaire(s) aux comptes.
- Certains principes sont d'application permanente, notamment en ce qui concerne l'intégrité, l'impartialité, l'indépendance, la prévention des conflits d'intérêt, la compétence, la confraternité et la discrétion.
- D'autres principes s'appliquent dans des moments spécifiques de la mission, en particulier lors de son acceptation et son maintien.

Méthodologie et conseils

Le contenu du Code est bien connu des étudiants ou des stagiaires, dont le cursus en prévoit l'étude approfondie. L'une des épreuves du diplôme d'expert-comptable est d'ailleurs spécifiquement dédiée à la déontologie de l'expert-comptable et du commissaire aux comptes, ce qui souligne l'importance de ses dispositions.
Au-delà de cette vision académique, il ne prend tout son sens qu'avec la pratique et l'expérience professionnelle. Dans sa version 2020, la suppression des services interdits, remplacés par une approche « risque-sauvegarde », introduit un critère subjectif dans l'analyse des missions pouvant être acceptées (l'existence de « mesures de sauvegarde » dont il est difficile en pratique de citer des exemples). Il fait donc peser des risques sur son application que la pratique devra préciser. Le H3C prévoit la publication de normes apportant des définitions, des règles de mise en œuvre et des indications en matière de risques et de mesures de sauvegarde.

Avant de se lancer...

✓ **Le Code de déontologie exprime clairement les principes communs à l'ensemble des commissaires aux comptes sur lesquels repose leur exercice professionnel.**

✓ **S'agissant d'un outil qui fixe un cadre, son contenu peut faire l'objet d'interprétations. En particulier, l'approche « risque-sauvegarde » n'est pas bien défini à ce jour et son interprétation est source de risques. Au-delà de la lettre du Code de déontologie, le professionnel doit se référer, le cas échéant, aux interprétations qui ont pu être réalisées par la Compagnie nationale des commissaires aux comptes (CNCC).**

Outil 3

La documentation professionnelle

« L'auditeur doit se donner les moyens de mettre en place une veille technique et professionnelle efficace.

En quelques mots

L'auditeur évolue dans un environnement en perpétuel changement, tant du point de vue de la réglementation comptable que de la réglementation professionnelle. Il existe ainsi de nombreuses sources de réglementations, d'interprétations, de recommandations ou de doctrine.
Même s'il ne peut bien évidemment pas connaître tous les textes, l'auditeur doit se donner les moyens d'être informé en temps réel de leur évolution et doit être capable d'obtenir l'information utile sur tous les sujets qu'il a à traiter au moyen d'**une documentation à source multiple**.

UNE DOCUMENTATION AUX SOURCES MULTIPLES

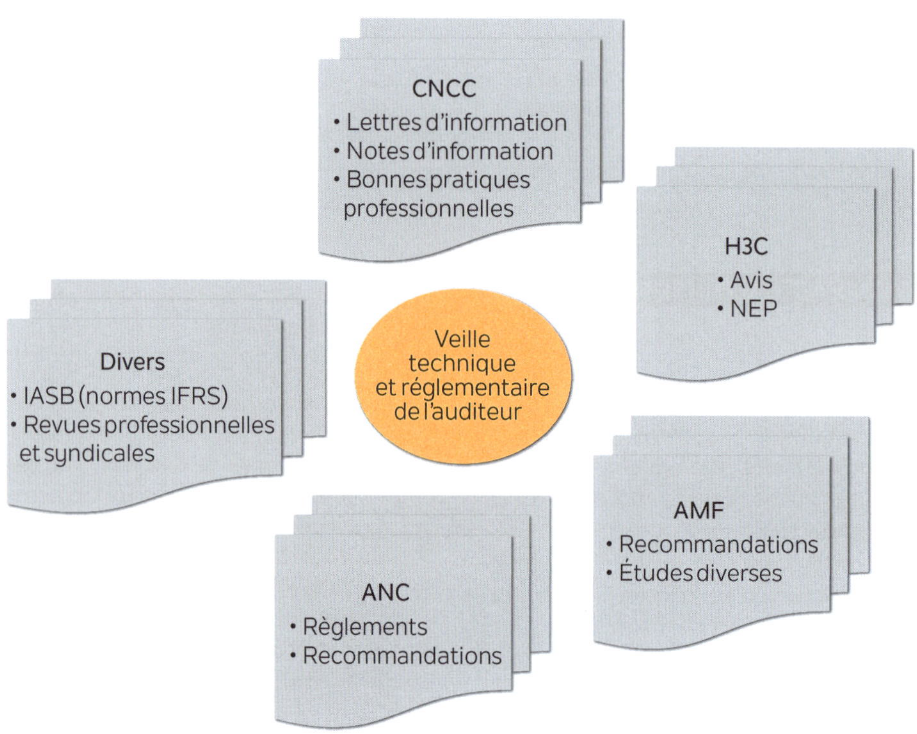

POURQUOI L'UTILISER ?

Objectif

Cette documentation doit permettre à l'auditeur d'être :
- à jour en permanence des dernières évolutions réglementaires ;
- capable de trouver de la documentation sur les problématiques auxquelles il est confronté.

Contexte

De nombreuses institutions (par exemple : CNCC, AMF, ANC, H3C, IASB...) émettent des communications, sous des formes diverses (normes, avis, recommandations, études...), qui ont un impact direct sur la pratique de l'auditeur ou sur la solution à retenir face à une problématique donnée.
L'auditeur doit mettre en place un système de veille et d'archivage de l'information lui permettant d'en disposer au bon moment.

COMMENT L'UTILISER ?

Étapes

- L'auditeur doit se constituer une bibliothèque contenant l'ensemble des documents de base nécessaires à l'exercice de sa profession (normes, notes d'information, etc.).
- L'information de base intéressant l'auditeur légal est émise par la CNCC au travers de sa lettre d'information hebdomadaire. Ce document, accessible aux commissaires aux comptes inscrits et à leurs collaborateurs se présente sous une forme électronique avec mise à disposition de nombreux liens permettant d'approfondir les sujets présentés. Elle peut donc servir de point de départ au processus de veille (lecture régulière) et de classement des documents importants (téléchargement *via* les liens et classement dans une bibliothèque informatique).
- En matière de veille technique, l'auditeur doit s'abonner à des revues périodiques.

Méthodologie et conseils

De nombreux supports d'information sont disponibles sous forme dématérialisée. Notamment l'ensemble des communications de la CNCC, de l'AMF ou du H3C sont disponibles au format numérique.
L'auditeur a tout intérêt à se constituer une bibliothèque électronique, en plus d'une bibliothèque papier, dans laquelle il pourra facilement retrouver l'information utile grâce à des systèmes de classement ou de recherche. De plus, il pourra partager ces ressources documentaires avec ses collaborateurs (création d'un intranet par exemple, qui peut avoir également l'avantage d'être consultable à distance).

Avant de se lancer...

✓ **L'organisation de l'information et la mise en place d'un processus de veille assurent à l'auditeur d'être à jour des dernières évolutions réglementaires et lui permettent d'être capable de trouver la documentation de référence face à une problématique donnée.**

✓ **Il est inutile de chercher à lire de manière exhaustive les revues périodiques ou les communications émanant des différentes institutions. Il est bien plus pertinent de retenir les thèmes ayant fait l'objet d'évolutions et de s'assurer du classement organisé de l'information, de manière à la retrouver le jour où elle est utile.**

Outil 4 Les notes d'information

> Les notes d'information sont de formidables recueils d'informations et de modèles relatifs aux sujets traités.

En quelques mots

Depuis 2010, la CNCC produit régulièrement des « notes d'information ». Chacune d'entre elles traite d'un thème aussi exhaustivement que possible et fournit aux professionnels la présentation des principales problématiques le concernant, des supports de travail et, le cas échéant, des modèles de rapport.

LISTE DES NOTES D'INFORMATION EXISTANT À CE JOUR

Notes d'information	
NI I. Les rapports du commissaire aux comptes sur les comptes annuels et consolidés - version 4 (déc. 2021) NI II. Le commissaire aux comptes et les événements postérieurs à la clôture des comptes - 2e éd. (janv. 2021) NI III. Continuité d'exploitation de l'entité : prévention et traitement des difficultés - alerte du commissaire aux comptes (janv. 2020) NI IV. Le commissaire aux comptes et les déclarations de la direction (juin 2010) NI V. Les interventions du commissaire aux comptes relatives aux opérations concernant le capital social et les missions de valeurs mobilières • NI V. Tome I : réduction du capital (déc. 2021) • NI V. Tome 2 : libération d'une augmentation du capital par compensation avec des créances (déc. 2011) • NI V. Tome 3 (version 2) : augmentation du capital par émission d'actions ordinaires avec suppression du droit préférentiel de souscription (septembre 2015) • NI V. Tome 4 : régimes d'accès au capital en faveur des salariés - Version 2 (déc. 2021) • NI V. Tome 5 (version 2) : émission d'actions de préférence (juin 2016) • NI V. Tome 6 : émission de valeurs mobilières donnant accès au capital ou donnant droit à l'attribution de titres de créance - version 2 (sept. 2015) NI VI. Les commissaires aux comptes et la transformation des sociétés - version 2 (juil. 2018) NI VII. Le commissaire aux comptes et les demandes de confirmation des tiers (déc. 2010)	NI VIII. Le commissaire aux comptes et les procédures analytiques (déc. 2010) NI IX. Le rapport spécial du commissaire aux comptes sur les conventions et engagements réglementés - version 3 (fév. 2018) NI X. Le commissaire aux comptes et les changements comptables (juin 2011) NI XI. Le commissaire aux comptes et l'audit des comptes consolidés (oct. 2012) NI XII. Le commissaire aux comptes et les opérations relatives aux dividendes (oct. 2012) NI. XIII. Le commissaire aux comptes et le premier exercice d'un nouveau mandat (juin 2012) NI. XV. Le commissaire aux comptes et l'approche d'audit par les risques (déc. 2016) NI. XVI. Le commissaire aux comptes et les attestations (déc. 2012) NI. XVII. Les interventions du commissaire aux comptes relatives au prospectus (juillet 2015) NI XVIII. Vérifications spécifiques. Le commissaire aux comptes et les travaux relatifs au rapport de gestion et aux autres documents adressés aux membres de l'organe appelé à statuer sur les comptes - version 3 (déc. 2021) NI XIX. Le commissaire aux comptes et l'audit des entités ayant recours aux services d'un centre de services partagés au sein d'un groupe (sept. 2018) NI XX. Le commissaire aux comptes et la présentation des comptes annuels et consolidés selon le format d'information électronique unique européen (avr. 2021) NI XXI. Le commissaire aux comptes et l'application du caractère significatif (juil. 2021)

POURQUOI L'UTILISER ?

Objectif

L'objectif des notes d'information est d'aider les professionnels à traiter certains sujets parfois complexes dans le respect des normes professionnelles, tout en optimisant le temps d'intervention du fait que toute l'information et les outils utiles sont centralisés dans un seul document.

Contexte

Dans le cadre de sa mission légale, le commissaire aux comptes est confronté à des situations :
- qui nécessitent d'importantes recherches documentaires (tant d'un point de vue technique que d'un point de vue des normes de travail) ;
- dont la sensibilité impose une rigueur et une grande précision dans la rédaction des rapports, afin d'éviter les risques de mise en cause de sa responsabilité (cas des opérations sur le capital par exemple).

Les notes d'information viennent faciliter le traitement des situations dont elles font l'objet.

La version papier est plus confortable à la lecture. La version électronique présente l'intérêt de faciliter la recherche d'informations et de permettre le copier/coller des modèles.
Lorsqu'une note d'information est utilisée sur un dossier, il faut y faire référence dans la note de synthèse et ne pas hésiter à imprimer les pages pertinentes de la note et à les intégrer au dossier.
Les notes d'information sont mises à jour régulièrement par la CNCC. Toutefois, entre deux versions, de nouvelles lois, décrets ou ordonnances peuvent être promulgués et faire l'objet de communiqués de la CNCC. Des recommandations en lien avec le sujet traité peuvent également avoir été émises par l'AMF. Ainsi, l'auditeur doit s'assurer de prendre en compte ces différents éléments dans la mise en œuvre de ses travaux.

COMMENT L'UTILISER ?

Étapes

1. Prendre connaissance de la liste des thèmes abordés par les notes d'information et s'y reporter lorsqu'elles traitent d'un sujet rencontré en pratique.
2. Si tel est le cas, prendre connaissance de la partie théorique du document, afin de comprendre le raisonnement à suivre.
3. Se reporter aux programmes de travail.
4. Utiliser les courriers et modèles proposés par cet ouvrage.

Méthodologie et conseils

Se constituer une bibliothèque papier et une bibliothèque électronique de l'ensemble des ouvrages, accessibles à l'ensemble des collaborateurs concernés est utile.

Avant de se lancer…

- ✓ **Chaque note d'information est un recueil technique illustré de propositions de démarches conformes aux normes professionnelles permettant de traiter le sujet en question. Cela offre un gain de temps considérable au professionnel.**
- ✓ **Les notes d'information proposent de très nombreux modèles de rapports, intégrant le principe et les exceptions.**
- ✓ **Les notes d'information peuvent traiter de sujets complexes et être volumineuses. Face à un cas d'application concret, il est important de prendre le temps de les lire afin de choisir la solution la plus adaptée qui se trouve très certainement dans l'ouvrage.**

Outil 5 L'acceptation et le maintien d'un mandat

> L'acceptation est la première étape clé dans la démarche du commissaire aux comptes.

En quelques mots

L'acceptation d'un mandat est le point de départ de la mission du commissaire aux comptes. Lorsqu'il est sollicité par une entité, il est libre d'accepter ou de refuser le mandat. Au-delà des critères subjectifs susceptibles de guider son choix, le professionnel est tenu de s'assurer chaque année qu'il respecte les principes fondamentaux et déontologiques. L'évolution du Code en 2020 est venue modifier le processus de l'acceptation, introduisant l'approche « risque-sauvegarde ». La légitimité du commissaire aux comptes en tant que tiers de confiance reposant sur son indépendance, il faut souhaiter que ce nouveau texte ne vienne pas la mettre à mal.

L'ACCEPTATION

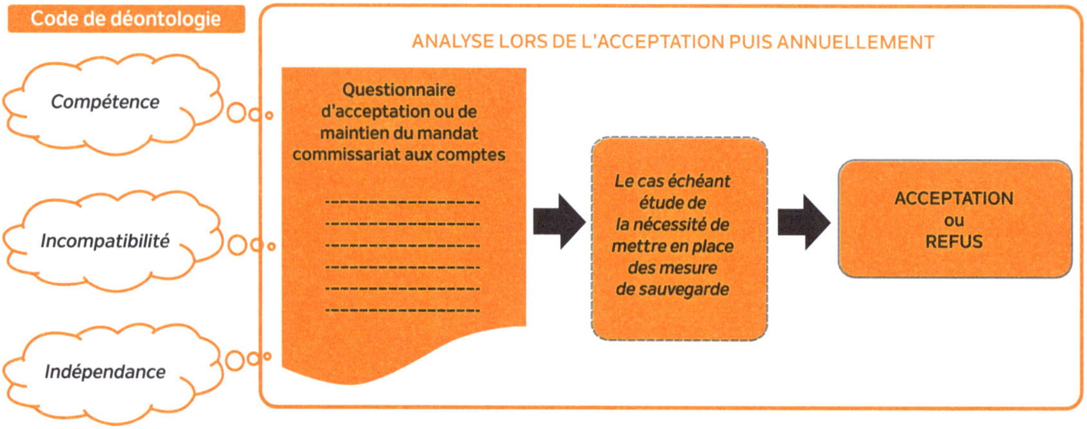

POURQUOI L'UTILISER ?

Objectif

La démarche d'acceptation/maintien fait partie des obligations déontologiques et doit permettre à l'auditeur de :

- se poser les « bonnes » questions sur la possibilité d'accepter la mission ;
- s'interroger chaque fois sur sa capacité à continuer son mandat ;
- documenter sa démarche afin de pouvoir justifier *a posteriori* si nécessaire (dans le cas d'un contrôle qualité ou d'une mise en cause de sa responsabilité par exemple) du respect de ces obligations déontologiques.

Contexte

L'analyse d'acceptation/maintien du mandat constitue l'un des premiers chapitres du dossier de travail. Par définition, l'analyse est réalisée avant le démarrage de la mission, puis chaque année. Comme tous les travaux, elle doit être formalisée.

COMMENT L'UTILISER ?

Étapes

L'auditeur doit s'interroger sur les trois principaux sujets suivants.

1. Indépendance : l'auditeur doit pouvoir émettre son opinion en toute liberté. Ainsi, il ne doit pas exister de conflits d'intérêts avec l'entité. Il ne doit pas avoir rendu de services à l'entité qui l'auraient amené à contrôler ce qu'il a lui-même mis en place (par exemple : assistance comptable, mise en place de la consolidation...).

2. Incompatibilité : il ne doit pas exister de lien personnel avec le dirigeant/les actionnaires (liens familiaux par exemple) ni de liens financiers (l'auditeur ne peut pas être actionnaire de l'entité, il ne peut pas lui prêter ou lui emprunter de l'argent).

3. Compétence : l'auditeur doit être capable d'apprécier les spécificités techniques du dossier. Par exemple, il doit maîtriser les spécificités du secteur de l'entité (banque, association...) ou de son environnement (EIP), son référentiel comptable (ANC 2020-01, IFRS) et la relation avec les auditeurs des filiales étrangères.

Méthodologie et conseils

Il est utile de se servir d'un questionnaire standard comprenant une déclinaison de questions relatives à chacun des trois thèmes. L'auditeur pourra ainsi procéder à une première analyse rapide et présenter une conclusion. En cas de doute, il lui sera nécessaire de rédiger une note indiquant pourquoi il considère pouvoir réaliser la mission.

Avant de se lancer...

✓ **La documentation du processus d'acceptation et la pertinence de l'analyse viennent renforcer la crédibilité du commissaire aux comptes qui accepte le mandat en connaissance de cause. Elle va également le protéger en cas de mise en responsabilité.**

✓ **Si l'analyse du professionnel conduit à remettre en cause l'acceptation, la tentation est forte d'imaginer des mesures de sauvegarde pour contourner l'obstacle et obtenir la mission. Les conséquences en termes d'image et de responsabilité pouvant être importantes, il est nécessaire de procéder à l'analyse de la situation avec toute l'objectivité nécessaire.**

Outil 6

Le système d'évaluation du risque de blanchiment

> “ Un système d'évaluation indispensable pour définir les procédures de vigilance adaptées à chaque relation d'affaires.

En quelques mots

Dans le cadre de la lutte contre le blanchiment de capitaux et le financement du terrorisme (BCFT), l'auditeur a l'obligation de mettre en œuvre des procédures de vigilance à l'égard du bénéficiaire effectif de l'audit et à l'égard des opérations réalisées par l'entité cliente. Ainsi, il devra mettre en place un système d'évaluation du risque de la relation d'affaires basé sur quatre critères : caractéristiques des clients, nature de l'activité, localisation, nature de la mission. Cette étape lui permettra de déterminer le niveau de vigilance à adopter lors de l'acceptation et au cours de l'exercice de son mandat. Par ailleurs, dès la connaissance d'opérations suspectes, l'auditeur devra procéder à une déclaration de soupçons auprès de Tracfin.

L'ÉVALUATION DU RISQUE DE BLANCHIMENT

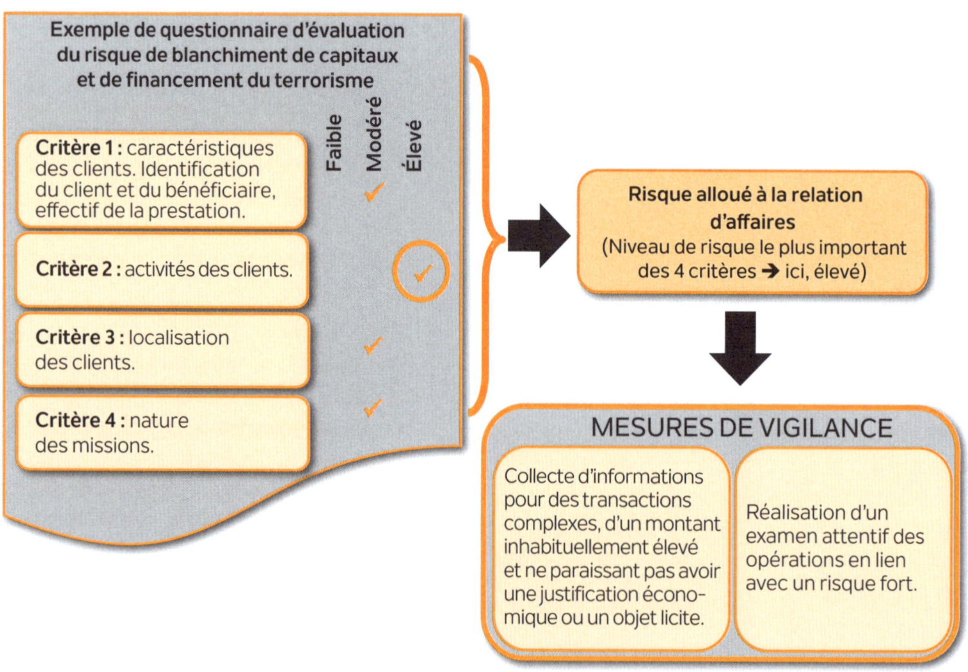

POURQUOI L'UTILISER ?

Objectif

Il s'agit d'une obligation réglementaire pour évaluer le risque de blanchiment et de financement du terrorisme attaché à la relation d'affaires et définir le niveau de vigilance à adopter.

Contexte

Conformément aux dispositions de la NEP-9605, l'auditeur doit faire preuve de vigilance à l'égard :

- de l'entité ou du bénéficiaire effectif (à qui profite la prestation ?) ;
- des opérations réalisées par l'entité.

COMMENT L'UTILISER ?

Étapes

Afin de procéder à l'évaluation du risque BCFT attaché à la relation d'affaires, l'auditeur devra analyser quatre critères.

1. Les caractéristiques des clients au travers leur identification et, le cas échéant, du bénéficiaire effectif de la prestation et des risques inhérents à ces derniers : il recueille toute information pertinente sur l'actionnariat, le(s) dirigeant(s) (carte d'identité), la société (K-bis < 3 mois et statuts).

2. Les activités, certaines étant par essence plus sensibles (casino, immobilier, secteurs associatifs, etc.).

3. La localisation de l'activité : prise en compte des opérations au sens large réalisées dans des pays à risques (pays et territoires non coopératifs ou faisant l'objet de sanctions).

4. La nature de la mission : certaines missions nécessitent une surveillance plus importante des opérations envisagées.

Chaque critère est évalué sur une échelle allant de faible à fort. Le niveau de risque de la relation d'affaires est défini comme étant le risque le plus élevé affecté à l'un des quatre critères.

Au cours de sa mission, l'auditeur mettra en œuvre des travaux de vigilance.

- Collecte d'informations pour des transactions complexes, d'un montant inhabituellement élevé et ne paraissant pas avoir une justification économique ou un objet licite.
- Réalisation d'un examen attentif des opérations en lien avec le risque fort.

L'auditeur pourrait lors de ses travaux identifier des opérations suspectes. Il aura l'obligation de déclarer à Tracfin les opérations portant sur des sommes dont il sait, soupçonne ou a de bonnes raisons de soupçonner qu'elles proviennent d'une infraction passible d'une peine privative de liberté supérieure à un an ou participent au financement du terrorisme.

Méthodologie et conseils

Il est utile de mettre en place un questionnaire permettant d'évaluer les quatre critères et définir le risque attaché à la relation d'affaires.

Avant de se lancer...

- ✓ **Le système d'évaluation permet d'établir une classification des risques de blanchiment de capitaux et de financement du terrorisme attachés aux mandats ainsi que de définir le niveau de vigilance à adopter par le professionnel.**
- ✓ **Dans le cas d'identification d'opérations suspectes devant faire l'objet d'une déclaration à Tracfin, le professionnel devra s'interroger sur la nécessité de procéder également à la révélation de faits délictueux.**
- ✓ **Il peut être nécessaire de procéder à une nouvelle évaluation du risque en cas de changements au niveau de la société (actionnariat, dirigeants, localisation des flux d'activité, métiers...) et lors de la réalisation d'une mission exceptionnelle par le professionnel dans le cadre des SACC.**

2

DOSSIER

BASES DE LA FORMALISATION ET DU RELATIONNEL

“

La méthode, l’organisation... et la communication sont des prérequis pour un audit moderne et efficace.

dunod.link/audit02
L’importance de la communication

Le métier d'auditeur comptable et financier est en général associé à des profils de techniciens. Cependant, cette vision est réductrice. Au-delà de la gestion technique du dossier, le responsable de la mission d'audit doit poursuivre deux objectifs majeurs.

Présentation d'un dossier de travail formalisé

Lorsque l'auditeur émet son rapport, qui traduit son opinion sur les comptes audités, il engage sa responsabilité et doit être en mesure de justifier sa conclusion. Le cas échéant, le seul élément tangible dont il pourra se prévaloir est le contenu de son dossier qui recueille les preuves des travaux effectués. Il est susceptible d'avoir à le fournir dans le cadre d'un contrôle par son autorité de tutelle ou dans le cadre d'une procédure judiciaire (cas de fraude notamment). Il peut également y avoir recours pour justifier sa position à la direction de l'entreprise auditée. Ce dossier doit donc répondre à un certain nombre de critères, en termes de présentation comme en termes de contenu. Il faut préciser que la dimension « dématérialisation » des dossiers est de plus en plus présente dans les cabinets grâce aux nouveaux outils numériques.

L'auditeur ne peut cependant pas se permettre de focaliser toute son attention sur son dossier. En effet, l'alimentation de celui-ci repose sur les informations qu'il obtiendra auprès de tiers, directement ou par l'intermédiaire de ses collaborateurs. Il doit donc gérer avec attention la communication auprès de l'ensemble des intervenants.

Gestion de la communication équipe/client

Il s'agit du second pilier soutenant la démarche de l'auditeur. En interne, il doit expliquer les objectifs à chaque collaborateur et en assurer le suivi et la supervision puisque leurs travaux alimenteront le dossier de travail qui sera le socle de l'opinion émise. L'auditeur en assumera donc la responsabilité. En externe, il doit établir et maintenir la relation client permettant d'obtenir les informations nécessaires à l'élaboration de son opinion. Cela suppose un contact régulier avec la direction de l'entreprise auditée et l'organisation de réunions lors des étapes clés de la mission. Le lien de confiance établi avec la direction est l'une des clés du succès de la mission. Néanmoins, en matière de relations humaines, au-delà de tous les outils pouvant être imaginés, c'est la sincérité, l'implication et l'ouverture d'esprit de l'auditeur dans les relations qui lui permettront d'atteindre ses objectifs.

Les outils

7	Le dossier permanent	28
8	Le dossier de travail	30
9	Les feuilles maîtresses	32
10	La feuille de travail	34
11	Le programme de travail	36
12	Les étapes clés de la communication avec l'équipe	38
13	La supervision	40
14	Les étapes clés de la communication avec le client	42
15	La gestion de la réunion de synthèse	44
16	Les principaux documents de synthèse	46

Outil 7 Le dossier permanent

> « Le dossier permanent représente la mémoire du dossier de l'auditeur tout au long de son mandat.

En quelques mots

Le **dossier permanent (ou DP)** recense toutes les informations de la mission dont l'auditeur a besoin en continu pendant la durée de son mandat. Il peut s'agir par exemple d'informations sur l'entreprise, de contrats, d'informations réglementaires ou juridiques, d'analyses effectuées par ses soins ou de rapport d'experts.

EXEMPLE SIMPLIFIÉ DE L'ARCHITECTURE D'UN DOSSIER PERMANENT

DOSSIER PERMANENT

A – Informations sur la mission
Par exemple : fiche contact, nomination, acceptation et maintien de la mission…

B – Informations sur l'entreprise
Par exemple : description de l'activité, organigramme, articles de presse…

C – Informations juridiques
Par exemple : statuts, K-bis, détention du capital, procès verbaux, conventions réglementées, réglementations spécifiques, rapports du CAC…

D – Informations fiscales
Par exemple : liasse, échanges avec l'administration, conclusions des contrôles fiscaux…

E – Informations comptables et contrôle interne
Par exemple : comptes annuels, manuel de procédures comptables, rapports d'experts, rapports de l'audit interne, analyses du contrôle interne (sous-division par cycle…)

F – Principaux contrats
Par exemple : emprunt, crédit-bail, partenariats commerciaux, intéressement et participation…

G – Informations sur l'organisation informatique
Par exemple : cartographie informatique, principaux contrats…

H – Etc.

POURQUOI L'UTILISER ?

Objectif

Le DP constitue une base documentaire propre au dossier, relative à l'entreprise et à son environnement économique, enrichie tout au long de la mission, permettant à l'auditeur de retrouver les informations/documents pertinents au cours de son mandat.

Contexte

Dans le cadre de sa mission, l'auditeur doit acquérir une connaissance de l'entité et de son environnement. Il doit également collecter des éléments lui permettant d'aboutir à des conclusions à partir desquelles il fonde son opinion. Cette documentation peut avoir un caractère intemporel et l'auditeur doit pouvoir la centraliser dans un dossier « permanent ».

En effet, si chaque dossier dispose d'un DP qui lui est propre, il est important pour faciliter le classement et la recherche que les collaborateurs aient des points de repère.

La documentation « papier » du DP trouve vite ses limites. Au fil des années, son volume croît et il devient difficile d'y rechercher de l'information et de le déplacer. La mise en place d'un DP électronique permet de simplifier considérablement le travail de recherche et de disposer de toute sa documentation sur son ordinateur portable.

COMMENT L'UTILISER ?

Étapes

Il n'existe pas de méthodologie type d'utilisation du DP. Par définition, il doit permettre au cas par cas de retrouver l'information utile. Par conséquent, il doit être :

- consulté dès qu'un élément issu d'un exercice passé est nécessaire à la réalisation de l'audit ;
- enrichi dès qu'un événement nouveau, ayant vocation à avoir des impacts sur les exercices futurs, se produit (par exemple : acquisition d'une filiale, signature d'un contrat de crédit-bail immobilier significatif, mise en place d'un accord d'intéressement, conclusion d'un accord commercial sur plusieurs années avec un partenaire, etc.).

Méthodologie et conseils

L'auditeur doit intégrer dans son DP tout document qu'il juge utile de conserver.

L'efficacité du DP repose sur la richesse des informations qui le composent et sur leur structuration qui doit être la même pour l'ensemble des dossiers du cabinet.

Avant de se lancer...

✓ **Un DP bien organisé permet de retrouver rapidement des informations utiles. Il en résulte des gains de temps, mais également une valorisation du travail de l'auditeur vis-à-vis de son client qui apprécie lorsque son interlocuteur démontre sa connaissance du dossier et évite de redemander des documents déjà obtenus au cours des exercices précédents.**

✓ **Un DP bien structuré facilite l'intégration de nouveaux collaborateurs sur les dossiers.**

✓ **Il est important d'enrichir chaque année le DP. Il n'a d'utilité que s'il est mis à jour. Son alimentation passe parfois au second plan. En effet, les jeunes collaborateurs ne perçoivent pas toujours l'enjeu relatif à la gestion et l'accès à l'information dans le temps. Il est de la responsabilité des encadrants de s'assurer que cette tâche n'est pas négligée.**

Outil 8 Le dossier de travail

> “ Il n’est pas de dossier d’audit solide sans corrects référencements des travaux et justification de la piste d’audit.

En quelques mots

Le **dossier de travail** est la formalisation de la démarche et des travaux de l’auditeur. Il doit contenir toute l’information nécessaire à l’expression de son opinion. Il doit être structuré de manière à permettre à un relecteur de comprendre l’approche retenue et de descendre, si nécessaire, au niveau de détail le plus fin.
Cette circulation dans le dossier est organisée grâce au système de référencement croisé et constitue la piste d’audit. De plus en plus, le dossier de travail est informatisé.

EXEMPLE SIMPLIFIÉ DE L’ARCHITECTURE D’UN DOSSIER DE TRAVAIL

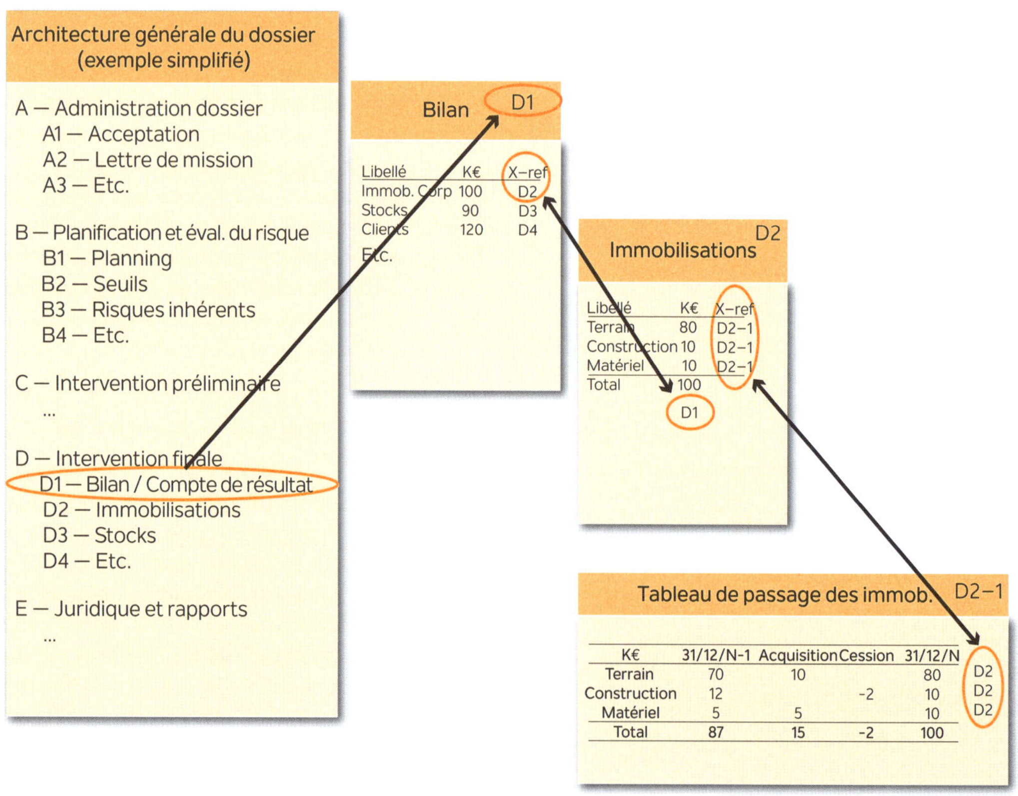

POURQUOI L'UTILISER ?

Objectif

Le dossier de travail permet de s'assurer que la démarche de l'auditeur est correctement formalisée et documentée.

Contexte

En de multiples occasions, l'auditeur doit être en mesure de justifier son opinion par les travaux réalisés (collaborateur vis-à-vis de son superviseur, signataire vis-à-vis de son client, voire dans le cadre d'un contrôle de tutelle ou à la demande d'un juge). Il doit donc documenter :

- sa démarche intellectuelle (analyse des risques, seuils retenus, opinion générale) ;
- les travaux induits par sa démarche (tests de détail).

Compte tenu des volumes, il est indispensable de disposer d'un dossier structuré.

COMMENT L'UTILISER ?

Étapes

1. Se référer à l'organisation type des dossiers au sein du cabinet (il existe autant d'architectures que de cabinets).

2. Pour l'ensemble des travaux, respecter le référencement croisé (toute feuille non référencée ne peut être considérée comme faisant partie du dossier).

3. Respecter l'utilisation des feuilles maîtresses et des feuilles de travail (*cf.* outils 9 et 10).

Méthodologie et conseils

Le dossier suit une approche dite « *top/down* ». En partant des documents de synthèse (sommaire du dossier), il doit être possible de descendre dans le détail en suivant le référencement.

Le référencement est propre à chaque cabinet. Il s'inscrit en haut à droite de chaque feuille, souvent en rouge afin d'être visible. Il concerne également les éventuels papiers de travail informatiques.

À partir de la racine donnée par l'architecture du dossier (exemple : D2 pour les immobilisations), le référencement peut se décliner à l'infini (D2-1, D2-1-1, etc.) en fonction des problématiques rencontrées et du niveau de détail nécessaire à la piste d'audit.

Le référencement croisé (« X-ref » ou « X-index ») fonctionne en « descendant » le dossier (passage de D2 à D2-1 par exemple) mais il doit également fonctionner en « remontant ». Chaque chiffre à côté duquel est mentionnée une référence doit avoir son pendant dans la feuille à laquelle la référence renvoie. En pratique, dans le cadre d'un contrôle qualité *a posteriori*, le meilleur moyen de vérifier aléatoirement la qualité du référencement est d'ouvrir le dossier à une page au hasard et de s'assurer de pouvoir remonter la chaîne du référencement jusqu'à la feuille maîtresse.

Avant de se lancer…

- ✓ **Un dossier bien structuré et formalisé permet de retrouver facilement le raisonnement suivi et si nécessaire des informations de détail. Il facilite la relation avec le client en cas de désaccord et avec les tiers en cas de contrôle.**
- ✓ **Attention à bien vérifier la réciprocité des références croisées, la tendance naturelle des débutants étant de ne les mentionner que dans un seul sens.**
- ✓ **Attention à ne pas négliger le fond du dossier au profit de la forme. Très rapidement, la formalisation devient un automatisme et ne doit pas empiéter sur le temps d'analyse.**

Outil 9 Les feuilles maîtresses

> La feuille maîtresse est le point de départ des tests de l'auditeur.

En quelques mots

Dans l'approche « *top/down* » décrite dans l'outil 8, la **feuille maîtresse** est le document de base des travaux de l'auditeur sur une section. Elle regroupe l'ensemble des comptes relatifs à une section du bilan ou du compte de résultat.

Elle permet de comparer plusieurs périodes les unes avec les autres et sert de base à la réalisation de revue analytique (*cf.* outils 55, 56 et 57) et des procédures d'audit. Par ailleurs, la feuille maîtresse est le point de départ des référencements croisés.

EXEMPLE DE FEUILLE MAÎTRESSE

Feuille maîtresse
Créances clients

Référence de la section : D4

Nom du client

Date de clôture

Initiales du collaborateur et du superviseur

Date des travaux

N° compte	Intitulé	Final N	Final N−1	Évolution	en %	Référence
411000000	Collectif clients	100 000	105 000	−5 000	−4,8 %	D4−1
416000000	Clients douteux	10 000	9 000	1 000	11,1 %	D4−2
418100000	Clients factures à établir	5 000	4 000	1 000	25,0 %	D4−3
	Sous total	115 000	118 000	−3 000		
491000000	Dép. créances clients	−4 000	−3 000	−1 000	33,3 %	D4−4
	Total	111 000	115 000	−4 000		

POURQUOI L'UTILISER ?

Objectif

Les feuilles maîtresses permettent de disposer d'une présentation détaillée, par nature, des comptes devant faire l'objet de travaux.

Contexte

La feuille maîtresse est également appelée « *lead* » ou « *lead schedule* ». Il s'agit d'une présentation détaillée de chacun des postes (section) du bilan et du compte de résultat. Par conséquent, il existe une feuille maîtresse par section. Chacune d'entre elle fait l'objet d'un référencement croisé avec le bilan et le compte de résultat audités.

COMMENT L'UTILISER ?

Étapes

1. À partir de la balance générale N et N-1, créer les feuilles maîtresses à partir de l'outil existant au cabinet. Si le cabinet n'est pas équipé, il est possible de les générer sur M/S Excel en qualifiant chaque compte puis en utilisant un tableau croisé dynamique.
2. S'assurer que la colonne N-1 correspond aux comptes définitifs certifiés l'année précédente.
3. Affecter à chaque collaborateur les feuilles maîtresses à auditer.
4. Revoir régulièrement en cours de mission la matérialisation de l'avancée des travaux.

Méthodologie et conseils

Du fait des règles comptables, certaines feuilles maîtresses sont mécaniquement liées et l'auditeur doit s'assurer du fonctionnement de ces liens, par exemple :

- la variation des stocks au bilan doit correspondre à l'impact de la variation des stocks au compte de résultat ;
- les mouvements de provisions au bilan doivent se traduire par les impacts correspondants au compte de résultat.

Contrairement aux autres feuilles de travail, la feuille maîtresse ne comporte pas nécessairement de conclusion. Il s'agit d'un document qui récapitule l'ensemble des comptes d'une section donnée, à partir duquel des travaux vont pouvoir être développés. La conclusion de ces travaux apparaîtra sur chacune des feuilles de travail concernées (*cf.* outil 10).

Afin de disposer d'une conclusion générale par section (par exemple, sur les créances clients ou sur les stocks), l'auditeur pourra si le volume le nécessite, rédiger un mémo de section qui synthétisera ses principaux travaux et sa conclusion générale. Dans le cas contraire, il pourra mentionner la conclusion générale directement au pied de la feuille maîtresse. Cela est souvent le cas pour les travaux sur les capitaux propres qui, en l'absence d'opérations spécifiques sur le capital, sont relativement succincts.

Avant de se lancer...

✓ L'utilisation des feuilles maîtresses permet de donner un cadre à la démarche de l'auditeur, d'affecter les travaux aux collaborateurs (en général chaque collaborateur se voit affecter une ou plusieurs feuilles maîtresses à traiter), de suivre leur avancement à travers l'alimentation des références croisées et de s'assurer ainsi que l'ensemble des comptes sont audités.

✓ Lors de la revue du dossier par le chef de mission, il convient de s'assurer, pour tous les comptes présentés dans la feuille maîtresse :

- **soit qu'ils ont fait l'objet de travaux appropriés, le premier indicateur étant l'existence d'une référence croisée ou de commentaires ;**
- **soit qu'ils ont été qualifiés de « non significatifs » au regard des seuils retenus.**

Outil 10 La feuille de travail

> La feuille de travail doit permettre à un tiers de suivre et reconstituer les travaux de l'auditeur.

En quelques mots

La **feuille de travail** documente les travaux de l'auditeur sur un point particulier. Elle doit être compréhensible par un tiers n'ayant pas réalisé les travaux et doit permettre de conclure en fonction des objectifs poursuivis, que ce soit positivement ou négativement. Le référencement permet de positionner la feuille de travail dans la piste d'audit du dossier.

LA STRUCTURE TYPE D'UNE FEUILLE DE TRAVAIL

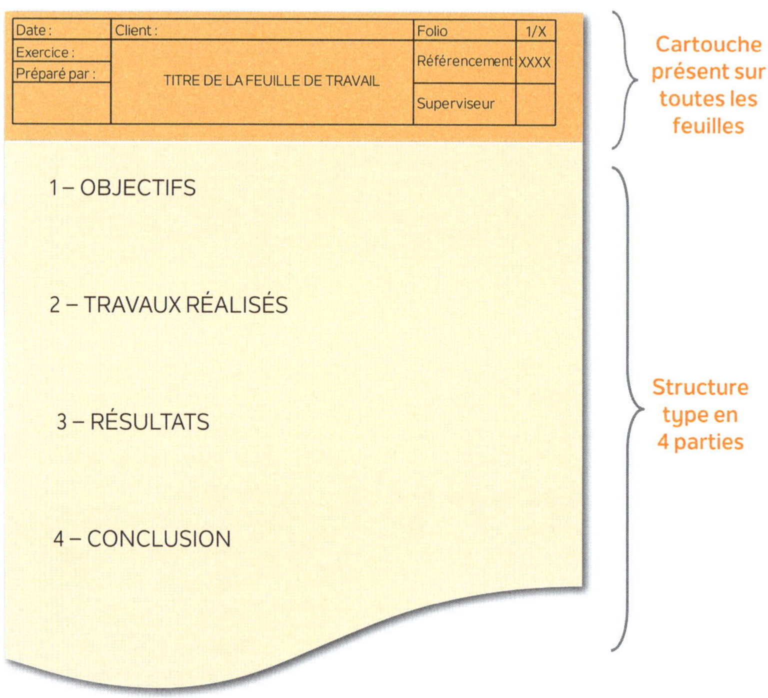

POURQUOI L'UTILISER ?

Objectif

La feuille de travail permet à l'auditeur de s'assurer que les procédures mises en œuvres sont présentées de manière claire, homogène et permettent de conclure sur une ou plusieurs étapes du programme de travail.

Contexte

Dans le cadre de sa mission, l'auditeur est amené à réaliser des travaux de détail sur de nombreux sujets, dont dépendra l'opinion générale sur le dossier. Afin de constituer cette opinion, il est nécessaire de disposer de conclusions intermédiaires documentées sur chacun des travaux réalisés, qui pourront être défendues le cas échéant lors d'une discussion avec le client ou avec un organe de contrôle.

COMMENT L'UTILISER ?

Étapes

1. Partie 1 : définir l'objectif des travaux en lien avec les assertions des comptes (*cf.* outil 17). Par exemple : s'assurer de la réalité du stock (quantités), s'assurer de l'exhaustivité et de la correcte évaluation de la provision pour dépréciation des comptes clients...
2. Partie 2 : décrire précisément les travaux réalisés (par exemple : rapprochement de la balance auxiliaire clients avec la balance générale, vérification arithmétique...).
3. Partie 3 : pour chacun des travaux réalisés, mentionner les résultats et le cas échéant indiquer des conclusions intermédiaires.
4. Partie 4 : conclure sur l'atteinte de l'objectif indiqué en partie 1, en fonction des assertions.

Méthodologie et conseils

La feuille de travail doit permettre à un tiers de suivre et reconstituer les travaux réalisés (notion de piste d'audit). Ainsi, elle doit mentionner le nom des interlocuteurs rencontrés, identifier les documents ou les fichiers utilisés (notamment s'ils sont fournis par le client) et décrire précisément chacune des étapes suivies.

Si les travaux sont justifiés par des pièces du client (un contrat, des factures, un courrier d'avocat...), elles doivent être placées dans le dossier après la feuille de travail et référencées.

La conclusion d'une feuille de travail peut être :

- qu'aucune anomalie n'a été identifiée et que l'objectif est atteint ;
- que des ajustements ou reclassements ont été identifiés ;
- qu'il existe des suspens (documents manquants par exemple) qui empêchent de conclure pour le moment et qu'il faudra suivre ;
- que les travaux ont permis d'identifier des risques ou des faiblesses qui feront l'objet de recommandations et/ou d'un suivi les années suivantes.

Avant de se lancer...

✓ **La feuille de travail permet une présentation homogène facilitant la revue. C'est un modèle qui impose à l'auditeur de formaliser sa démarche permettant d'aboutir à une conclusion, ainsi qu'à assurer une piste d'audit pouvant être suivie facilement.**

✓ **Il faudra être synthétique et ne mentionner que les informations nécessaires aux travaux (une « bonne » feuille de travail n'est pas forcément volumineuse).**

✓ **La conclusion doit être présentée clairement. L'impossibilité de conclure dans un sens ou dans l'autre est en soi une conclusion qui doit être expressément mentionnée.**

✓ **Dans le cas où les travaux permettent de détecter des anomalies, il ne faut pas oublier de les signaler au chef de mission, ni de les mentionner dans la note de synthèse. Une anomalie ne doit jamais rester au seul niveau de la feuille de travail.**

Outil 11 Le programme de travail

> Le programme de travail contribue à structurer les travaux.

En quelques mots

Le programme de travail est à la fois un outil de structuration du dossier (encadrement des travaux, outil de formalisation), un outil de management opérationnel (organisation de la délégation et de la répartition des tâches, suivi de l'avancement et supervision) et un outil de qualité (orientation des travaux sur les risques identifiés).
Il permet donc, utilisé à bon escient et à condition d'avoir été préparé en amont, d'optimiser le temps d'intervention.

EXTRAIT D'UN PROGRAMME DE TRAVAIL (CAPITAUX PROPRES)

Date :	Client :	Folio		1/2
Exercice :	CAPITAUX PROPRES PROGRAMME DE TRAVAIL	Référencement		XXXX
		Superviseur		
		Fait par ou N/A	Revu par	Indexation feuille de travail
Objectifs 1. Vérifier la concordance de l'ensemble des comptes constituant les capitaux propres avec la balance générale *Vérifier la mise à jour du DP * Suivi de l'augmentation de capital réservée aux salariés 2. Établir ou vérifier le tableau d'analyse des mouvements des capitaux propres 3. Capital, réserves et report à nouveau * S'assurer de la concordance des écritures avec les décisions des assemblées générales ordinaires (affectation de résultats) et extraordinaires réduction de capital...) * S'assurer de la régularité des décisions prises par les AG (constitution de la réserve légale) Etc.				

POURQUOI L'UTILISER ?

Objectif

Le programme de travail permet de guider les travaux des collaborateurs, tant sur le fond (traitement des sujets prévus dans le plan de mission) que sur la forme (formalisation des travaux en référence au programme de travail). Il structure le dossier et participe ainsi à la piste d'audit.

Contexte

La réalisation de travaux pertinents ainsi que leur documentation sont la base du travail de l'auditeur. Le programme de travail, parmi d'autres outils (le dossier de travail, les feuilles maîtresses, les feuilles de travail) contribue à réaliser cet objectif. Il est utilisé sur tous les dossiers, pour toutes les sections et par tous les collaborateurs.

Il est de la responsabilité du superviseur de la mission de donner aux membres de l'équipe un programme de travail adapté avec des seuils d'investigation précis.

Les programmes doivent être remis à jour chaque année et peuvent être conservés dans le dossier permanent (*cf.* outil 7).

Le programme de travail peut être utilisé pour aider les jeunes collaborateurs dans la gestion de leur temps, avec une indication du temps prévu pour les travaux.

COMMENT L'UTILISER ?

Étapes

1. Suite à l'analyse des risques (*cf.* outils 18 à 20), définir un programme de travail adapté par section, construit en général à partir de procédures standardisées.
2. Répartir des sections entre les différents collaborateurs intervenants.
3. Pour chaque collaborateur, réaliser et documenter des travaux décrits dans le programme, en utilisant le référencement croisé.

Méthodologie et conseils

Pour certains sujets (comme les immobilisations par exemple), le programme de travail peut être relativement standard quel que soit le dossier. Pour d'autres thèmes (comme l'audit des stocks par exemple), les travaux de l'auditeur dépendront directement des méthodes comptables appliquées par l'entreprise, des données dont elle dispose (comptabilité analytique, contrôle de gestion...) et de l'outil informatique utilisé (ERP, logiciels dédiés avec ou sans interface...).

Avant de se lancer...

- ✓ **Le programme de travail structure le dossier et permet de s'assurer, s'il a été correctement préparé, de la couverture des risques principaux.**
- ✓ **Il sert de guide aux jeunes collaborateurs, qui en leur absence pourraient avoir du mal à s'organiser. Il permet au superviseur de suivre l'avancement général des travaux.**
- ✓ **Afin d'éviter des pertes de temps et le découragement des collaborateurs, il faut penser à bien adapter les programmes de travail au cas particulier de l'entreprise auditée.**
- ✓ **Le programme de travail est un guide, mais les collaborateurs ne sont pas tenus de l'appliquer à la lettre.**
- ✓ **Des informations obtenues pendant l'audit peuvent conduire à le remettre en cause. Il est utile d'insister sur la nécessité de toujours rester critique lors de la réalisation des travaux.**

Outil 12 Les étapes clés de la communication avec l'équipe

> “ La communication au sein de l'équipe est l'une des clés d'une mission réussie.

En quelques mots

Une mission d'audit est en général réalisée en équipe. Au-delà des compétences techniques, une **communication réussie au sein de l'équipe** est l'un des facteurs déterminants du bon déroulement de l'intervention.

Les enjeux sont concentrés notamment sur quelques étapes principales sur lesquelles il convient d'insister.

LES PRINCIPALES ÉTAPES DE LA COMMUNICATION AVEC L'ÉQUIPE

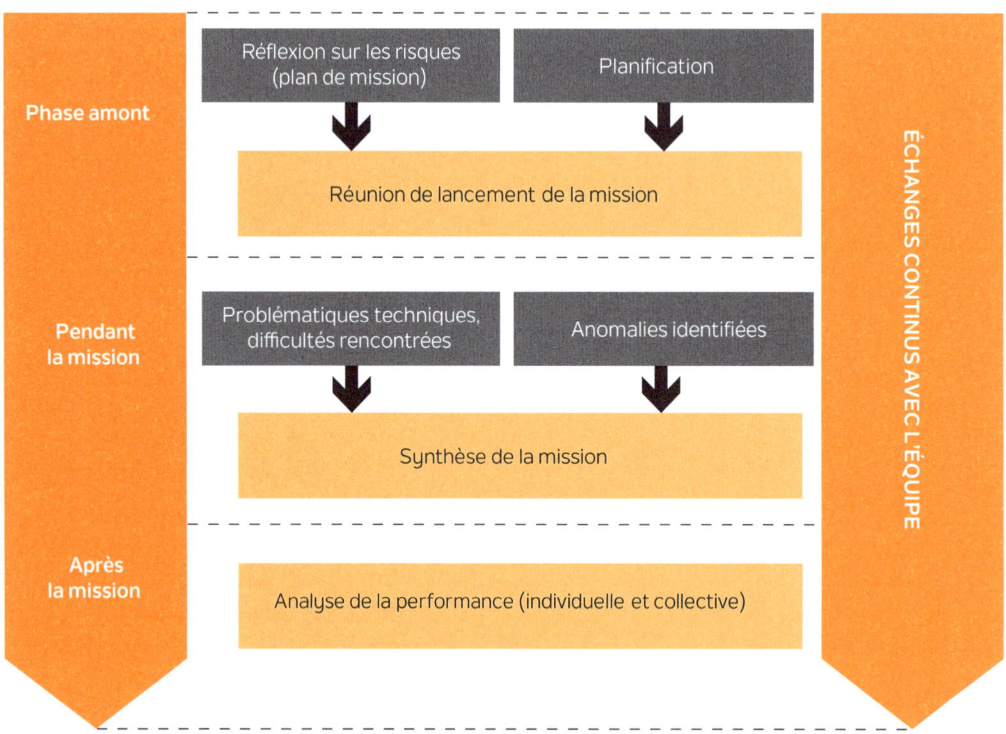

POURQUOI L'UTILISER ?

Objectif

Le plan de communication permet de renforcer la qualité de l'audit en rendant plus fluide le déroulé de la mission et l'utilisation des différents outils, tout en impliquant chacun des membres de l'équipe.

Contexte

Les travaux menés dans le cadre de l'audit dépendent de l'approche retenue et peuvent représenter un volume de travail significatif touchant des thèmes variés. Les outils métiers (dossier de travail, etc.) contribuent à cet encadrement. Mais pour en assurer l'efficacité, ils doivent être accompagnés d'une communication adaptée.
Dans ce contexte, la communication doit fonctionner dans les deux sens :

- les collaborateurs doivent être guidés dans leurs démarches et accompagnés dans les difficultés rencontrées ;
- en retour, ils doivent restituer les conclusions de leurs travaux et remonter leurs doutes et interrogations.

COMMENT L'UTILISER ?

Étapes

Organiser les trois temps forts de la mission en termes de communication.

1. La réunion de lancement, au cours de laquelle seront présentés les points d'attention de l'année, le planning et la répartition des travaux.

2. La synthèse des travaux, dont l'objectif est de recenser tous les points d'attention à communiquer au client (ajustements, reclassements, risques, points en suspens, documents en attente, etc.).

3. Le retour sur la performance : la performance collective repose sur la réalisation de la mission dans le respect des délais et des budgets impartis, la performance individuelle repose sur la capacité de chaque collaborateur à réaliser son programme de travail dans le temps prévu avec le niveau de qualité nécessaire.

En dehors de ces trois événements, il s'agira de proposer régulièrement des échanges d'informations rapides entre les membres de l'équipe, tout au long de la mission.

Méthodologie et conseils

On pourra prévoir de rédiger un compte rendu qui documente les échanges tenus lors des temps forts, afin de les faire figurer dans le dossier client (pour le lancement et la synthèse) et dans le dossier collaborateur (pour le retour sur la performance).
Même en dehors des périodes d'intervention, il ne faut pas hésiter à faire circuler l'information au sein de l'équipe lorsqu'un événement intervient (parution d'un article de presse, information sur la signature d'un contrat important...).

Avant de se lancer...

✓ La communication contribue à la qualité et à l'efficacité de la mission ; elle permet de fluidifier le recours aux autres outils structurant la mission. L'équipe est ainsi dynamisée, chacun de ses membres étant responsabilisé sur les parties qui lui sont déléguées.

✓ Attention à ne pas tomber dans l'excès consistant à organiser des réunions trop fréquentes ou trop longues.

✓ Il faut être à l'écoute en permanence des demandes des collaborateurs. Une heure d'explication supplémentaire passée avec un débutant au démarrage de la mission peut éviter de perdre les nombreuses heures qu'aurait passées cette même personne à chercher seule la solution.

✓ L'encadrant doit donner un retour individuel à chaque collaborateur à l'issue de la mission afin qu'il puisse progresser. Le collaborateur sollicitera ces retours auprès de l'encadrant.

Outil 13

La supervision

> « La supervision garantit à l'auditeur la qualité et le caractère approprié des diligences mises en œuvre.

En quelques mots

Dans le cadre d'une intervention, l'auditeur peut s'entourer d'une équipe de collaborateurs à laquelle il délègue certaines étapes de la démarche d'audit, du programme de travail et, le cas échéant, d'une partie de la supervision. Cette délégation suppose toutefois de conserver la maîtrise du dossier grâce à une supervision adaptée, afin que l'auditeur soit en mesure d'obtenir une assurance raisonnable lui permettant d'émettre une opinion. Ainsi, de façon continue, il réalise le coaching de son équipe, la revue des principaux travaux qu'il formalise par une signature ou un questionnaire adapté.

L'ÉQUATION DE LA SUPERVISION

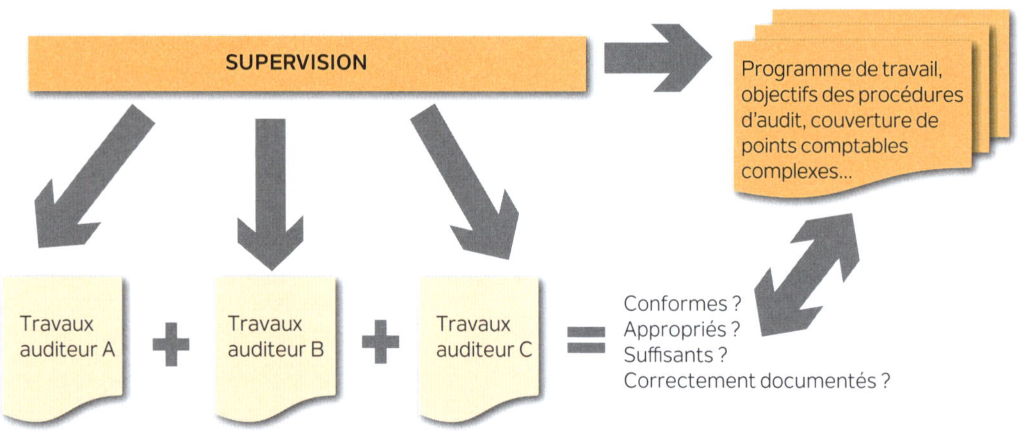

POURQUOI L'UTILISER ?

Objectif

L'auditeur doit s'assurer que les diligences et travaux mis en œuvre par les membres de son équipe sont suffisants et appropriés pour qu'il puisse forger son opinion.

Contexte

En fonction de sa connaissance de l'entreprise, des risques associés et des problématiques à adresser, l'auditeur doit déterminer le besoin d'avoir recours à des experts ou à d'autres collaborateurs.
Ainsi, en début de mission, il définit la structure d'équipe adaptée à l'audit et le niveau de délégation. En conséquence, il doit mettre en œuvre des opérations de supervision.

COMMENT L'UTILISER ?

Étapes

1. Évaluer la compétence professionnelle des collaborateurs auxquels certains travaux sont délégués.
2. Répartir les tâches et les rôles au sein de l'équipe.
3. Suivre le déroulement de la mission et apprécier :
   - l'adéquation des compétences avec les tâches à réaliser ;
   - la bonne compréhension des orientations de la mission ;
   - la réalisation des travaux conformément au programme de travail et plan de mission.
4. Étudier les problèmes comptables complexes et les questions qui se posent durant l'exécution de la mission.
5. Modifier éventuellement le programme de travail et le plan de mission.
6. Analyser les divergences d'appréciation entre collaborateurs.
7. Déterminer le besoin de recourir à des consultations.
8. Effectuer un « coaching permanent ».
9. Revoir en continu les travaux réalisés.

Méthodologie et conseils

Afin de faciliter ces opérations de supervision, l'auditeur doit informer les collaborateurs de :
- leurs responsabilités et des objectifs de leurs travaux ;
- différents sujets (nature des activités de l'entité, éventuels problèmes comptables ou d'audit, etc.).

Par ailleurs, l'auditeur doit exercer son jugement professionnel sur l'étendue de sa revue afin de valider :
- la conformité des travaux au programme de travail ;
- leur correcte documentation ;
- la résolution ou la mise en évidence de problèmes significatifs ;
- l'atteinte des objectifs d'audit ;
- le caractère suffisant des travaux pour forger et étayer son opinion.

Avant de se lancer…

- ✓ **La supervision permet un suivi du bon déroulement de la mission et de la réalisation de travaux en conformité avec les attentes de l'auditeur.**
- ✓ **Elle assure également une homogénéité et une qualité d'ensemble du dossier.**
- ✓ **La revue des dossiers donne lieu à des notes de revue orales ou écrites.**
- ✓ **Il convient de s'assurer *a posteriori* que les réponses ont été obtenues et que les modifications demandées ont été réalisées.**
- ✓ **L'auditeur doit par ailleurs formaliser la revue en signant le questionnaire de fin de mission ou par exemple certaines feuilles de travail (le cas échéant, utilisation d'une signature électronique).**

Outil 14 Les étapes clés de la communication avec le client

> « Les échanges réguliers avec les dirigeants au cours de la mission en sont un facteur clé de succès.

En quelques mots

La mission d'audit exige une organisation, une coordination et une communication efficace au sein de l'équipe. En parallèle, l'auditeur doit intégrer dans sa démarche la **communication avec les dirigeants et les actionnaires** de l'entreprise auditée. Cela est d'autant plus vrai dans le cas de la mission légale du commissaire aux comptes qui est continue. La CNCC a d'ailleurs publié début 2012 une « norme de bon exercice » (NBE) qui prévoit trois « temps forts » de communication.

LES TEMPS FORTS DE LA COMMUNICATION AVEC LE CLIENT

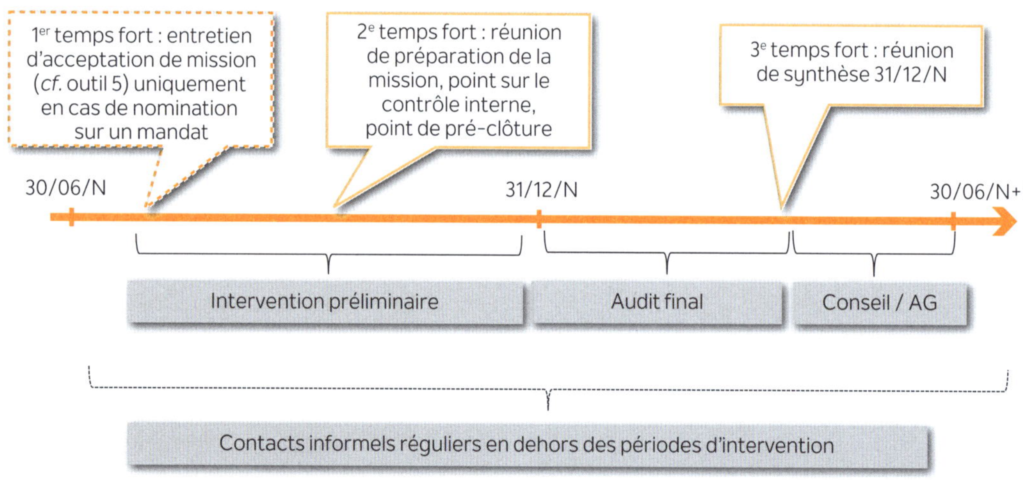

POURQUOI L'UTILISER ?

Objectif

Intégrer le dirigeant de l'entreprise auditée dans la démarche d'audit permet :

- d'apprécier son rôle et sa compétence, et de mieux connaître l'entreprise ;
- d'obtenir une information de qualité que seule la direction est à même de fournir (vision stratégique notamment) ;
- de faciliter le déroulement de l'audit, puisqu'un dirigeant qui comprend la démarche de l'auditeur sera plus enclin à la soutenir ;
- de partager les conclusions de l'audit ;
- *in fine*, de valoriser le travail de l'auditeur.

Contexte

Même si les temps d'intervention se concentrent fréquemment dans la période suivant la clôture, il est important de maintenir un contact régulier entre l'auditeur et l'audité.

COMMENT L'UTILISER ?

Étapes

Prévoir de rencontrer physiquement le dirigeant au moins deux fois dans l'année, en plus des réunions formelles que sont les conseils et les assemblées.

- Une première fois en amont de la clôture, dans le but de faire un premier point d'activité, de prendre connaissance des événements marquants qui ont pu se produire, de présenter la démarche d'audit sur l'exercice, de valider les dates d'intervention, la participation à l'inventaire et, le cas échéant, de donner les conclusions des travaux sur le contrôle interne.
- Une seconde fois à l'issue des travaux sur la clôture annuelle, avant l'arrêté des comptes définitifs, de manière à pouvoir présenter les principales conclusions des travaux.

Méthodologie et conseils

L'auditeur rédige un document de synthèse qui pourra être présenté et remis au client. Ce document rappelle le périmètre d'intervention et les principales conclusions de l'audit. Il valorise le travail de l'auditeur et sert de base à la discussion (pendant la réunion de présentation et dans le suivi d'une année sur l'autre).

En dehors des périodes d'intervention, il ne faut pas hésiter à prendre contact avec le dirigeant de manière informelle, par téléphone, lors de l'obtention d'une information qui concerne l'entreprise ou son secteur par exemple. Il est important de montrer que l'auditeur s'intéresse à l'entreprise, même en dehors des périodes d'intervention.

Enfin, il est important de documenter, dans le dossier de travail, les différentes prises de contacts.

Avant de se lancer…

✓ **La communication auditeur/audité contribue à l'efficacité et au bon déroulement de la mission.**

✓ **Elle permet de valoriser le rôle de l'auditeur qui se positionne comme un interlocuteur du dirigeant et impose de prendre du recul sur le dossier, les discussions avec la direction nécessitant une vision globale de l'entreprise et de son métier.**

✓ **Il faut veiller à préparer soigneusement les entretiens avec le dirigeant. Pour cela, l'auditeur peut préparer des questions ouvertes orientées sur sa vision du métier de l'entreprise, le marché. Il prendra garde à ne pas aborder que des points comptables ou de détail.**

✓ **Il est aussi utile de prendre le temps de discuter avec le client, de ne pas donner l'impression de remplir une obligation. C'est souvent dans les moments les moins formels que les informations importantes sont obtenues.**

Outil 15 La gestion de la réunion de synthèse

> La réunion de synthèse est un lieu d'échange constructif avec la direction permettant de valoriser le travail de l'auditeur.

En quelques mots

Une communication efficace avec la direction de l'entreprise est un des facteurs clés de succès d'un audit réussi (*cf.* outil 14). Parmi les outils permettant d'y parvenir, l'auditeur organise, à l'issue de ses travaux, une **réunion de synthèse** avec la direction de l'entreprise. L'enjeu est d'échanger sur les résultats de l'audit, clarifier les éléments identifiés et donner à la direction la possibilité de fournir des explications complémentaires, corroborer ou infirmer la compréhension de l'auditeur. Par ailleurs, cette réunion permet d'évoquer l'activité de l'entreprise, ses problématiques métiers et ses perspectives. Cela permet aussi de prendre en compte les aspects liés à la continuité d'exploitation (*cf.* outil 58).

UN MOMENT D'ÉCHANGE AVEC LES ACTEURS CLÉS DE LA MISSION

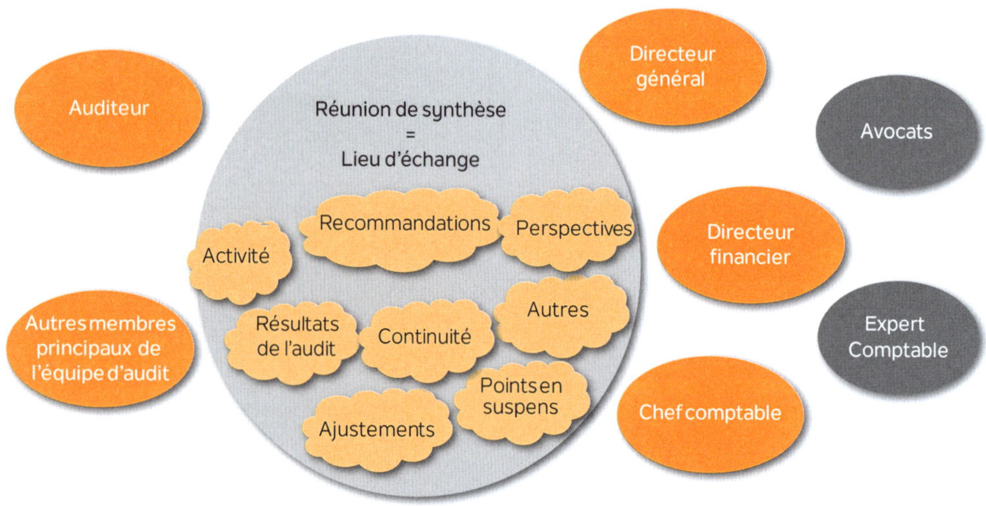

POURQUOI L'UTILISER ?

Objectif

La réunion de synthèse permet de partager les résultats de l'audit, de clarifier les faits et problématiques identifiés, et de donner à la direction la possibilité de compléter les informations obtenues.

Contexte

Au cours d'un audit, il est indispensable de partager avec la direction de l'entreprise les résultats des travaux mis en œuvre. La direction prend part à cette discussion en tant que responsable de la conduite de l'activité et de la préparation des états financiers.

Cet échange a lieu dans le cadre d'une réunion de synthèse, appelée aussi « *closing meeting* » ou réunion de fin des travaux.

COMMENT L'UTILISER ?

Étapes

1. Déterminer, en lien avec la direction, la liste des participants (internes et externes à l'entreprise).
2. Anticiper la détermination de la date de la réunion afin de s'assurer de la présence de tous les invités et faciliter la convergence des agendas.
3. Préparer un support pouvant servir de base de discussion.
4. Aborder *a minima* les thématiques suivantes :
   - périmètre d'intervention ;
   - activité, résultats et perspectives de la société ;
   - résultats de l'audit : problématiques identifiées, estimations, traitements comptables particuliers, ajustements, points en suspens ;
   - continuité d'exploitation et risque de fraude ;
   - recommandations en termes de contrôle interne ;
   - éléments à discuter avec la gouvernance de l'entreprise.
5. Favoriser l'échange et la discussion. L'objectif est de clarifier les éléments collectés ou identifiés pendant l'audit, de donner l'opportunité à la direction de fournir des informations ou des explications supplémentaires.
6. Prendre des notes pour documenter les échanges.

Méthodologie et conseils

Les principaux acteurs de l'audit, au niveau de l'auditeur et au niveau du client, devront être conviés à la réunion de synthèse avec *a minima* le directeur général, le directeur financier ou le chef comptable.

La société ne doit pas découvrir au cours de cette réunion les ajustements. Un échange continu est indispensable.

Il ne faut pas oublier de rendre la réunion adaptée à l'auditoire. En effet, peu de temps devra être consacré aux points comptables mineurs au profit d'échange sur l'activité, les perspectives et les points majeurs.

Avant de se lancer...

- ✓ **La réunion de synthèse permet d'échanger de façon collégiale sur les résultats de l'audit.**
- ✓ **Elle permet de corroborer ou de compléter certaines informations ou problématiques identifiées au cours de l'audit.**
- ✓ **La réunion de synthèse doit être un lieu d'échange au cours de laquelle les problématiques d'audit pourront être discutées en toute transparence. Un auditoire trop large peut nuire à ce dialogue du fait d'informations confidentielles non diffusables (litige, plan de restructuration...). Cette situation conduit alors à organiser des réunions *ad hoc* pour aborder ces différents points d'audit, rendant l'exercice moins efficace.**
- ✓ **Par ailleurs, cette réunion est un lieu d'échange et d'écoute. L'auditeur ne doit pas la concevoir comme un monologue énumérant ses résultats.**

Outil 16

Les principaux documents de synthèse

> Le plan de mission et la note de synthèse doivent offrir une vision globale et pertinente du dossier.

En quelques mots

Les deux principaux documents de synthèse produits par le commissaire aux comptes sont :

- le plan de mission (également dénommé « note d'orientation ») qui présente son approche ;
- la note de synthèse qui présente ses conclusions.

Ils permettent d'appréhender l'évaluation des risques réalisée par l'auditeur, la stratégie d'audit qu'il a mis en place pour y répondre ainsi que le résultat des travaux qui en découlent.

LE PLAN DE MISSION ET LA NOTE DE SYNTHÈSE

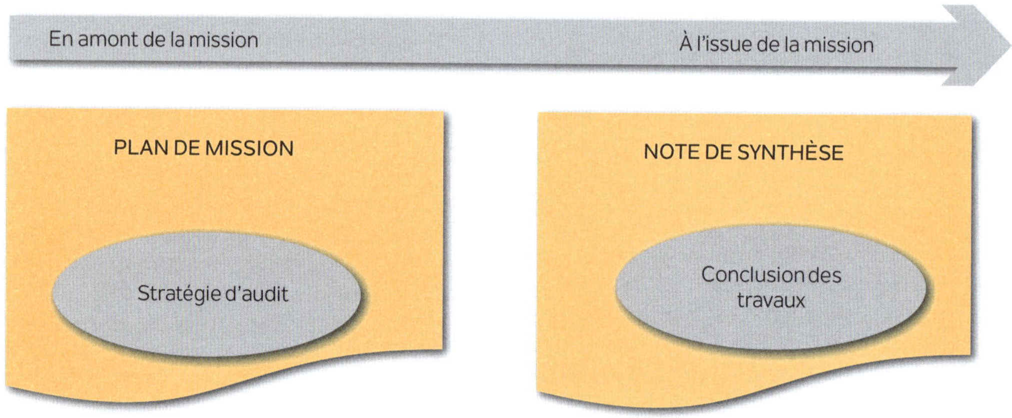

POURQUOI L'UTILISER ?

Objectif

Documenter l'approche d'audit (plan de mission) et les conclusions de l'auditeur (note de synthèse) dans un format permet :

- à un tiers (contrôleur, auditeur groupe, successeur sur le dossier par exemple) de comprendre le dossier ;
- à l'auditeur de posséder un document réunissant l'ensemble des sujets qu'il utilisera pour présenter la mission à ses collaborateurs ou ses conclusions lors des conseils d'administration ou des assemblées générales.

Contexte

La mission de l'auditeur est étalée dans le temps et touche à de nombreux sujets. Il est nécessaire que l'ensemble des points importants soient recensés dans des documents synthétiques.

COMMENT L'UTILISER ?

Étapes

1. En amont de la mission, l'auditeur prépare une note d'orientation qui comportera principalement les informations suivantes :

- calcul préliminaire des seuils ;
- présentation de l'entreprise, de son environnement économique et réglementaire, de son organisation ;
- risques inhérents identifiés, évaluation du risque lié au contrôle et risques d'anomalies significatives par comptes significatifs/assertions ;
- appréciation du risque de fraude et de BCFT (*cf.* outil 6) ;
- programme de travail pour l'intervention finale.

2. Pendant la phase d'audit, il rédige la note de synthèse qui comportera principalement les informations suivantes :

- seuil de matérialité définitif ;
- points d'audits identifiés (risques, ajustements, reclassements) ;
- points en suspens ;
- rapprochement entre les comptes audités et les comptes définitifs;
- conclusion sur les comptes;
- revue analytique.

Méthodologie et conseils

Il s'agit de standardiser la présentation du plan de mission et de la note de synthèse, afin que les auditeurs intervenant sur les dossiers s'approprient les formats et gagnent en efficacité lors de leur alimentation.

L'auditeur ne mentionne que l'information pertinente. L'objectif n'est pas de « remplir » un grand nombre de pages, mais de formaliser de manière structurée les informations clés de la mission.

En fin de mission, il doit s'assurer que la synthèse est à jour de la dernière version des comptes (il y a souvent des changements en cours de mission) et qu'il ne subsiste aucun point en suspens.

Il est souvent plus efficace de ne pas attendre la fin des travaux pour alimenter la note de synthèse, mais de la rédiger au fur et à mesure de leur avancée.

Avant de se lancer...

✓ **Les documents de synthèse réunissent l'ensemble des informations méthodologiques et techniques nécessaires à la compréhension du dossier. C'est un outil de communication entre les membres de l'équipe.**

✓ **Ils permettent à l'auditeur, au démarrage d'une nouvelle année de mission, de se remémorer facilement les points marquants de l'année précédente.**

✓ **Ces documents de synthèse sont à vocation interne (le dossier de l'auditeur). Ils ne remplacent pas la formalisation de présentation à l'attention de la direction de l'entreprise auditée – ce sont alors des outils de communication externe.**

✓ **Ils doivent être remis à jour chaque année.**

DOSSIER 3

PHASE PRÉLIMINAIRE

« Ne pas foncer tête baissée. Une mission, ça se prépare (et c'est une obligation !)

ÉQUATION DU RISQUE D'AUDIT

RI × **RC** × **RND** = **Risque d'audit**

Risque inhérent · *Risque lié au contrôle* · *Risque de non-détection*

dunod.link/audit03
L'approche par les risques

Au démarrage de sa mission, l'auditeur doit définir sa stratégie et évaluer le risque d'audit. Pour ce faire, il commence par prendre connaissance des spécificités de l'entreprise (activité et marchés, localisation géographique, structure financière, structure de la gouvernance, plan de développement…) et de son environnement (dynamisme du secteur, concurrents…).

Sur cette base, il pose l'équation du risque d'audit et planifie les travaux susceptibles de le réduire à un niveau acceptable. En effet, l'auditeur n'ayant pas les moyens de procéder à une revue exhaustive des transactions formant les comptes de l'entreprise auditée, il doit déterminer les principales zones de risques et concentrer ses travaux sur les sujets les plus « sensibles ».

Définition du risque d'audit

La norme NEP 200, « Principes applicables à l'audit des comptes mis en œuvre dans le cadre de la certification des comptes », définit dans sa partie 5 chacune des composantes du risque d'audit. Ainsi, elle dispose que :

- *« Le risque inhérent correspond à la possibilité que, sans tenir compte du contrôle interne qui pourrait exister dans l'entité, une anomalie significative se produise dans les comptes. »* Il s'agit des risques intrinsèques qui existent du seul fait de l'exercice de l'activité de l'entreprise. L'auditeur doit les identifier et les qualifier (faible, fort…). Il détermine ensuite les comptes et assertions concernés ;
- *« Le risque lié au contrôle correspond au risque qu'une anomalie significative ne soit ni prévenue ni détectée par le contrôle interne de l'entité et donc non corrigée en temps voulu. »* Il s'agit du risque que la performance du contrôle interne ne soit pas suffisante pour identifier de potentielles anomalies. L'auditeur peut l'évaluer grâce à des revues de contrôle interne. Il détermine également les comptes et assertions concernés ;
- *« Le risque de non-détection est propre à la mission d'audit : il correspond au risque que le commissaire aux comptes ne parvienne pas à détecter une anomalie significative. »* Il s'agit du risque résiduel selon lequel les travaux de l'auditeur, malgré la prise en compte des risques inhérents et liés au contrôle, ne détecteraient pas une anomalie significative.

Les outils

17	Détermination des comptes et assertions significatifs	50
18	Évaluation du risque inhérent	54
19	Évaluation du risque lié au contrôle	56
20	Évaluation du risque d'anomalies significatives	60
21	Évaluation du risque de fraude	62
22	Le calcul des seuils	64

Outil 17

Détermination des comptes et assertions significatifs

> « Identifier les comptes significatifs et les assertions liées permet de définir sur quels comptes l'approche d'audit sera développée.

En quelques mots

Afin de développer sa stratégie d'audit, l'auditeur doit déterminer les comptes et les assertions liées pouvant être affectés par des anomalies significatives : les « comptes significatifs ».
Ainsi, en fonction d'aspects quantitatifs (seuil, volume des transactions...) et qualitatifs (complexité, risques éventuels, estimation...), l'auditeur identifie au cours des phases d'orientation et de planification de la mission les comptes significatifs et les assertions attachées qui doivent faire l'objet de diligences d'audit.

LE PRISME D'ANALYSE

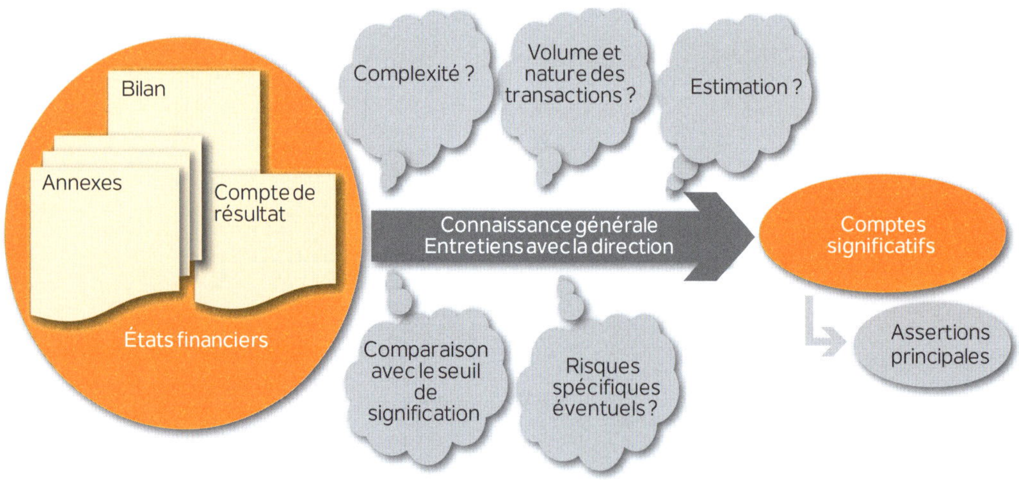

POURQUOI L'UTILISER ?

Objectif

Cet outil permet de déterminer les comptes, les groupes de comptes et les assertions liées pouvant contenir un risque d'anomalies significatives sur lesquels l'auditeur doit focaliser ses diligences.

Contexte

L'auditeur doit évaluer le risque que les états financiers faisant l'objet de sa revue comportent des erreurs. En pratique, l'analyse est menée au niveau des assertions relatives aux différents comptes des états financiers.

Il convient pour l'auditeur de déterminer les comptes ou groupe de comptes susceptibles de contenir des anomalies (individuellement ou de façon cumulée) supérieures au seuil de signification.

COMMENT L'UTILISER ?

Étapes

En amont de l'intervention, l'auditeur devra réaliser les procédures suivantes.

1. Obtenir les derniers états financiers (bilan, compte de résultat, annexes).
2. Comparer chaque compte avec le seuil de signification. Par défaut, un compte supérieur à ce seuil est considéré comme significatif.
3. Estimer pour chacun des comptes les erreurs potentielles au vu de la complexité du compte, de la volumétrie et de la nature des transactions, du caractère estimatif (recours au jugement)...
4. Conclure et documenter si le compte est considéré comme étant significatif ou non.
5. Déterminer les assertions principales attachées à chacun des comptes significatifs.

Méthodologie et conseils

L'auditeur devra considérer la nécessité de subdiviser les composants d'un compte dans le cas où certains éléments seraient sujets à des risques différents.

Par exemple, les stocks de matières premières et de produits finis peuvent présenter des risques différents et être individuellement considérés comme des comptes significatifs.

De même, certains comptes spécifiques, inférieurs au seuil de signification, peuvent influencer le lecteur des états financiers dans ses prises de décision. Dans ce cas, le compte est considéré comme significatif et l'auditeur doit définir une stratégie d'audit adaptée afin de répondre aux attentes du lecteur des états financiers (par exemple, des provisions pour risques et charges présentant un solde nul n'excluent pas l'existence d'un risque non provisionné).

Suite outil 17 →

Avant de se lancer...

- ✓ **La détermination des comptes et assertions significatifs permet de concentrer les travaux sur les sujets à risques.**
- ✓ **La détermination des comptes significatifs et des assertions attachées nécessite un travail attentif et précis en amont de l'intervention car cette étape conditionne toute la démarche.**
- ✓ **Par ailleurs, au moment de l'intervention finale, il faudra s'assurer de l'absence d'événements remettant en cause les conclusions sur les comptes non significatifs.**
- ✓ **D'une année sur l'autre, l'auditeur devra revisiter la liste des comptes significatifs pour s'assurer que cette dernière est toujours appropriée au regard des évolutions que la société a connu.**

Détermination des comptes et assertions significatifs

COMMENT ÊTRE PLUS EFFICACE ?

Définitions importantes

La NEP 200 « Principes applicables à l'audit des comptes » définit au troisième paragraphe l'anomalie significative comme étant « une information comptable ou financière inexacte, insuffisante ou omise, en raison d'erreurs ou de fraude, d'une importance telle que, seule ou cumulée avec d'autres, elle peut influencer le jugement de l'utilisateur d'une information comptable ou financière. »

La NEP 315 « Connaissance de l'entité et de son environnement », quant à elle, définit au troisième paragraphe les assertions comme étant les « critères dont la réalisation conditionne la régularité, la sincérité et l'image fidèle des comptes ».

Les assertions

Dans les travaux réalisés sur les différents comptes, les procédures mises en œuvre devront à chaque fois répondre à une ou plusieurs assertions.

Il conviendra d'être pertinent dans la sélection des procédures à mettre en œuvre pour répondre aux assertions principales sélectionnées pour les comptes significatifs.

La NEP 500 « Caractère des éléments probants » définit les assertions pour trois types d'informations comptables et financières.

- **Les flux d'opérations et les événements survenus au cours de la période**
  - Réalité : les opérations et les événements qui ont été enregistrés se sont produits et se rapportent à l'entité.
  - Exhaustivité : toutes les opérations et tous les événements qui auraient dû être enregistrés sont enregistrés.
  - Mesure : les montants et autres données relatives aux opérations et événements ont été correctement enregistrés.
  - Séparation des exercices : les opérations et les événements ont été enregistrés dans la bonne période.
  - Classification : les opérations et les événements ont été enregistrés dans les comptes adéquats.
- **Les soldes des comptes en fin de période**
  - Existence : les actifs et les passifs existent.
  - Droits et obligations : l'entité détient et contrôle les droits sur les actifs, et les dettes correspondent aux obligations de l'entité.
  - Exhaustivité : tous les actifs et les passifs qui auraient dû être enregistrés l'ont bien été.
  - Évaluation et imputation : les actifs et les passifs sont inscrits dans les comptes pour des montants appropriés et tous les ajustements résultant de leur évaluation ou imputation sont correctement enregistrés.
- **La présentation des comptes et les informations fournies dans l'annexe**
  - Réalité, droits et obligations : les événements, les transactions et les autres éléments fournis se sont produits et se rapportent à l'entité.
  - Exhaustivité : toutes les informations relatives à l'annexe des comptes requises par le référentiel comptable ont été fournies.
  - Présentation et intelligibilité : l'information financière est présentée et décrite de manière appropriée, et les informations données dans l'annexe des comptes sont clairement présentées.
  - Mesure et évaluation : les informations financières et les autres informations sont données fidèlement et pour les bons montants.

Dans les faits, les assertions « principales » seront souvent pour les comptes :
- d'actif : l'existence et l'évaluation ;
- de passif : l'exhaustivité et l'évaluation.

Exemple

Détermination des comptes et assertions significatifs

L'auditeur doit déterminer les comptes significatifs et les assertions associées pour une des sociétés qu'il doit auditer. Pour cela, il a récupéré en amont de son intervention les informations financières de la société et a procédé à une comparaison du solde du compte avec le seuil de signification (calculé à 100 K€).

Par ailleurs, il a pu :

- déterminer la nature et le volume des transactions affectant chacun des comptes ;
- identifier des risques particuliers au niveau des provisions pour risques et charges en raison de litiges en cours avec des concurrents ;
- apprécier la complexité des opérations notamment au niveau de la mise en place d'un emprunt obligataire ;
- identifier les estimations majeures réalisées par la direction, notamment au niveau de l'appréciation des retours de marchandises au titre de la garantie, des flux de trésorerie actualisés des filiales permettant de justifier la valeur des titres de participation, de la quantification des risques relatifs aux litiges.

Il a formalisé ses travaux au travers du tableau suivant.

Comptes	Montant à la dernière clôture	Supérieur au seuil de signification ?	Fort volume des transactions	Complexe ?	Recours à des estimations ?	Risques spécifiques éventuels	Conclusion sur le caractère significatif	Commentaires éventuels	Assertions principales
Immobilisations corporelles	600	oui	oui	non	non	non	Significatif	Nombreuses acquisitions.	Existence, droits et obligations, évaluation et imputation.
Titres de participations	1 850	oui	non	non	oui	oui	Significatif	Situation financière des filiales délicate.	Existence, droits et obligations, évaluation et imputation.
Charges constatées d'avance	45	non	non	non	non	non	Non significatif	Pas de risque identifié et inférieur au seuil de signification.	
Provision pour risques et charges litiges	15	non	non	oui	oui	oui	Significatif	Litiges avec des concurrents dont le montant peut être important.	Exhaustivité, droits et obligations, évaluation et imputation.
Provision pour risques et charges Provision pour garantie	280	oui	oui	oui	oui	oui	Significatif	Quantification du niveau des retours et des coûts associés complexe.	Exhaustivité, droits et obligations, évaluation et imputation.
Emprunt obligataire	1 100	oui	non	oui	non	non	Significatif	Clauses du contrat complexes.	Exhaustivité, droits et obligations, évaluation et imputation.

Outil 18 Évaluation du risque inhérent

> Comprendre la nature de l'entité et son environnement est une nécessité pour définir et évaluer les risques inhérents.

En quelques mots

Une des étapes clés dans la définition de la démarche d'audit réside dans la prise de connaissance de l'entité et de son environnement afin de pouvoir mettre en évidence les « risques inhérents ».
Il s'agit de la possibilité qu'une anomalie significative se produise dans les comptes en l'absence de contrôle interne au sein de l'entité (NEP 200).
L'auditeur devra les évaluer en prenant en compte deux aspects : la probabilité de survenance et l'intensité de leur impact potentiel. Plus l'intensité et la probabilité seront importantes, plus les procédures d'audit seront approfondies, plus l'étendue des travaux sera élevée.

L'ENVIRONNEMENT DE L'ENTITÉ EN TANT QUE SOURCE DE RISQUES

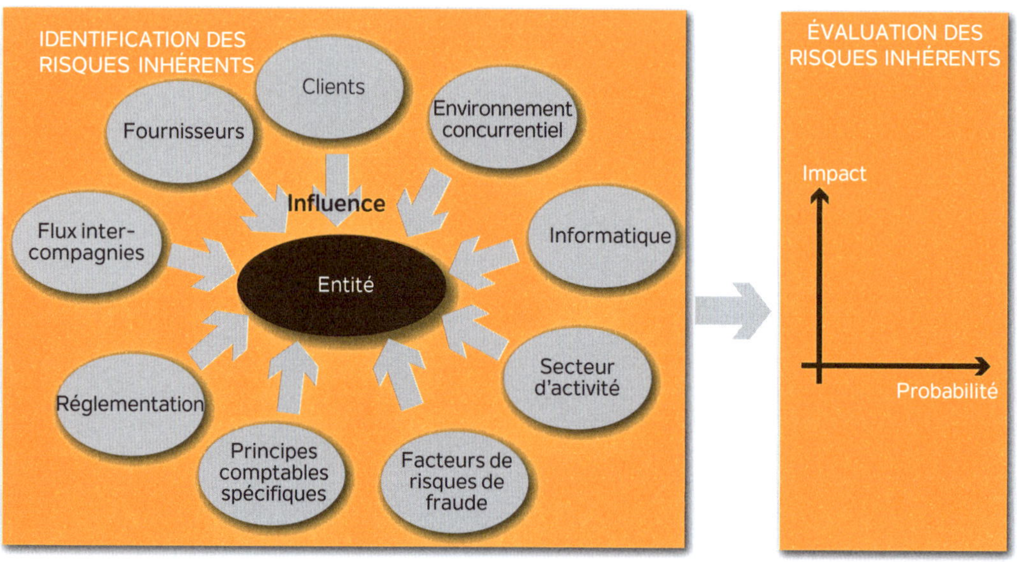

POURQUOI L'UTILISER ?

Objectif

Cet outil permet d'évaluer et de prendre en compte dans la démarche d'audit les risques liés à l'environnement dans lequel évolue l'entreprise.

Contexte

Chaque société évolue dans un environnement qui lui est propre (clients, fournisseurs, réglementation…). Ainsi, l'auditeur devra évaluer la possibilité que cet environnement induise un risque d'anomalies significatives, sans tenir compte des éventuels dispositifs de contrôle interne mis en place.

COMMENT L'UTILISER ?

Étapes

1. L'auditeur doit comprendre la nature de l'entité et son environnement afin de pouvoir identifier les risques inhérents :
- prise de connaissance générale du secteur d'activité : concurrence, relations avec les clients et fournisseurs, évolutions technologiques, etc. ;
- compréhension de l'environnement juridique et réglementaire : la façon dont la société se conforme aux différentes règles et les risques potentiels d'erreurs matérielles en cas de non-respect ;
- compréhension de l'activité de la société, de sa structure capitalistique, de ses investissements et de ses financements ;
- identification des règles comptables spécifiques applicables à l'entité en lien avec son secteur d'activité ;
- compréhension des objectifs de la direction et de la stratégie mise en œuvre (développement, lancement de nouveaux produits…) ;
- compréhension des flux inter-compagnies (les récurrents et ceux en dehors de l'activité normale) ;
- compréhension du rôle de l'informatique au niveau de l'entité ;
- analyse des facteurs de risques de fraude.

2. Après les avoir identifiés, l'auditeur doit évaluer les risques inhérents en prenant en compte leur probabilité de survenance et l'impact qu'aurait la réalisation de ce risque. Les risques inhérents seront classés en faibles, élevés et significatifs.

Méthodologie et conseils

Pour identifier les risques inhérents, l'auditeur devra procéder à des entretiens (direction, autres personnes clés), effectuer une revue analytique préliminaire et revoir les informations collectées (procès-verbaux, étude sectorielle, organigrammes, rapports d'activité, manuel de procédures…).
Pour les risques « élevés » et significatifs (impact potentiel et probabilité d'occurrence), l'auditeur devra définir des procédures d'audit adaptées (*cf.* outil 20).

Avant de se lancer…

- ✓ **Cette évaluation du risque inhérent permet à l'auditeur d'adapter sa démarche d'audit en fonction de l'environnement dans lequel évolue la société.**
- ✓ **L'auditeur ne devra pas sous-estimer l'importance de la phase d'identification des risques inhérents qui repose sur une bonne prise de connaissance de l'entité et de son environnement.**
- ✓ **Il devra faire attention à ne pas les multiplier. Il doit avoir une approche réaliste et se concentrer sur les risques élevés, sous peine d'alourdir ses travaux.**
- ✓ **Par ailleurs, certains risques ayant des natures ou effets similaires pourront être regroupés.**

Outil 19

Évaluation du risque lié au contrôle

> « Le risque lié au contrôle s'apprécie au regard de l'organisation de l'entreprise et de la stratégie de tests de contrôle mise en œuvre.

En quelques mots

Dans la définition de sa stratégie, l'auditeur doit déterminer, pour les processus et les comptes significatifs, s'il souhaite tester les contrôles clés et donc faire reposer une partie de sa démarche sur l'efficacité du contrôle interne de la société. Il peut choisir au contraire de mettre en œuvre une approche purement substantive.
Il procède ensuite à la détermination des contrôles à tester, construit l'échantillon nécessaire et réalise les tests lui permettant de conclure. Sur la base de ces constats, il procède à l'évaluation du risque lié au contrôle pour les comptes significatifs et assertions principales.

L'IMPACT DE LA PRISE EN COMPTE DU CONTRÔLE INTERNE SUR LA STRATÉGIE D'AUDIT

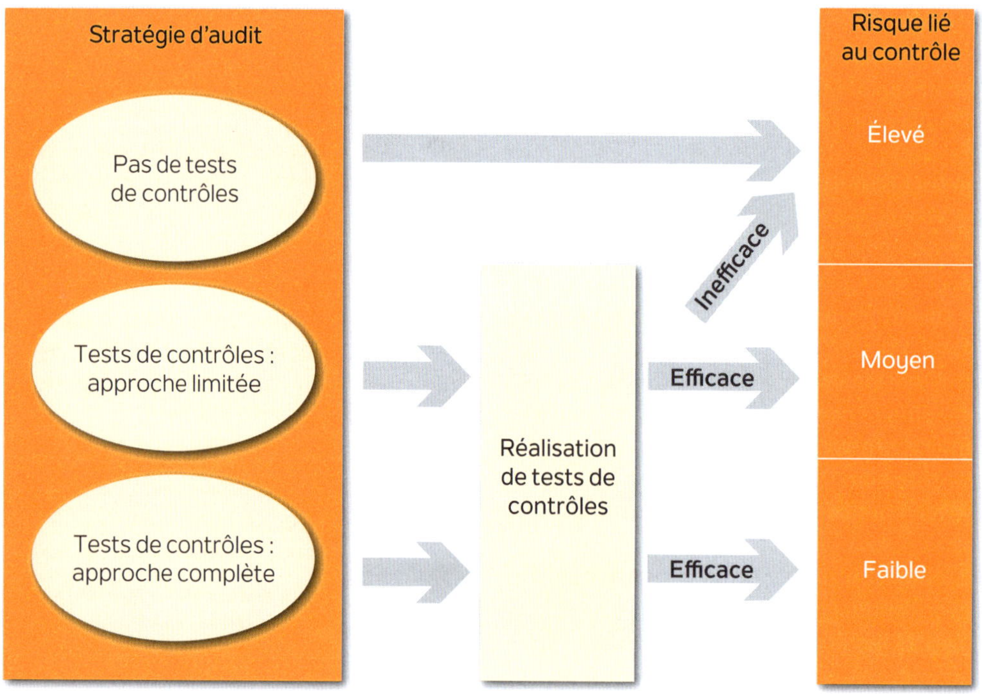

POURQUOI L'UTILISER ?

Objectif

Les tests de contrôle ont pour objectif d'évaluer le risque qu'une erreur puisse se produire malgré le contrôle interne mis en place au sein de l'entreprise.

Contexte

Dans sa démarche d'approche par les risques, l'auditeur doit identifier les erreurs potentielles compte tenu de l'environnement dans lequel l'entreprise évolue (risque inhérent), puis les erreurs possibles en l'absence de contrôle au sein de cette dernière, que ces contrôles soient préventifs ou détectifs (risque lié au contrôle).

Fort de ces constats, l'auditeur adoptera une stratégie d'audit préliminaire en déterminant les contrôles devant faire l'objet de tests et permettant ainsi de diminuer le risque de contrôle.

COMMENT L'UTILISER ?

Étapes

1. Acquisition par l'auditeur d'une bonne compréhension des systèmes comptables et informatiques mis en place par la société.
2. Identification pour chacun des processus en lien avec les comptes significatifs et les assertions des erreurs possibles et des contrôles mis en place par la société pour faire face à ces risques.
3. Détermination de la stratégie d'audit en matière de réalisation ou non de tests de contrôles.
4. Sélection des contrôles à tester.
5. Détermination de la taille d'échantillon du test.
6. Réalisation des tests.
7. Conclusion sur le risque de contrôle : élevé, moyen, faible.

Méthodologie et conseils

Il est offert à l'auditeur deux stratégies de tests :

- limitée : taille de l'échantillon réduite pour limiter l'étendue des tests de contrôles et conclure à un risque moyen en cas de tests satisfaisants ;
- complète : taille d'échantillon donnant une assurance raisonnable à l'auditeur sur l'efficacité du contrôle et permettant de conclure à un risque faible.

En l'absence de contrôles, ou en cas de défaillance ou dans une stratégie d'audit sans tests de contrôles, le risque de contrôle est élevé.

Prendre la décision de tester les contrôles dépendra entre autres de :

- la compréhension de l'entreprise et de son environnement ;
- la présence d'un risque de fraude significatif ;
- le volume des transactions ;
- le caractère automatisé du processus ;
- la complexité des systèmes d'information ;
- la nature et l'étendue des changements de systèmes informatiques, comptables et opérationnels ;
- le gain en efficacité possible de l'audit.

Suite outil 19 →

Avant de se lancer...

- ✓ **La réalisation de tests de contrôles permet de réduire le risque de contrôle et aura des conséquences sur l'étendue des procédures à réaliser. Ainsi, une évaluation précise du risque de contrôle est primordiale.**
- ✓ **Attention à ne pas se contenter de conclure que la réalisation des contrôles par la société est efficace à partir de la simple réalisation de tests de cheminement (voir page suivante), ou bien à partir de la compréhension de l'organisation de l'entreprise. Les tailles d'échantillons de tests nécessaires sont définies à partir de bases statistiques permettant à l'auditeur d'obtenir une assurance raisonnable sur l'efficacité des contrôles.**

Évaluation du risque lié au contrôle

COMMENT ÊTRE PLUS EFFICACE ?

Afin de réaliser de façon pertinente les tests de contrôles, l'auditeur devra déterminer la nature des contrôles, définir l'étendue de l'échantillon des tests, prendre en compte les éléments déjà testés au cours du test de cheminement et savoir traiter les anomalies identifiées.

Précisions sur la nature des contrôles

Les contrôles peuvent être manuels (ex. : comptage), applicatifs (ex. : calcul automatique des amortissements) ou bien manuels mais reposant sur l'informatique (ex. : balance âgée issue du système et revue par le service comptable).
Dans le cadre de contrôles applicatifs ou reposant sur l'informatique, il est nécessaire pour l'auditeur de valider en amont l'efficacité des contrôles généraux informatiques (*cf.* outil 33).

Étendue de l'échantillon de test

La taille de l'échantillon des tests dépendra de la fréquence des contrôles et de la stratégie de tests adoptée (limitée ou complète).
Ainsi, l'échantillon à retenir devra être défini *a minima* comme suit pour une approche « complète » :

Contrôle journalier	25
Contrôle hebdomadaire	5
Contrôle mensuel	2
Contrôle trimestriel	2
Contrôle annuel	1
Contrôle applicatif	1

Test de cheminement

Afin de confirmer sa bonne compréhension du déroulement des différentes étapes dans un processus, l'auditeur procède à un test de cheminement de la transaction et des contrôles réalisés.

Les contrôles passés en revue lors du test de cheminement peuvent être considérés comme étant des éléments de l'échantillon des tests de contrôles.

Réalisation des tests de contrôles avant la clôture

Lorsque les tests de contrôles sont réalisés avant la clôture, l'auditeur doit obtenir des évidences complémentaires que ces contrôles sont efficaces tout au long de l'exercice. Pour cela, en fonction de la date de tests, l'auditeur procède à des entretiens, des observations de la réalisation du contrôle sur la période non testée...
Par ailleurs, il convient de s'assurer de l'absence de changement en termes d'organisation au sein de l'entreprise qui pourrait remettre en cause les tests réalisés et nécessiter la remise à plat de la stratégie.

Défaillances en termes de réalisation de contrôles

Que faire en cas de défaillances identifiées lors de la réalisation des tests de contrôles ?
Pour les contrôles autres que journaliers, l'identification d'une erreur conduit à considérer le contrôle comme déficient. L'auditeur doit alors conclure à un risque de contrôle élevé, mettre à jour le risque d'anomalies significatives et l'étendue des procédures d'audit (*cf.* outil 20) et considérer cette erreur comme un élément à inclure dans une lettre de recommandation adressée à la société.
Pour les contrôles journaliers, il est possible d'étendre la taille de l'échantillon de la façon suivante.

- Si une erreur, alors l'échantillon passe de 25 à 40.
- Si deux erreurs, alors l'échantillon passe de 25 à 60.
- Au-delà de deux erreurs, le contrôle est considéré comme déficient.

Exemple

Évaluation du risque lié au contrôle

Au niveau du processus « achats », l'auditeur effectue les contrôles suivants pour faire face aux risques d'erreurs potentielles :

- **Contrôle 1** (manuel, journalier) : validation du montant de la commande par le directeur industriel (exemple d'erreur potentielle : engagement de dépenses non conforme aux seuils d'autorisation de dépenses).
- **Contrôle 2** (manuel, journalier) : réconciliation de la commande, des bons de livraison et de la facture fournisseur (exemple d'erreur potentielle : quantité reçue différente des quantités commandées et facturées, prix unitaire de la facture différent de la commande).
- **Contrôle 3** (applicatif) : génération automatique d'un listing des factures non parvenues pour les produits réceptionnés mais pas encore facturés par le fournisseur (exemple d'erreur potentielle : les produits réceptionnés mais non facturés par le fournisseur ne sont pas provisionnés en factures non parvenues).
- **Contrôle 4** (manuel, mensuel) : le paiement des factures fournisseurs est validé par le directeur général (exemple d'erreur potentielle : paiement émis sans bon à payer).

La stratégie d'audit retenue est la réalisation de tests de contrôles sur le processus achat.

Pour cela, l'auditeur a déterminé l'échantillon des tests et a sélectionné de façon aléatoire les éléments à tester en ayant recours aux techniques de sondage (*cf.* outil 31).

Le tableau ci-dessous permet de formaliser le résultat des tests réalisés.

Nom du contrôle	Description du contrôle	Nature	Fréquence	Comptes significatifs	Taille de l'échantillon de tests	Référence des tests	Résultat des tests	Conclusion
Contrôle achat 1	Validation du montant de la commande par le directeur industriel	Manuel	Journalier	Achats de marchandises et dettes (exhaustivité, droits et obligations, évaluation)	25	X100	Pas d'anomalies identifiées	Efficace
Contrôle achat 2	Réconciliation de la commande, des bons de livraison et de la facture fournisseur	Manuel	Journalier	Achats de marchandises et dettes fournisseurs (exhaustivité, droits et obligations, évaluation)	25	X101	Pas d'anomalies identifiées	Efficace
Contrôle achat 3	Génération automatique d'un listing des FNP pour les produits réceptionnés	Automatique	Mensuel	Achats de marchandises et dettes fournisseurs (exhaustivité, droits et obligations, évaluation)	1	X102	Pas d'anomalies identifiées	Efficace
Contrôle achat 4	Paiement des factures fournisseurs validé par le DG	Manuel	Mensuel	Dettes fournisseurs (exhaustivité, droits et obligations, évaluation)	2	X103	Pas d'anomalies identifiées	Efficace

Outil 20 Évaluation du risque d'anomalies significatives

> Le RAS permet à l'auditeur d'évaluer le risque d'anomalies significatives au niveau de chaque compte et assertion attachée.

En quelques mots

L'auditeur obtient l'**évaluation du risque d'anomalies significatives (RAS)** dans les comptes en combinant son évaluation des risques potentiels, basée sur la connaissance générale de l'entreprise et de son environnement (risque inhérent), avec son évaluation du risque lié au contrôle basée sur le niveau d'efficacité du contrôle interne.

Le risque d'anomalies significatives sert de préalable à la définition des procédures d'audit à mettre en œuvre : revues analytiques, contrôles de substance, niveau des seuils d'investigation…

L'ensemble de ces décisions font l'objet d'une documentation rigoureuse afin de pouvoir justifier l'approche retenue.

GRILLE D'ÉVALUATION DU RISQUE D'ANOMALIES SIGNIFICATIVES

Évaluation du risque d'anomalies significatives		Évaluation par l'auditeur du risque lié au contrôle		
		Élevé	Moyen	Faible
Évaluation par l'auditeur du risque inhérent	Élevé	Maximum	Élevé	Moyen
	Faible	Moyen	Faible	Minimum

POURQUOI L'UTILISER ?

Objectif

Cet outil permet d'évaluer le risque d'anomalies significatives au niveau de chaque compte et assertions.

Contexte

Dans sa gestion du risque d'audit, l'auditeur doit évaluer le risque que les états financiers contiennent des anomalies significatives.

La NEP 200 « Principes applicables à l'audit des comptes » précise au paragraphe 10 que « le risque d'anomalies significatives dans les comptes est propre à l'entité ; il existe indépendamment de l'audit des comptes. Il se subdivise en risque inhérent et risque lié au contrôle. »

COMMENT L'UTILISER ?

Étapes

1. Évaluer le risque inhérent (*cf.* outil 18).
2. Évaluer le risque lié au contrôle (*cf.* outil 19).
3. Déterminer le RAS pour chacun des comptes significatifs et des assertions liées en croisant les évaluations du risque inhérent et du risque de contrôle selon le tableau présenté.
4. En fonction du RAS obtenu, déterminer l'étendue des procédures à mettre en œuvre en réponse à cette évaluation et conformément aux normes d'exercice professionnel.

Selon la NEP 200, paragraphe 12, « plus le commissaire aux comptes évalue le risque d'anomalies significatives à un niveau élevé, plus il met en œuvre des procédures d'audit complémentaires afin de réduire le risque de non-détection ».

Méthodologie et conseils

L'auditeur devra faire preuve de jugement professionnel pour déterminer l'étendue des procédures à mettre en œuvre. En fonction du niveau d'assurance obtenu sur l'efficacité opérationnelle des contrôles, l'étendue des tests de détails sera adaptée ainsi que le niveau des seuils d'investigation.

Ainsi, selon le RAS, les travaux pourront être :

- minimums : procédures analytiques et tests de détail très limités ;
- faibles : procédures analytiques et tests de détail ;
- moyens : procédures analytiques et tests de détail étendus ;
- élevés et maximums : procédures analytiques et tests de détail très étendus afin de réduire le risque de non détection.

Par ailleurs, dans le cadre de la définition de sa stratégie d'audit, l'auditeur pourra considérer utile d'avancer la date de clôture et la réalisation de certaines procédures d'audit. Ainsi, plus le RAS est faible, plus les travaux pourront être réalisés en amont de la clôture.

Avant de se lancer...

- ✓ **L'évaluation du RAS permet de définir et de documenter le niveau de risque d'anomalies sur les états financiers. C'est une démarche formatrice pour les jeunes collaborateurs.**
- ✓ **Il convient pour l'auditeur de bien s'assurer que le RAS a été déterminé au niveau des assertions de chaque compte significatif identifié.**
- ✓ **Par ailleurs, il appartient à l'auditeur de veiller à documenter rigoureusement l'évaluation du RAS et les procédures à réaliser.**
- ✓ **Le volume de travail dépend directement de l'évaluation du risque. Il faut donc l'évaluer aussi objectivement que possible afin d'éviter de tomber dans des excès soit de « sur-audit », soit de travaux insuffisants pour couvrir les risques identifiés.**

Outil 21 Évaluation du risque de fraude

> Les anomalies significatives résultant de fraudes peuvent être un détournement d'actif ou une manipulation des états financiers.

En quelques mots

Tout au long de sa mission, l'auditeur doit rester en alerte sur le risque d'anomalies significatives pouvant résulter d'erreurs mais aussi de fraudes (NEP 240).

À partir d'entretiens, d'échanges, de sa connaissance de l'entité et de son environnement, l'auditeur doit identifier ces facteurs de risques de fraude, les évaluer et en tirer les conséquences sur sa démarche. Ainsi, en fonction des éléments identifiés, il devra adapter son approche, faire preuve de scepticisme et concevoir des procédures adaptées qui pourront s'appuyer sur les contrôles existants au sein de l'entreprise mais aussi sur des confirmations externes, des tests de détails complémentaires, des entretiens ou des analyses spécifiques.

LES SOURCES POTENTIELLES D'IDENTIFICATION D'UN RISQUE DE FRAUDE

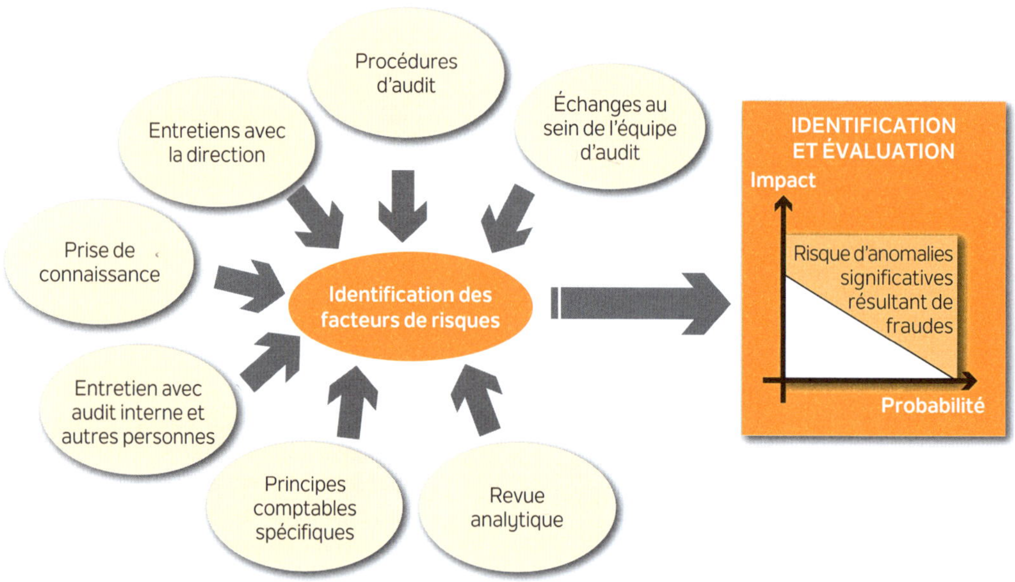

POURQUOI L'UTILISER ?

Objectif

Il s'agit d'identifier et d'évaluer les risques de fraude dans l'entreprise susceptibles d'avoir un impact matériel sur ses états financiers.

Contexte

Lors de la planification et la réalisation de son audit, l'auditeur évalue le risque d'anomalies significatives sur les comptes résultant d'erreurs mais aussi de fraudes.

La fraude est un acte intentionnel commis par une ou plusieurs personnes (la direction, les employés ou un tiers), impliquant l'utilisation de tromperie pour obtenir un avantage injuste et illégal.

La fraude peut être réalisée au travers d'un détournement d'actif ou bien au travers de la manipulation des états financiers pouvant induire en erreur le lecteur des états financiers.

COMMENT L'UTILISER ?

Étapes

1. Identifier les facteurs de risques.
- Entretien avec la direction sur :
  - son appréciation du risque ;
  - les procédures mises en place par l'entité pour identifier les risques de fraude et y répondre ;
  - comment elle communique sur l'éthique et la bonne conduite ;
  - l'existence de fraudes avérées, suspectées ou alléguées.
- Entretien avec l'audit interne et toute autre personne utile.
- Réalisation de procédures analytiques.
- Prise en compte des éléments identifiés lors de la réalisation des procédures d'audit, de la prise de connaissance et d'échanges avec les membres de l'équipe d'audit.

2. Évaluer les risques à partir des éléments identifiés, apprécier la probabilité de réalisation et la magnitude de l'impact potentiel.
3. Adapter l'approche générale : revoir l'affectation aux membres de l'équipe, analyser les choix comptables (clôture et estimations), vérifier le caractère approprié des écritures, introduire de l'imprévisibilité et comprendre la justification économique des opérations en dehors des activités de l'entreprise.
4. Concevoir des procédures d'audit en réponse à l'évaluation du risque : tests des contrôles, confirmations, entretiens, tests de détails, analyses complémentaires…

Méthodologie et conseils

Il existe une présomption de risque d'anomalies significatives résultant de fraudes dans la comptabilisation des produits. De ce fait, lorsque le commissaire aux comptes estime que ce risque n'existe pas, il en justifie dans son dossier (NEP 240).

Avant de se lancer…

✓ **L'évaluation de ce risque permet d'obtenir une bonne compréhension des facteurs de risque de fraude et de leur impact afin d'adapter l'approche d'audit en conséquence.**

✓ **Il faut faire preuve d'esprit critique sur la possibilité qu'un risque d'anomalies significatives résultant de fraudes puisse exister en dépit de l'expérience passée sur l'honnêteté ou l'intégrité des membres de la direction ou de la gouvernance.**

✓ **De nombreux facteurs de risques peuvent exister. Toutefois, il conviendra de se focaliser sur ceux ayant une certaine probabilité de réalisation et également un impact matériel potentiel sur les états financiers.**

Outil 22 Le calcul des seuils

“ Le seuil au-delà duquel le jugement de l'utilisateur des états financiers peut être influencé.

En quelques mots

Afin de pouvoir se forger une opinion sur les comptes d'une société, l'auditeur doit obtenir une assurance raisonnable mais non absolue que ces derniers ne présentent pas d'anomalies significatives pouvant influencer les décisions d'un utilisateur des états financiers.

Dans ce cadre, il est nécessaire pour l'auditeur de déterminer conformément à la NEP 320 « Anomalies significatives et seuil de signification » un **seuil de matérialité**, appelé également **seuil de signification**. Pour ce faire, l'auditeur devra notamment prendre en compte l'environnement de l'entreprise, sa structure financière et l'historique des anomalies relevées au cours des exercices précédents. La **détermination du seuil** relève du jugement professionnel.

EXEMPLE DE FOURCHETTES DE TAUX PAR CRITÈRE

Prise en compte des caractéristiques de l'entreprise et des utilisateurs des états financiers

Exemples d'entités	Exemples de critères usuellement retenus	Exemples de fourchette en fonction du rique d'audit*
Général	Résultat courant avant impôts	Taux de 3 à 10 %
	Résultat net	Taux de 3 à 10 %
	Chiffre d'affaires	Taux de 0,5 à 3 %
	Endettement net (en pratique rarement appliqué)	Taux de 1 à 2 %
	Charges	Taux de 0,5 à 3 %
	EBITDA	Taux de 2 à 6 %
Entités holdings et fonds d'investissement	Total bilan	Taux de 0,5 à 3 %
	Capitaux propos	Taux de 1 à 5 % (peut aller jusqu'à 10 %)
Entités à but non lucratif	Revanus bruts	Taux de 0,5 à 2 %
	Charges	Taux de 0,5 à 2 %

** Taux proposés dans la note d'information XXI de la CNCC publiée en juillet 2021.*

POURQUOI L'UTILISER ?

Objectif

L'objectif est de déterminer le seuil au-delà duquel des anomalies sont jugées d'une importance telle qu'elles sont susceptibles d'influencer le jugement de l'utilisateur se fondant sur les comptes, et de déterminer en conséquence le seuil de travail de l'auditeur.

Contexte

L'auditeur doit obtenir une assurance raisonnable que les comptes ne présentent pas d'anomalies significatives.
Le seuil de matérialité permet de donner un cadre de référence pour apprécier le caractère matériel des anomalies et aussi déterminer les seuils d'investigations pour la réalisation des procédures d'audit.

Méthodologie et conseils

Le calcul du seuil de matérialité fait appel au jugement professionnel. Il est souvent déterminé en amont de la clôture pour permettre d'appréhender au mieux la sélection des circularisations, la réalisation de travaux de pré-final et de définir les seuils d'investigation nécessaires aux tests de détails.
L'auditeur doit toujours mettre à jour le seuil de matérialité au regard des comptes définitifs. Il doit ainsi s'assurer qu'en cas de modification du seuil, les travaux réalisés au cours de l'audit sont suffisants.
Compte tenu de son impact sur l'étendue des travaux, le seuil de matérialité préliminaire doit être validé en même temps que le plan de mission par l'associé, signataire de l'opinion d'audit.

COMMENT L'UTILISER ?

Étapes

1. Sélectionner l'agrégat pertinent au cas d'espèce en tenant compte des attentes des utilisateurs des états financiers et au regard des caractéristiques propres à l'entreprise : secteur d'activité, résultat négatif, forte croissance du chiffre d'affaires, niveau de capitaux propres, structure d'endettement, fluctuation des résultats d'une année sur l'autre, éléments exceptionnels inclus dans les résultats...
2. En fonction des risques d'audit, déterminer le pourcentage à retenir dans la fourchette. Ce dernier pouvant être proche de la fourchette haute par exemple en cas :
   - de présence de peu d'actionnaires ;
   - d'absence de dettes ou d'actions cotées sur les marchés financiers ;
   - d'absence de volonté de s'introduire en Bourse à court terme ou de levée de fonds.
3. À partir du seuil de matérialité obtenu, établir le niveau des seuils de planification et d'investigation.

Suite outil 22 →

Avant de se lancer...

- ✓ **Le calcul des seuils permet de définir un cadre de référence pour appréhender le caractère significatif des anomalies.**
- ✓ **Il constitue une base de calcul pour la détermination des seuils d'investigation nécessaires à la réalisation des procédures d'audit.**
- ✓ **Il est important de bien comprendre l'activité de l'entreprise, le secteur dans lequel elle opère, ses enjeux et les éléments sur lesquels les utilisateurs des états financiers portent une attention particulière.**
- ✓ **Il est également nécessaire pour l'auditeur de considérer dans le calcul du seuil de matérialité le nombre et la nature des anomalies relevés au cours des exercices précédents.**

Le calcul des seuils

COMMENT ÊTRE PLUS EFFICACE ?

Agrégats négatifs ou à forte volatilité

En cas d'agrégats négatifs tels que le résultat courant, l'auditeur doit s'interroger sur la pertinence de calculer son seuil sur ce critère. En effet, compte tenu des évolutions erratiques que ce dernier peut connaître dans le temps, il peut estimer qu'un autre critère est plus pertinent pour son audit.

Il en est de même en cas d'agrégat connaissant des fluctuations importantes d'une année sur l'autre. En effet, le risque d'audit n'évolue pas forcément de la même manière. Ainsi, réduire ou augmenter fortement le seuil de matérialité peut ne pas être approprié.

Un seuil pouvant être réévalué

Comme évoqué précédemment, le calcul du seuil de matérialité préliminaire intervient le plus souvent en amont de la clôture. Toutefois, fixer son montant doit être considéré comme relatif. En effet, l'auditeur doit tout au long de sa mission se poser la question de son caractère approprié et ne doit pas hésiter à le réévaluer en cours de route en fonction des informations dont il dispose.

Par exemple, en cas de changement d'actionnariat, de problèmes informatiques, de risques accrus en matière de continuité d'exploitation, l'auditeur devra envisager de faire évoluer ou non le seuil de matérialité.

Le seuil de planification

Le seuil de planification est défini par la NEP 450 « Norme d'exercice professionnel relative à l'évaluation des anomalies relevées au cours de l'audit » comme étant « le seuil d'un montant inférieur au seuil de signification utilisé par le commissaire aux comptes pour définir la nature et l'étendue de ses travaux. Le seuil de planification est fixé à un montant tel qu'il permet de réduire à un niveau acceptable le risque que le montant des anomalies relevées non corrigées et des anomalies non détectées excède le seuil de signification ».

L'auditeur va ainsi déterminer des seuils d'investigation pour réaliser ses tests de détails en fonction du seuil de planification. Le risque de non-détection sera quant à lui couvert par la différence entre le seuil de planification et le seuil de matérialité.

Cet écart devra être plus important dans les sociétés pour lesquelles historiquement de nombreux ajustements ont été relevés au cours des derniers exercices car la probabilité d'avoir des erreurs non détectées y est plus forte.

Quelques exemples sectoriels

Dans certains secteurs d'activité, il peut être pertinent de choisir un agrégat adapté à l'activité de l'entreprise.

Ainsi, dans le domaine des biotechnologies, des sociétés de recherche ou même des start-up, le montant des dépenses ou des frais de R&D peut être le critère pertinent en l'absence de revenu et compte tenu de l'attention particulière portée par les lecteurs des états financiers sur ces agrégats. L'auditeur devra ensuite déterminer le pourcentage de ce critère à retenir.

De même, dans le domaine de la grande distribution, retenir la marge peut être pertinent.

Exemple

Calcul des seuils

Un auditeur débutant se voit confier par son chef de mission la détermination préliminaire du seuil de matérialité dans une société industrielle clôturant au 31 décembre N.
La société est mature et présente des résultats opérationnels très dégradés par rapport aux précédents exercices. Par entretien avec la direction, l'auditeur comprend que cette situation s'explique par des pertes sur créances devenues irrécouvrables, plusieurs licenciements et quelques problèmes de qualité sur les produits vendus.
La direction estime que ces éléments sont ponctuels. La société commercialise des machines-outils de fortes valeurs (400 K€ unitaires) sur un marché très concurrentiel et pour lequel les délais de concrétisation des ventes peuvent être longs et complexes.
En N, les principaux agrégats financiers sont :
- un chiffre d'affaires de 15 M€ sur la période en légère hausse ;
- un résultat courant avant impôt (RCAI) négatif de 25 K€ contre un RCAI positif de 550 K€ en N-1 ;
- un résultat net négatif de 150 K€ contre un résultat net positif de 590 K€ en N-1 ;
- des capitaux propres de 2 M€.

À partir de ces éléments, il a formalisé ses travaux de la façon suivante.

Détermination du seuil de signification

Critères pertinents	Taux indicatifs	Base (en K€)	Taux retenu (ou autre modalité de calcul)	Montant (en K€)
Chiffre d'affaires	0,5 à 3 %	15 000	2 %	300
Capitaux propres	1 à 5 %	2 000	3 %	60

Commentaires
Le résultat courant avant impôts et le résultat net sont négatifs. Le critère « chiffre d'affaires » a été préféré au critère « capitaux propres » en raison de l'attention particulière portée par la direction et les actionnaires sur le niveau des ventes.

Seuil de signification	300

Détermination du seuil de planification

Commentaires
Compte tenu de l'historique des erreurs identifiés au cours des exercices précédents, le seuil de planification a été déterminé à 50 % du seuil de signification

Seuil de planification	150

4

DOSSIER

TECHNIQUES ÉLÉMENTAIRES

“

Comme dans toute activité,
il faut commencer par apprendre les bases.

Des outils standards

Afin d'asseoir son opinion, l'auditeur met en œuvre un programme de travaux lui permettant de collecter des éléments probants, dans le but de réduire le risque d'audit. Dans la construction de son dossier de travail, il veille à formaliser la piste d'audit.

Afin de remplir ces objectifs, l'auditeur dispose d'une panoplie d'outils de base auxquels il peut avoir recours dans de multiples situations et sur lesquels reposent des programmes de travail, quel que soit le cycle audité. Ils répondent à une terminologie précise et commune à l'ensemble de la profession, bien que la majorité ne fasse pas l'objet d'une véritable normalisation « officielle ».

La NEP 500, « Caractère probant des éléments collectés », énumère ainsi, dans sa 5e partie , une dizaine de techniques. Néanmoins, cette liste n'est pas exhaustive et les techniques ne sont pas explicitées (cela ne relève pas du rôle de la NEP).

En général très simples dans leur principe de fonctionnement, la mise en application de ces outils peut être plus ou moins aisée selon les cas d'espèce.

Une initiation aux techniques d'audit

Les techniques d'audit sont en général présentées aux auditeurs débutants lors de leurs débuts dans la profession, afin qu'ils les intègrent rapidement et qu'ils deviennent des réflexes. Par exemple, après quelques mois d'expérience, tout auditeur doit être capable de réaliser de manière autonome un « rapprochement » entre deux documents.

Leur correcte réalisation suppose que l'auditeur :

- comprenne sur le fond les raisons pour lesquelles il effectue les travaux ;
- en respecte la forme, afin que ses travaux puissent être revus et utilisés dans la phase de synthèse par le responsable de mission.

C'est l'un des points clés de développement personnel pour le débutant : ne pas se laisser « noyer » par le volume d'informations et le côté en apparence « routinier » de certaines tâches. Au contraire, il doit s'interroger et comprendre ce qu'il fait afin d'être capable d'identifier d'éventuelles anomalies. Pour un superviseur, il s'agit même d'un indicateur d'intégration et de progression d'un jeune collaborateur.

Les outils

23 Le tableau de passage 70
24 Le rapprochement 72
25 Les vérifications arithmétiques 74
26 La validation des quantités physiques 76
27 Les tests de cut-off 78
28 La circularisation 82
29 La revue subséquente des décaissements 86
30 Démarche relative à la revue des tests de perte de valeur 88
31 Les techniques de sondage 92
32 L'analyse de données 96
33 La compréhension de la revue de l'environnement IT 98
34 L'utilisation des travaux d'un tiers 100
35 La lettre d'affirmation 102

Outil 23 Le tableau de passage

« Ce tableau est la base des tests de l'auditeur lors de la revue de nombreux postes significatifs du bilan.

En quelques mots

Le **tableau de passage** permet de détailler les mouvements intervenus, ligne à ligne, entre les éléments qui composent un solde du bilan de clôture de l'exercice précédent (validé lors de l'audit de la clôture précédente) et les éléments qui composent un solde du bilan de clôture (bilan audité). Ce tableau sert de base à certains travaux de l'auditeur (revues analytiques, validation de transactions...) pour les postes de bilan concernés.

LE FORMAT STANDARD D'UN TABLEAU DE PASSAGE

Colonne à rapprocher du bilan audité N-1 (→ 31/12/N-1)

Colonne à rapprocher du bilan audité (→ 31/12/N)

Détail d'un poste de bilan	31/12/N-1	Augmentation	Diminution	Transfert	31/12/N
Total					

Par exemple :
- immobilisations ;
- amortissements ;
- provisions.

Mouvements qui vont (Augmentation, Diminution, Transfert) :
- le cas échéant, être rapprochés du compte de résultat (provisions et amortissements notamment) ;
- faire l'objet de travaux d'audit.

POURQUOI L'UTILISER ?

Objectif

Le tableau de passage est également désigné sous les termes de « tableau de rapprochement » ou de « tableau de variation ».
L'objectif est de contribuer à la validation par l'auditeur d'un compte ou groupe de comptes du bilan audité. En effet, l'auditeur s'appuie sur la clôture N-1, déjà validée l'année précédente, et concentre ses efforts d'audit sur la compréhension des mouvements (ou leur absence). En additionnant les soldes de clôture N-1 aux mouvements de l'exercice, et après réalisation de ses tests, l'auditeur pourra porter une conclusion sur le solde de clôture.

Contexte

Cette technique d'audit s'applique principalement aux travaux :
- sur les immobilisations incorporelles, corporelles et financières ainsi qu'aux amortissements et dépréciations correspondants (*cf.* outils 36 à 39) ;
- sur les capitaux propres (*cf.* outil 48) ;
- sur les provisions pour dépréciation (*cf.* outils 42, 43 et 44) et risques et charges (*cf.* outils 49 et 50) ;
- sur la consolidation (*cf.* dossier 8).

COMMENT L'UTILISER ?

Étapes

1. Obtenir ou produire le tableau de passage sur le thème audité après s'être assuré :
- du rapprochement des soldes des clôtures N-1 et N avec respectivement le bilan audité N-1 et le bilan audité N ;
- du rapprochement de certains mouvements avec le compte de résultat (amortissements, provisions).

2. Réaliser les travaux d'audit sur les différents mouvements. S'assurer :
- de l'exhaustivité des mouvements (provisions en particulier) ;
- que le solde de clôture présenté répond *a priori* aux différentes assertions du compte concerné (*cf.* outil 17).

Méthodologie et conseils

Les tableaux de passage sont, en général, préparés par les entreprises. Certains d'entre eux constituent des états obligatoires dans la liasse fiscale (feuillets 2054 et 2055 pour les immobilisations/amortissements, feuillet 2056 pour les provisions) ou dans les annexes (immobilisations, provisions, variation des capitaux propres consolidés). Ainsi, le premier réflexe de l'auditeur est de demander à son client, en amont de la mission, de les lui fournir et non pas de se lancer dans leur élaboration.

Avant de se lancer…

✓ **Le tableau de passage dresse le panorama des mouvements enregistrés en comptabilité et constitue une base sur laquelle peut s'appuyer l'auditeur pour ses tests.**

✓ **Il est important de s'assurer de l'exactitude des soldes de clôture N-1 (si le point de départ n'est pas le bon, le point d'arrivée non plus).**

✓ **L'obtention du tableau de passage ne constitue pas en soi un audit, mais simplement un support aux différentes procédures d'audit à mener.**

✓ **Bien que la démarche soit basée sur l'étude des mouvements, cela n'exonère pas l'auditeur de se poser des questions relatives aux anomalies éventuelles pouvant porter sur les éléments composant le solde (dépréciation d'actif par exemple) ainsi que sur l'exhaustivité des mouvements (oubli d'une provision).**

Outil 24 Le rapprochement

> Le « rapprochement », ou « bouclage », permet de s'assurer que la source et son détail sont identiques.

En quelques mots

Le rapprochement de deux documents est l'un des outils principaux de l'auditeur. Il consiste à formaliser des liens entre des pièces de natures variées (balances, factures, contrats, etc.), assurant la traçabilité de la démarche. Dans le dossier, il est formalisé grâce au référencement croisé, dont le fonctionnement est présenté dans l'outil 8.

ÉTABLIR UN LIEN ENTRE DEUX DOCUMENTS

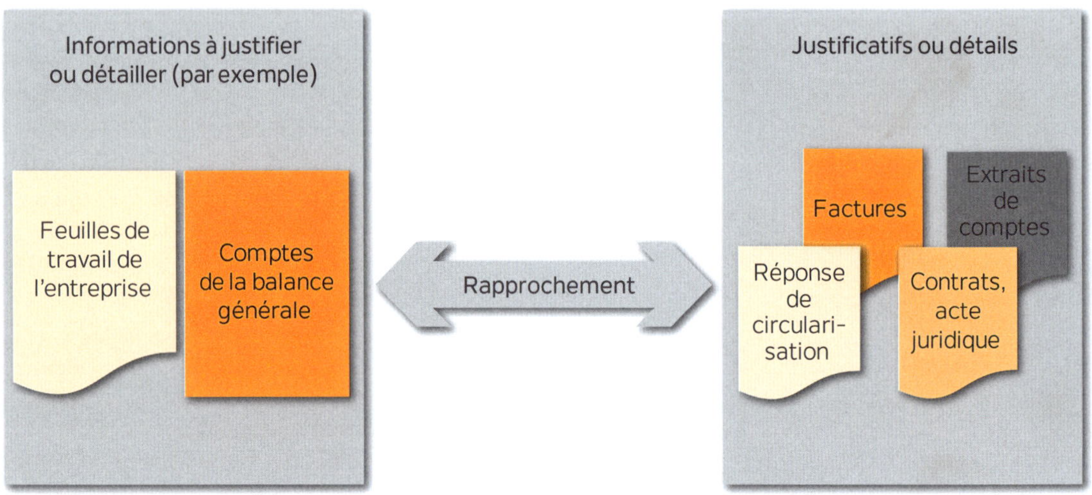

POURQUOI L'UTILISER ?

Objectif

Le rapprochement a pour objectif de :
- s'assurer qu'un chiffre donné dans un document est conforme au document qui le justifie (par exemple, comptabilisation d'une charge de 100 au titre d'un contrôle fiscal : rapprochement de la charge comptable avec le courrier de notification) ;
- faire le lien entre un chiffre et le détail des lignes qui le constituent (par exemple : rapprochement entre le total du listing des acquisitions d'immobilisations de l'exercice et le montant présenté dans le tableau de variation des immobilisations, *cf.* outil 38).

Contexte

Dans le cadre de sa mission, l'auditeur doit s'assurer de la correcte traçabilité des informations. Pour ce faire, il procède entre autres à des opérations de rapprochement.
Le terme de « bouclage » est également couramment utilisé pour évoquer la notion de rapprochement.

COMMENT L'UTILISER ?

Étapes

1. Sélectionner l'information pour laquelle un détail ou un justificatif est souhaité.
2. Demander au client le document correspondant, dont une copie sera conservée dans le dossier.
3. Formaliser le lien entre les deux documents dans le dossier de travail par le biais d'une référence croisée.

Méthodologie et conseils

Le rapprochement doit se faire au niveau de deux chiffres, repris à l'identique dans deux états différents. Ainsi, si l'objectif est de faire des tests de détail sur des lignes composant un solde (par exemple, faire des tests d'acquisition d'immobilisations) l'auditeur doit classer dans son dossier l'état de détail avec sa dernière page, présentant un total pouvant être rapproché du solde en comptabilité.
Il ne doit pas se contenter de prendre une copie des pages comprenant les lignes qu'il va tester, sans conserver le total.
Il ne faut pas considérer qu'un rapprochement vaut validation. Si l'objectif est de valider un compte de balance générale, l'obtention d'un détail de ce compte, issu du système comptable, ne permet pas de conclure que le compte a été audité. En l'espèce, il s'agirait d'un bouclage entre deux états provenant de la même source (le logiciel comptable). Dans ce cas, l'état de détail va servir de base à des tests, qui remonteront certainement à des pièces externes et qui permettront de porter un jugement sur le compte concerné de la balance générale.

Avant de se lancer...

- ✓ **Le rapprochement est un outil de base utilisé pour la validation des chiffres audités.**
- ✓ **Il permet de matérialiser le lien entre les informations et les documents dans le dossier de travail.**
- ✓ **Il est important de respecter rigoureusement la formalisation (utilisation du référencement croisé), faute de quoi il peut être difficile de s'y retrouver dans le dossier de travail.**
- ✓ **Attention aux rapprochements entre deux documents issus de la même source, dont la seule justification est l'obtention d'un détail.**

Outil 25 Les vérifications arithmétiques

> “ Les vérifications arithmétiques sont une forme de contrôle basique mais fondamentale !

En quelques mots

Si les vérifications arithmétiques sont probablement l'outil de contrôle le plus simple de la palette de l'auditeur, il en est certainement l'un des plus fondamentaux. En effet, en cas de d'anomalie découverte *a posteriori* sur un dossier, l'auditeur aura du mal à s'exonérer de sa responsabilité s'il avait pu découvrir le point par un simple contrôle arithmétique.

EXEMPLE DE FORMALISATION DU CONTRÔLE ARITHMÉTIQUE

			1 @		2 @	3 @
Référence	Prix unitaire	Quantité	Valorisation totale	Dépréciation (%)	Dépréciation (en valeur)	Valeur nette
118 071 672	2,00	15 495	30 990	6,0 %	1 859	29 131
640 376 585	2,00	12 422	24 844	34,0 %	8 447	16 397
840 276 951	2,00	7 304	14 608	10,0 %	1 461	13 147
222 177 309	1,00	6 655	6 655	1,0 %	67	6 588
285 980 523	1,00	8 591	8 591	9,0 %	773	7 818
174 700 975	1,00	7 474	7 474	6,0 %	448	7 026
798 926 378	1,00	16 933	16 933	7,0 %	1 185	15 748
463 208 475	1,00	11 675	11 675	45,0 %	5 254	6 421
425 054 766	2,00	2 799	5 598	50,0 %	2 799	2 799
941 776 740	1,00	15 246	15 246	29,0 %	4 421	10 825
225 861 183	1,00	8 915	8 915	4,0 %	357	8 558
631 689 060	2,00	5 807	11 614	18,0 %	2 091	9 523
949 822 818	1,00	12 741	12 741	43,0 %	5 479	7 262
203 758 282	2,00	9 848	19 696	50,0 %	9 848	9 848
451 609 285	2,00	17 024	34 048	28,0 %	9 533	24 515
269 812 951	2,00	39	78	27,0 %	21	57
553 783 202	1,00	6 839	6 839	36,0 %	2 462	4 377
619 065 473	2,00	4 776	9 552	49,0 %	4 680	4 872
TOTAL		170 583	246 097		61 186	184 911 T
		T	T		T	T

4

T Total validé

@ Recalcul de la colonne effectué

POURQUOI L'UTILISER ?

Objectif

Les vérifications arithmétiques permettent de s'assurer que les fichiers utilisés pour les travaux ne comportent pas d'erreur arithmétique (qu'ils proviennent du client ou qu'ils aient été produits par l'auditeur).

Contexte

Au cours de ses travaux, l'auditeur est amené à manipuler de nombreuses informations chiffrées. Les états utilisés peuvent être très simples et ne comprendre que quelques lignes (un rapprochement bancaire avec peu d'éléments en rapprochement par exemple), mais ils peuvent également être complexes et volumineux (listing de stocks présentant des informations relatives aux quantités, valorisation, dépréciation, consommation, rotation, etc.).
Quelle que soit la nature de l'état utilisé, l'auditeur doit toujours s'assurer que le total présenté est le bon, au travers d'un double objectif.

- Limiter les erreurs éventuelles. La pratique permet de constater que les erreurs liées à un oubli de ligne/colonne/cellule lors de l'utilisation de M/S Excel sont fréquentes. Une erreur peut avoir un impact direct sur les comptes (par exemple, erreur dans le calcul d'une provision).
- Limiter le risque de fraude. L'insertion d'une ligne ou la modification d'un chiffre dans un état volumineux ne peut pas être identifiée d'un simple coup d'œil.

COMMENT L'UTILISER ?

Étapes

1. Identifier les données issues d'une opération arithmétique. Ainsi, dans l'exemple ci-contre, les cases des colonnes 1 et 2 sont issues d'une multiplication (*prix unitaire × quantité d'une part et valorisation totale × pourcentage de dépréciation d'autre part*), les cases de la colonne 3 sont issues d'une soustraction (colonnes 1 et 2), et la dernière ligne (point de repère 4) correspond à l'addition de toutes les lignes au-dessus.
2. Valider le résultat de l'opération. Cela peut être fait manuellement quand l'état est simple, ou par un « recalcul » sous M/S Excel ou un logiciel de traitement de données quand le volume est plus important.
3. Matérialiser le contrôle par un symbole spécifique (« T » pour le total et « @ » pour les formules dans l'exemple ci-contre).

Méthodologie et conseils

Bien qu'il s'agisse d'un contrôle très simple, il doit néanmoins être réalisé avec rigueur et peut représenter un temps important sur un dossier.
Le contrôle permet de mettre en évidence une anomalie dans un document produit par l'entreprise, investiguer pour déterminer si elle relève d'une erreur ou d'un acte volontaire, avec toutes les conséquences potentielles qui en découlent.

Avant de se lancer...

- ✓ **Ce type de vérifications permet de s'assurer que le document utilisé ne présente pas d'anomalies de base dans ses totaux. L'utilisation d'une formalisation standardisée de ce contrôle pour tous les dossiers permet au superviseur de constater facilement s'il a été fait.**
- ✓ **Il est important de bien formaliser le contrôle arithmétique réalisé, de manière à ce qu'aucun doute ne subsiste quant à sa réalisation.**
- ✓ **De même, il faut veiller à contrôler tous les totaux du document, tant dans le sens horizontal que vertical. Il arrive en effet qu'une somme soit correcte dans un sens et pas dans l'autre.**

Outil 26

La validation des quantités physiques

“ *Le comptage physique est un contrôle simple et fiable de l'existence d'un actif.*

En quelques mots

Pour vérifier la réalité de certains actifs (notamment stocks et immobilisations) à la date de clôture, la solution la plus simple pour la société consiste souvent à procéder à un **comptage physique**.

Dans sa démarche, l'auditeur apprécie l'opportunité de se rendre sur les lieux où se trouvent les actifs afin d'en constater la qualité des vérifications effectuées par l'entreprise ainsi que de mener ses propres contrôles.

LES POSTES DE BILAN SUJETS AUX PROBLÉMATIQUES DE QUANTITÉS

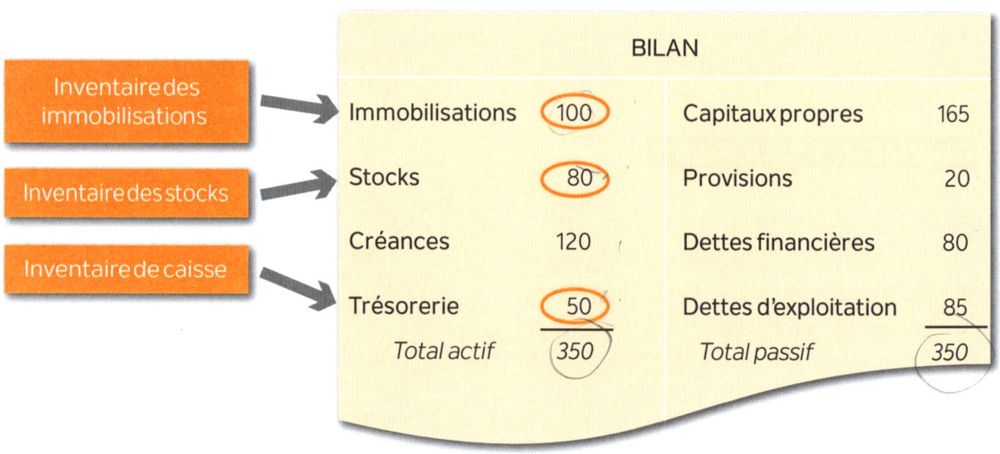

? POURQUOI L'UTILISER ?

Objectif

La validation des quantités constitue un outil permettant de vérifier l'existence d'un élément d'actif du bilan.

Contexte

Les comptes d'actif sont souvent justifiés à l'aide de pièces comptables (factures en particulier). Cela ne doit pas empêcher l'auditeur de procéder à des observations physiques qui sont expressément prévues par les normes professionnelles (notamment la NEP 240 relative à la fraude, la NEP 315 relative à la connaissance de l'entité et de son environnement et évaluation du risque d'anomalies significatives dans les comptes, les NEP 500 et 501 relatives au caractère probant des éléments collectés). Ces vérifications permettront à l'auditeur de :

- constater l'existence d'éléments significatifs du bilan ;
- mieux comprendre l'activité de son client en allant au-delà des pièces comptables ;
- proposer une démarche dissuasive en termes de fraude vis-à-vis de la direction et des collaborateurs de l'entreprise auditée.

COMMENT L'UTILISER ?

Étapes

1. Identifier dans le bilan les actifs qui justifient une observation physique. En fonction de l'objectif du test, ils peuvent l'être sur la base de leur valorisation (machines d'une valeur supérieure à 50 % du seuil de planification par exemple), de leur caractère sensible (stocks de métaux précieux ou caisses par exemple) ou au hasard. Pour le détail des contrôles à mettre en œuvre lors d'un inventaire de stocks, voir l'outil 40.

2. Demander au contact dans l'entreprise (dirigeant, directeur financier ou comptable) d'accompagner l'auditeur pour faire le constat physique. Si les éléments vérifiés sont techniques (machines, produits chimiques par exemple), demander à ce qu'un technicien de l'entreprise soit également présent afin de s'assurer que le bien présenté correspond à celui qui est testé.

3. Formaliser la revue en indiquant dans la feuille de travail les éléments de contexte (date, lieu, nom des interlocuteurs présents), les références testées et la conclusion.

Méthodologie et conseils

Les comptages physiques sont un moment privilégié pour l'auditeur pour comprendre les aspects opérationnels de l'entreprise auditée. Cela lui permet également de discuter avec le dirigeant ainsi que du personnel « non financier », dans un cadre plus informel que celui des bureaux.

Avant de vous lancer...

- ✓ **La validation des quantités est une procédure souvent simple à mettre en place permettant la vérification concrète de la réalité d'un actif.**
- ✓ **Les comptages physiques permettent une immersion dans des aspects opérationnels (stocks, outils de production).**
- ✓ **Le constat de l'existence physique n'exonère pas l'auditeur de travaux relatifs à la valorisation et à la dépréciation de ces actifs.**
- ✓ **Lors du contrôle, l'auditeur doit faire preuve de recul par rapport aux actifs qui lui sont présentés. Il doit s'assurer qu'ils correspondent bien aux éléments comptabilisés (lien avec un numéro de série pour une machine par exemple, ou encore entretien avec des techniciens de l'entreprise) et qu'ils appartiennent effectivement à l'entreprise.**

Outil 27 Les tests de *cut-off*

> « *Le test de* cut-off *est l'un des piliers de la démarche de l'auditeur validant le principe de séparation des exercices.*

En quelques mots

La date de clôture marque la fin d'un exercice comptable. Celui-ci doit comprendre l'ensemble des opérations de la période et *a contrario* exclure les opérations de la période suivante.

Autour de la date de clôture, il existe un risque que les transactions ne soient pas comptabilisées sur le bon exercice, voire qu'elles ne le soient que partiellement.

L'auditeur doit donc mettre en place des tests visant à contrôler la césure des exercices et ainsi valider l'assertion correspondante : les **tests de *cut-off***.

LES PROBLÉMATIQUES DE LA CÉSURE DE L'EXERCICE

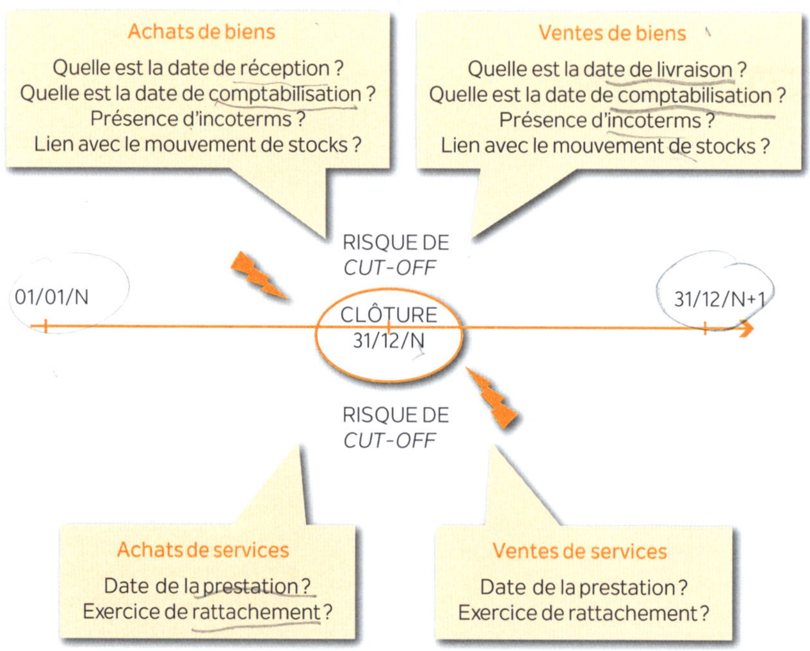

POURQUOI L'UTILISER ?

Objectif

Les tests de *cut-off* permettent à l'auditeur de s'assurer que les opérations de l'entreprise ont été comptabilisées sur le bon exercice comptable.

Contexte

L'auditeur dispose de différents moyens pour apprécier l'existence d'erreurs de *cut-off*. Ainsi, il peut s'intéresser au contrôle interne mis en place dans l'entreprise (notamment l'existence de contrôles dans le système d'information) ou il peut procéder à des circularisations clients/fournisseurs. Cependant lorsqu'il juge que le risque n'est pas couvert par d'autres procédures, il va procéder à des tests de *cut-off* à proprement parler.

COMMENT L'UTILISER ?

Étapes

Le principe du test consiste à comparer la date de comptabilisation d'une transaction (achat ou vente) avec celle de son fait générateur.

Pour ce faire, l'auditeur doit :

- obtenir du client les journaux d'achats et de ventes des mois précédents et suivants la clôture – en pratique, les tests dépassent rarement deux mois, à savoir pour une clôture le 31/12 les mois de novembre et décembre N et janvier et février N+1 ;
- construire un échantillon, sur la base des seuils d'investigation ;
- pour chaque ligne testée, obtenir un justificatif validant la date du fait générateur de la transaction ;
- s'assurer que l'exercice du fait générateur correspond à celui de la date de comptabilisation. Par exemple, un achat de marchandises réceptionnées en décembre doit être comptabilisé sur l'exercice N, même si la facture est reçue en janvier N +1.

Méthodologie et conseils

Ce test est parfois « lourd » à mettre en place. En effet, la recherche des pièces justificatives peut nécessiter beaucoup de temps et n'est pas toujours bien acceptée par les clients. Il est donc indispensable de bien adapter l'étendue du test au cas particulier de l'entreprise. Il faut éviter de multiplier les tests si d'autres travaux permettent de conclure de manière satisfaisante sur le *cut-off*.

La sélection des éléments à tester doit être réalisée dès le premier jour de la mission afin de mettre toutes les chances de son côté pour recevoir les documents justificatifs avant la fin du temps de présence chez le client... et éviter un suivi fastidieux sur les semaines suivantes.

Suite outil 27 →

Avant de se lancer...

✓ **Le test de *cut-off* est une démarche standard et aisément reproductible. Il nécessite principalement de l'organisation, de la rigueur et un bon niveau de formalisation. Par conséquent ce test est formateur pour les jeunes collaborateurs à qui il est en général confié.**

✓ **Pour un achat ou une vente de bien :**

- **ne pas confondre la date de livraison/réception/réalisation du service et la date de facture (qui peut avoir plusieurs semaines de décalage). Il s'agit d'une des erreurs les plus classiques de l'auditeur débutant ;**
- **le cas échéant, tenir compte des incoterms.**

Suite outil 27

Les tests de *cut-off*

date livraison / réalisation

COMMENT ÊTRE PLUS EFFICACE ?

L'appréciation du *cut-off* repose sur celle du « fait générateur » de la transaction. En effet, c'est la date de cet événement qui va donner la date de comptabilisation.

Un principe simple

Dans la majorité des cas, l'analyse est relativement simple.

- Dans le cas d'une vente de bien, dans les normes comptables françaises, le fait générateur est le transfert de propriété. En règle générale, il s'agit donc de la livraison.
- Il en est de même dans le cas d'un achat de biens, le transfert de propriété étant souvent constatée par la réception.
- Dans le cas d'une vente ou d'un achat de service, le fait générateur est la date de réalisation du service.

Des situations pratiques parfois complexes

Néanmoins, la situation peut être parfois plus complexe et imposer la vigilance de l'auditeur.

- Le transfert de propriété ne correspond pas toujours à la livraison ou à la réception du bien. Des clauses contractuelles peuvent ainsi venir modifier ce principe. C'est le cas notamment lorsque les biens sont transportés sur des distances importantes entre le client et le fournisseur, avec de longs délais (transport maritime notamment). Dans ce cas, le transfert de propriété est fixé par les « incoterms », conditions standards reconnues internationalement et qui font l'objet de négociations entre acheteur et vendeur, au même titre que le prix ou que le délai de règlement. L'auditeur doit donc attentivement étudier les contrats de vente ou d'achat pour définir à quel moment le fait générateur intervient.
- Une prestation de service peut n'être que partiellement exécutée à la date de clôture. Il se peut même qu'elle s'étale sur plusieurs années. Dans ce cas, la société ne peut pas reconnaître l'intégralité de la charge ou du produit à la date de clôture, mais seulement la quote-part correspondant à la prestation réalisée.

Les principales écritures de régularisation

In fine, lorsqu'un décalage intervient entre la date du fait générateur et la date de comptabilisation, l'entreprise est susceptible de comptabiliser quatre types d'écritures de clôture venant régulariser la situation.

- Les factures non parvenues (FNP) : la société a réceptionné des biens ou a bénéficié d'un service et la facture correspondante n'a pas été reçue. La provision pour FNP permet de constater la charge d'achat.
- Les charges constatées d'avances (CCA) : la facture a été enregistrée au titre d'un bien non encore réceptionné ou d'une prestation de service non encore réalisée.
- Les factures à établir (FAE) : la livraison client a eu lieu mais l'entreprise n'a pas procédé à la facturation.
- Les produits constatés d'avance (PCA) : la société a émis une facturation correspondant à des biens non encore livrés ou un service non encore rendu.

Exemple

Test de *cut-off*

Un jeune auditeur intervient dans une entreprise de négoce et doit réaliser un test de *cut-off* achats/ventes sur les mois de décembre N et janvier N+1. Il a donc construit un échantillon en se basant sur les journaux d'achats/ventes de ces deux mois. Il a sélectionné tous les soldes supérieurs à 8, ce qui correspond à son seuil d'investigation. Il sait que les fournisseurs et les clients sont très proches géographiquement (toutes les livraisons sont réalisées dans la journée) et qu'aucun incoterm n'est présent dans les contrats.

Il a obtenu les bons de réception et les bons de livraison correspondant à sa sélection. Il les a correctement exploités et a présenté ses conclusions. Chaque tableau doit *a priori* présenter deux croix dans la même colonne (soit décembre, soit janvier). Si ce n'est pas le cas, il faut investiguer pour comprendre si c'est une anomalie ou si des mesures correctrices ont déjà été prises par la société.

Test du *cut-off* achats

N° de facture	Nom du frs	Montant HT	Journal d'achats		Date de réception		Commentaire	Conclusion
			Déc-N	Jan-N+1	Déc-N	Jan-N+1		
913498	Adnan	10	X		X		N/A	OK
1293	Cyril	8	X			X	Réception le 3 janvier mais enregistrée sur décembre. Pas d'impact résultat.	Au bilan, « stocks » et « fournisseurs » surévalués de 8.
12388	Grégoire	12		X	X		Réception le 30 décembre mais enregistrée sur janvier. Mouvement de stocks comptabilisé sur décembre. Impact résultat.	Facture non parvenue de 12 à comptabiliser à la clôture. Ajustement de -12 sur le résultat.
19449	Cédric	10		X		X	N/A	OK

Test du *cut-off* ventes

N° de facture	Nom du client	Montant HT	Journal de ventes		Date de livraison		Commentaire	Conclusion
			Déc-N	Jan-N+1	Déc-N	Jan-N+1		
2012034	Mathilde	22	X		X		N/A	OK
2012035	Eloïse	9	X			X	Vente comptabilisée en décembre, livraison au 5 janvier. Chiffre d'affaires (résultat) surévalué de 9 au 31/12.	PCA de 9 comptabilisé à la clôture. Ajustement de -9 sur le résultat.
2012036	Gabrielle	11		X	X		Livraison le 30/12, mais facture émise le 10 janvier. La société a comptabilisé une FAE de 11 à la clôture.	OK (du fait de la facture à établir).
2012037	Corentine	8		X		X	N/A	OK

Outil 28 La circularisation

> « La confirmation externe d'une information lui donne une force probante très forte.

En quelques mots

L'auditeur a pour objectif de collecter des informations sur lesquelles il s'appuiera pour se forger une opinion sur les comptes de son client. La confirmation par un tiers d'une information ou d'un solde de compte présenté par ce même client (« circularisation ») contribue à cette collecte, avec une force probante importante du fait que l'information émane d'un tiers indépendant.

Le recours à cette technique est détaillé dans la note d'information VII de la CNCC, « Le commissaire aux comptes et les demandes de confirmation des tiers ».

LES ÉTAPES PRATIQUES DE RÉALISATION DE LA CIRCULARISATION

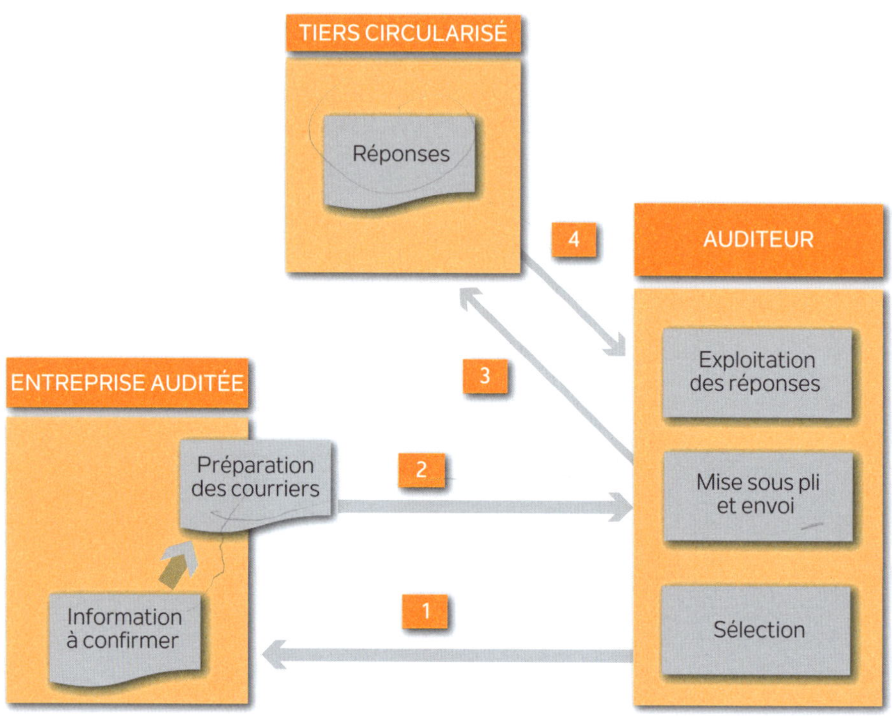

POURQUOI L'UTILISER ?

Objectif

La circularisation permet d'obtenir la confirmation d'une information relative à l'entité auditée par un tiers indépendant.

Contexte

L'auditeur est susceptible d'écrire à différents tiers dans le cadre de la circularisation. Il peut s'agir par exemple de clients, de fournisseurs, d'avocats, de banques, ou tout autre tiers susceptible de détenir une information importante.

De même, il est essentiel que les réponses soient adressées directement à l'auditeur par le tiers, afin que la société auditée ne puisse pas les faire disparaître ou les modifier.

L'auditeur doit toujours garder une liberté de choix dans la sélection des tiers et il ne la partage avec l'entreprise qu'une fois l'échantillon constitué.

Le taux de réponse aux circularisations est variable et est plus important quand l'audit a lieu quelques mois après la clôture. Il est utile de prévoir des relances avant l'audit. Les outils de circularisation électronique permettent d'automatiser le processus d'envoi, de relances et de gestion des réponses.

COMMENT L'UTILISER ?

Étapes

1. Sélection des tiers à circulariser, sur la base de critères à adapter en fonction de l'objectif recherché (voir page suivante).
2. Communication de cette liste à l'entreprise qui prépare et signe les courriers puis les communique à l'auditeur ou qui renseigne les informations dans l'outil de circularisation électronique.
3. Envoi des courriers par l'auditeur, en joignant une enveloppe à son adresse pour obtenir la réponse directement ou envoi électronique.
4. Suivi des retours et mise en place de relances si nécessaire.
5. Exploitation des réponses reçues (comparaison de la réponse avec la comptabilité).
6. Pour les demandes restées sans réponse, mise en œuvre de travaux alternatifs.

Méthodologie et conseils

Les sociétés auditées proposent parfois d'envoyer elles-mêmes les courriers aux tiers. Même s'il s'agit d'un gain de temps, cette solution fragilise la démarche de l'auditeur, puisqu'il n'aura pas la preuve que les envois ont bien été réalisés. Il est donc important que cette tâche soit menée par l'auditeur.

Suite outil 28 →

Avant de se lancer...

- ✓ La circularisation procure une information objective et indépendante qui apporte un niveau d'assurance élevé à l'auditeur.
- ✓ Elle constitue un gain de temps potentiellement significatif si les réponses obtenues correspondent aux informations provenant de la société auditée.
- ✓ La circularisation nécessite de l'anticipation. En effet, le temps de préparation des lettres par l'entreprise auditée et de mise sous pli par l'auditeur doit être pris en compte en amont de l'intervention.
- ✓ Il est nécessaire de communiquer avec l'entreprise auditée sur la démarche afin qu'elle soit comprise et acceptée.
- ✓ Il est indispensable de conserver une copie des courriers adressés aux tiers afin de pouvoir prouver, en l'absence de réponses, que les diligences ont été réalisées.

La circularisation

COMMENT ÊTRE PLUS EFFICACE ?

Circularisation des clients

L'objectif est de valider l'existence et la correcte valorisation des créances clients en comptabilité. L'auditeur demandera à une sélection de clients de confirmer le montant de la créance figurant à l'actif à la clôture. Il construira son échantillon à partir d'une balance auxiliaire clients à la date de clôture (donc après la clôture) en se basant sur son seuil de planification.

La circularisation clients est dite « fermée » : la société communique à ses clients le montant des créances détenues, à charge pour ces derniers de les confirmer ou de produire une édition de leur compte fournisseurs afin de comprendre les écarts.

À noter que si l'auditeur intervient plusieurs mois après la clôture, il peut être plus pertinent pour lui de ne pas procéder à cette circularisation, mais de vérifier l'apurement des créances sur la période comprise entre la date de clôture et son intervention.

Circularisation des fournisseurs

L'objectif est de s'assurer de l'exhaustivité de la dette à la clôture. L'auditeur demandera à une sélection de fournisseurs de communiquer le montant de leur créance à la clôture vis-à-vis de l'entité auditée. Il construira son échantillon à partir d'une balance auxiliaire fournisseurs, sur la base des mouvements créditeurs cumulés sur l'exercice (sélection des fournisseurs dont les mouvements sont les plus significatifs). Cela peut être fait dans les semaines précédant la clôture sur la base d'une balance récente.

La circularisation fournisseur est dite « ouverte » : la société ne communique pas à des fournisseurs le montant de sa dette, mais leur demande d'indiquer le montant de leur créance. En l'absence de réponse, les procédures alternatives ne permettent pas d'apporter un niveau d'assurance aussi élevé que celui de la circularisation. Il s'agit principalement des tests de *cut-off* et de la revue subséquente des décaissements (*cf.* outils 27 et 29).

Circularisation des banques et avocats

On opère une sélection exhaustive sur la base :

- des comptes bancaires présentés dans la balance générale pour les banques ;
- d'une extraction du compte « honoraires » et d'un entretien avec la direction de la DADS2 pour les avocats.

Pour les avocats, l'objectif est de s'assurer que la liste des litiges en cours à la date de clôture est exhaustive et que l'appréciation du risque par le client paraît acceptable. Pour les banques, l'objectif est d'obtenir les confirmations des principales positions et engagements bancaires (soldes des comptes bancaires et des emprunts, caution, nantissement, gage ou toute autre sureté, montant des effets escomptés non échus).

Circularisation des autres tiers

Sélection d'autres tiers au cas par cas. Par exemple : factor lorsque l'entreprise pratique l'affacturage, une administration, un conseiller en propriété intellectuelle pour valider un portefeuille de brevets, une compagnie d'assurance pour une indemnité à recevoir, etc.

Exemple

Exploitation des circularisations fournisseurs

L'auditeur procède à la circularisation fournisseurs chez son client. Il sélectionne 5 fournisseurs auxquels il a adressé les courriers préparés par la société. À la date de son intervention, il a reçu 4 réponses, dont :

- 2 ne présentent pas d'écart avec la balance auxiliaire fournisseurs à la date de clôture ;
- 1 présente un solde supérieur à celui comptabilisé par la société ;
- 1 présente un solde inférieur à celui comptabilisé.

L'auditeur recherche les raisons des deux écarts à l'aide de l'extrait de compte que lui a envoyé le fournisseur dans sa réponse.

- Il constate que le premier écart correspond à une facture comptabilisée par le fournisseur le 30 décembre et non reçue par l'entreprise à ce jour ; cependant, celle-ci avait identifié cette facture à recevoir et a donc comptabilisé une facture non parvenue pour le montant correspondant.
- Il constate que le second écart correspond à un règlement émis par la société mais non reçu par le fournisseur.

Pour la réponse non reçue, il a réalisé un test alternatif qui a consisté à rechercher tous les paiements subséquents réalisés auprès de ce fournisseur, en s'assurant du respect de la séparation des exercices et de la correcte valorisation de la dette. Il a ainsi pu conclure à l'exhaustivité de la dette. Il a formalisé ses travaux à l'aide du tableau ci-dessous.

Balance Auxiliaire Fournisseurs				Réponses reçues				Procédure alternative	Conclusion
N° compte	Libellé	Solde 31/12	X-Réf	Conforme	Non conforme	Écart	X-Réf	X-Réf	
401-9818	CHARLOTTE TAXIS	4 945,00	XX-1	4 945,00		-	XX-1-1		OK
401-3295	ASSURANCES PAULINE	823,02	XX-2			823,02		XX-2-1	Réponse non reçue. Procédure alternative satisfaisante.
401-0820	ARTHUR INDUSTRIE	90 931,30	XX-3		110 392,00	-19 460,70	XX-3-1		OK - Facture de 19 460,70 € TTC comptabilisée en FNP.
401-9281	GERALDINE INTERNATIONAL GROUP	1 837,18	XX-4	1 837,18		-	XX-4-1		OK
401-0083	MATTHIEU CONSEIL	9 391,00	XX-5	-	7 390,20	2 000,80	XX-5-1		OK - règlement par chèque 31/12 pour 2 000,80 € non comptabilisé chez le fournisseur.

Outil 29

La revue subséquente des décaissements

> Une aide pour l'auditeur dans la validation de l'exhaustivité des dettes.

En quelques mots

La majorité des opérations comptables se traduisent *in fine* par un mouvement de trésorerie. *A contrario*, la totalité des mouvements de trésorerie doit faire l'objet d'un enregistrement comptable. En fin d'exercice, les sociétés comptabilisent des écritures de clôture, qui permettent de prendre en compte les opérations relatives à l'exercice en cours, mais dont les effets sur la trésorerie auront lieu quelques semaines plus tard sur l'exercice N +1.

L'enjeu pour l'auditeur est de s'assurer que l'exhaustivité de ces opérations a été identifiée et comptabilisée. Dans certains cas, le moyen le plus simple d'y parvenir est d'effectuer la **revue subséquente des décaissements** intervenus après la clôture de l'exercice.

L'ANALYSE DU FAIT GÉNÉRATEUR DES DÉCAISSEMENTS

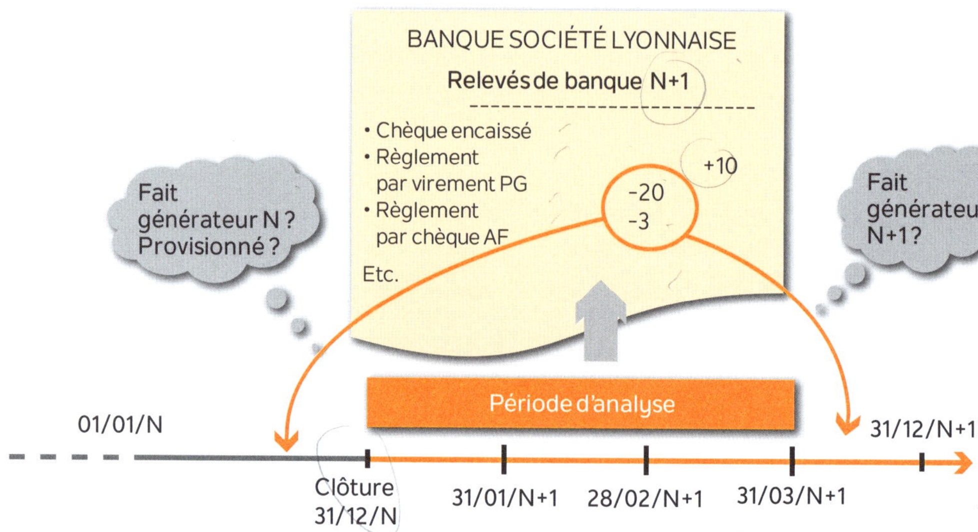

POURQUOI L'UTILISER ?

Objectif

• Renforcer les diligences en matière d'exhaustivité des dettes à la clôture et de *cut-off* (*cf.* outil 27) en identifiant d'éventuelles transactions significatives décaissées en N +1 mais se rapportant à l'exercice N.
• Contribuer à adresser le risque de fraude, en comprenant le motif des principaux décaissements réalisés en début d'exercice N +1.
• Valider l'exhaustivité de certaines provisions de clôture (dettes fiscales et sociales notamment), en s'assurant que le montant réellement décaissé correspond à celui qui a été comptabilisé.

Contexte

Cet outil peut être utilisé lorsque :
- l'auditeur complète d'autres travaux non satisfaisants (absence de réponse aux circularisations notamment) ;
- l'activité de l'entité génère peu de mouvements de trésorerie et qu'il est donc plus simple d'aller directement les analyser ;
- dans un contexte de risque élevé, l'auditeur veut « consolider » son approche par une revue subséquente.

COMMENT L'UTILISER ?

Étapes

1. Sélectionner le nombre de mois qui feront l'objet de la revue (plus le niveau de risque est élevé, plus il sera important, sachant qu'il va rarement au-delà de 3 mois, soit janvier/février/mars pour une clôture 31/12).
2. Sélectionner le seuil à partir duquel les décaissements seront testés (plus le niveau de risque est élevé, plus il sera faible).
3. Sur les relevés de banques des mois concernés, sélectionner tous les décaissements supérieurs au seuil.
4. Obtenir pour chacun d'entre eux un justificatif (par exemple : facture, bon de réception, déclaration sociale ou fiscale) et déterminer l'exercice de rattachement. S'il s'agit de l'exercice audité, s'assurer que le montant a été provisionné.

Méthodologie et conseils

Cet outil ne peut être mis en œuvre que si l'intervention de l'auditeur a lieu plusieurs semaines après la date de clôture.
Lorsque l'entreprise règle ses fournisseurs par « campagne » (un seul décaissement réparti par la banque entre les différents fournisseurs payés en même temps), obtenir le détail de la campagne testée, sélectionner les principales lignes qui la composent et remonter à la pièce justificative.
Si des décaissements sont difficilement justifiés, s'interroger sur l'éventuelle existence d'une fraude.

Avant de se lancer...

✓ **Cet outil permet de remplir, par un seul et même test, plusieurs objectifs d'audit. Il contribue à la revue des événements postérieurs à la clôture.**

✓ **Cet outil est souvent très consommateur de temps, pour l'auditeur comme pour l'entreprise. Il est donc important :**
- **de bien définir en amont sa contribution attendue à la démarche globale ; *a contrario*, il doit être écarté lorsque d'autres procédures couvrent déjà l'objectif ;**
- **de bien définir le seuil de revue ; sauf cas particulier, le but n'est pas de tester 90 % des mouvements, ce qui risque d'être très laborieux.**

✓ **La sélection comprend souvent des mouvements de trésorerie d'un compte bancaire à l'autre au sein de la même société ou du même groupe. Il n'est alors pas nécessaire d'aller au-delà du simple constat de la réciprocité.**

Outil 30 Démarche relative à la revue des tests de perte de valeur

> « La perte de valeur est un sujet sensible en période de crise financière ou de difficultés de l'entreprise.

En quelques mots

Les règles comptables françaises prévoient que les éléments inscrits à l'actif du bilan sont comptabilisés à leur prix de revient. Dans certains cas, les normes internationales prévoient la possibilité d'avoir recours à la juste valeur. Quel que soit le référentiel, lorsque la valeur « actuelle » devient inférieure à la valeur historique, une provision pour dépréciation doit être comptabilisée. Les entreprises ont donc l'obligation de s'interroger annuellement sur l'éventuelle **perte de valeur de leurs actifs** (notion « d'*impairment test* »). Les auditeurs ont pour mission de revoir ces analyses et d'en valider la cohérence et l'exhaustivité.

UNE DÉMARCHE À ADAPTER EN FONCTION DE LA NATURE DE L'ACTIF

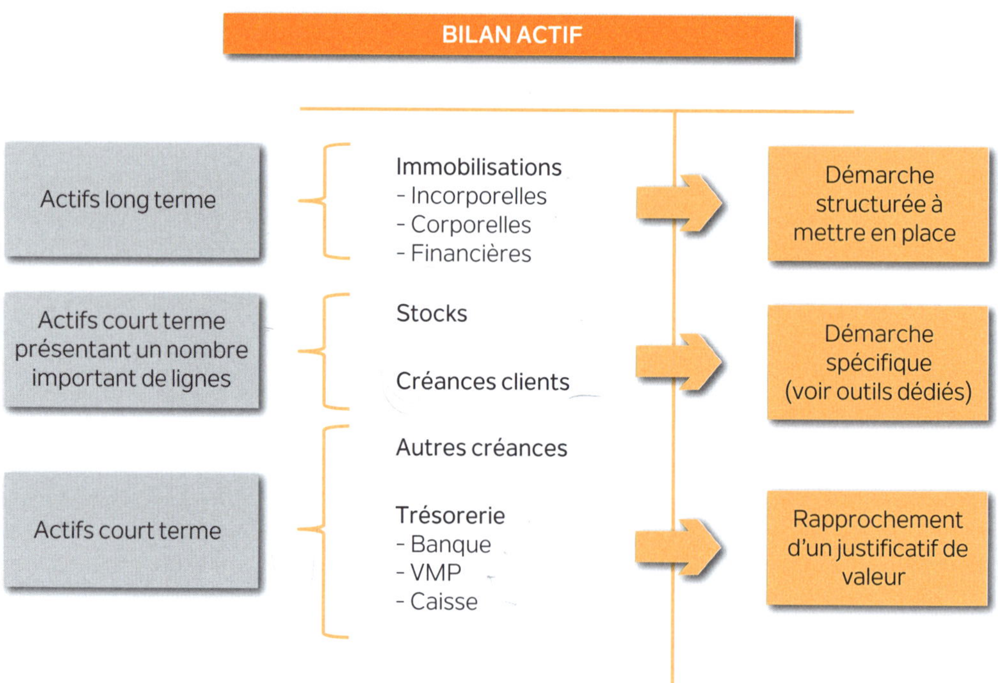

POURQUOI L'UTILISER ?

Objectif

S'assurer que l'entreprise a correctement évalué les provisions pour dépréciation d'actifs à la date de clôture et qu'elle n'en a pas omis. Cette pratique, très développée dans les référentiels internationaux, est consacrée en France depuis le 1er janvier 2016 avec l'entrée en vigueur de la directive comptable.

Contexte

Tous les actifs sont susceptibles de faire l'objet d'une dépréciation lorsque leur valeur actuelle est inférieure à leur VNC. L'analyse est simple lorsque la valeur actuelle est obtenue par référence à un référentiel objectif (cas des autres créances et des éléments liés à la trésorerie) et de nature compliquée en présence d'actifs composés d'un nombre important de lignes (listing des stocks et créances clients). Elle est souvent complexe lorsqu'elle touche des actifs long terme (immobilisations incorporelles, corporelles et financières).
L'auditeur va mener une approche spécifique adaptée à chaque type d'actif.

COMMENT L'UTILISER ?

Étapes

1. Pour les actifs bénéficiant d'un référentiel objectif, l'auditeur compare la valeur comptable à celle du référentiel et peut ainsi conclure aisément sur l'existence d'une perte de valeur (par exemple VNC des Sicav détenues comparées à leur valorisation confirmée par la banque à la date de clôture).
2. Pour les actifs comportant un nombre important de lignes (créances clients et stocks), l'auditeur met en place une approche spécifique (*cf.* outils 42 et 43).
3. Pour les immobilisations, des démarches spécifiques doivent également être mises en place (distinctes selon qu'il s'agit d'immobilisations incorporelles, corporelles ou financières). Elles prennent en compte l'utilisation qui est faite des immobilisations ainsi que la notion du temps, puisqu'il s'agit d'actifs long terme (voir page suivante)

Méthodologie et conseils

La démarche proposée s'applique aussi bien aux comptes sociaux qu'aux comptes consolidés. Les règles comptables en la matière sont proches entre les textes français (ANC 2014-03) et les normes IFRS (IAS 36). Les principaux éléments testés dans les comptes sociaux seront les fonds de commerce et droits au bail, les droits de propriété intellectuelle (marque, brevets), les frais de développement, les titres de participation. Ces derniers ne se retrouveront pas dans les comptes consolidés, mais seront remplacés par les écarts d'acquisition.

Suite outil 30 →

Avant de se lancer…

- ✓ La démarche sur les tests d'*impairment* permet d'élargir la réflexion à des aspects opérationnels, voire stratégiques. Elle offre la possibilité à l'auditeur de mieux comprendre l'entreprise et de se positionner en tant qu'interlocuteur de haut niveau vis-à-vis de la direction de l'entreprise.
- ✓ Au sujet des immobilisations incorporelles et financières, les dirigeants ont souvent tendance à éluder la question de la dépréciation et à ne produire aucune analyse. Dans ce cas, l'auditeur ne peut se contenter d'explications orales et doit réaliser ses propres analyses, à partager le cas échéant avec la direction.
- ✓ Lorsqu'une documentation existe, ne pas se contenter de la photocopier et de la mettre dans le dossier. L'analyse doit être discutée et « challengée ».

Suite outil 30

Démarche relative à la revue des tests de perte de valeur

COMMENT ÊTRE PLUS EFFICACE ?

« Valeur » : rappel des différentes notions

La VNC correspond à la valeur enregistrée en comptabilité. Dans le référentiel français, il s'agit d'une valeur historique qui a pu faire l'objet d'une dépréciation. Une dépréciation doit être comptabilisée lorsque la VNC est inférieure à la valeur actuelle (ou « valeur recouvrable » en IFRS).

- *La valeur actuelle* correspond à « la valeur la plus élevée de la valeur vénale ou de la valeur d'usage ». L'IAS 36 définit la « valeur recouvrable » comme la plus élevée entre la « valeur d'utilité » et la « juste valeur nette des coûts de sortie ».
- *La valeur vénale ou juste valeur* se définit comme le montant qui peut être obtenu de la vente d'un actif lors d'une transaction dans des conditions de concurrence normale entre des parties bien informées et consentantes, net des coûts de sortie.
- *La valeur d'usage ou valeur d'utilité* se définit comme la valeur des avantages économiques futurs attendus de son utilisation et de sa sortie. Elle est calculée à partir des estimations des avantages économiques futurs attendus. Elle est souvent déterminée en fonction des flux nets de trésorerie attendus.

La norme IFRS 13 regroupe l'ensemble des dispositions relatives à la juste valeur du référentiel IFRS. Dans son paragraphe 9, elle définit la juste valeur comme le « prix qui serait reçu pour vendre un actif ou payé pour transférer un passif lors d'une transaction normale entre intervenants de marché à la date d'évaluation ».

Application aux immobilisations

La valeur vénale des immobilisations est souvent difficile à appréhender, du fait de son caractère spécifique à l'entreprise ou de l'absence de transactions comparables.

La documentation du test de dépréciation est donc souvent basée sur la valeur d'utilité. Cela nécessite la production d'un plan de trésorerie propre à l'actif sur une durée maximum de 5 ans. Chaque hypothèse doit être documentée. La somme des flux futurs de trésorerie actualisés sera comparée à la VNC de l'actif. L'auditeur portera une attention particulière aux éventuelles immobilisations non utilisées (locaux vides, frais de R&D non exploités) qui peuvent nécessiter une dépréciation intégrale immédiate (absence de flux futurs).

Pour les titres de participation, le PCG (§221-3) prévoit « qu'à toute autre date que leur date d'entrée, [...] ils sont évalués à leur valeur d'utilité. [...] À condition que leur évolution ne résulte pas de circonstances accidentelles, les éléments suivants peuvent être pris en considération pour cette estimation : [...] perspective de rentabilité, capitaux propres, perspectives de réalisation, conjoncture économique[...], ainsi que les motifs d'appréciation sur lesquels repose la transaction d'origine ».

Par simplification, l'auditeur mesurera dans un premier temps l'écart existant entre la VNC des titres à l'actif et les capitaux propres de la fille. Si ceux-ci sont inférieurs, il demandera à la direction des éléments permettant de déterminer une valeur vénale (comparables de transactions par exemple) ou une valeur d'utilité (prévisions de résultats de la filiale couplées à un plan de trésorerie à moyen terme).
En conclusion, au-delà de la problématique comptable de perte de valeur des actifs long terme, l'exercice peut être source de discussions stratégiques avec la direction.

Exemple

Démarche relative à la revue des tests de perte de valeur

L'entreprise A a une activité de négoce, qu'elle exploite sur un site dont le fonds de commerce a été acquis il y a 10 ans. Elle réalise un chiffre d'affaires annuel d'environ 500, en croissance constante, pour un résultat net stable d'environ 15. Ses capitaux propres s'élèvent à 100 et elle n'est pas endettée. Elle détient deux filiales exerçant la même activité sur d'autres sites.

L'entreprise A présente à l'actif de son bilan :

- des titres de participation de la société B acquis en N-5 (100 % du capital pour une VNC de 50). Les capitaux propres de l'entreprise B s'élèvent à 80. Elle est en pleine expansion et affiche un résultat positif ;
- des titres de participation de l'entreprise C, créée en N-1, représentant 100 % du capital pour une VNC de 20. Les capitaux propres de l'entreprise C s'élèvent à 10. Elle est à l'équilibre et présente des perspectives très positives dès N+1 ;
- le fonds de commerce acquis il y a 10 ans, pour un montant de 50 ;
- un brevet acquis il y a 3 ans, dont la VNC s'élève à 10, relatif à un dispositif logistique que l'entreprise souhaitait licencier, rendu obsolète par d'autres évolutions technologiques.

Quelle serait l'approche de l'auditeur face à chacune de ces situations ?

BILAN ACTIF

- Immob. incorporelles
  - Fonds de commerce
  - Brevet
- Immob. financières
  - Titres B
  - Titres C

Fonds de commerce → Fonds de commerce sur lequel se base le chiffre d'affaires et le résultat de A. Si l'entreprise était revendue, les comparables de marchés valoriseraient le fonds de commerce à hauteur de 100. Sa valeur vénale est donc supérieure à sa VNC. Au regard de la valeur d'utilité, les *cash-flows* prévisionnels montrent qu'il faut moins de 4 ans de flux de trésorerie actualisés pour recouvrer la valeur de l'actif. Pas de dépréciation à constater.

Brevet → Actif non exploité et sans perspective d'utilisation. Sa valeur d'utilité est nulle. L'auditeur en propose la dépréciation à 100 %.

Titres B → La quote-part de capitaux propres de B est supérieure à la VNC des titres détenus. Il n'existe aucun indicateur de perte de valeur remettant en cause ces capitaux propres. Pas de travaux complémentaires.

Titres C → La quote-part de capitaux propres de C est inférieure à la VNC des titres détenus d'où l'existence d'un indicateur de perte de valeur. Néanmoins, la société a été créée en N-1 et a donc supporté les coûts liés au lancement. Son plan d'affaires est très favorable. La direction a préparé un état des flux futurs de trésorerie actualisé sur 5 ans valorisant la société à 35. L'auditeur admet l'absence de dépréciation mais vérifie la cohérence des réalisations par rapport aux prévisions lors de sa mission N+1.

Outil 31 Les techniques de sondage

“ Les techniques de sondage sont indispensables face à une population volumineuse et dispersée.

En quelques mots

Pour former son opinion, l'auditeur ne peut pas tester l'ensemble des transactions de l'entreprise. Il est donc contraint d'utiliser des **techniques de sondage** qui nécessitent la constitution d'échantillons et qui feront l'objet de tests.

En France, dans le cadre de l'audit légal, cet outil est consacré par les normes professionnelles (NEP 500). Le principe de base d'un sondage est que chaque élément constituant une population doit pouvoir être sélectionné. Mais en fonction de la situation d'espèce rencontrée par l'auditeur, différentes techniques peuvent être utilisées.

LES DIFFÉRENTES TECHNIQUES DE SONDAGE

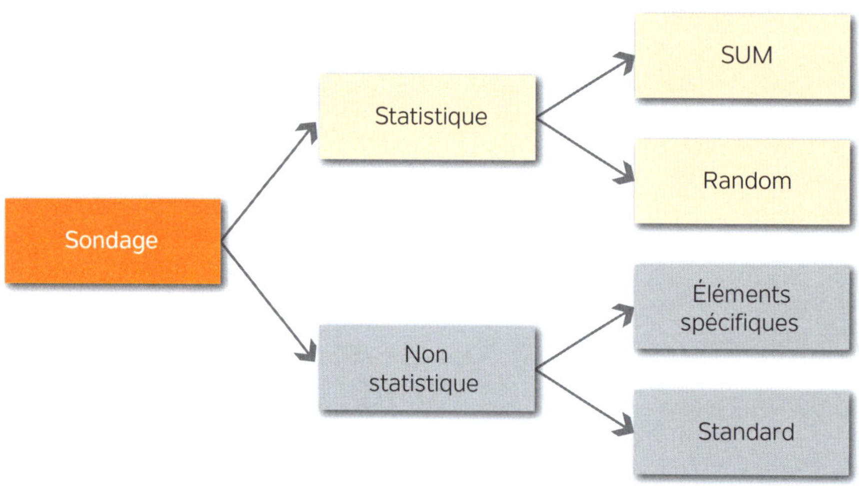

POURQUOI L'UTILISER ?

Objectif

Les techniques de sondages permettent, à partir d'une technique, de déterminer un échantillon suffisant pour porter une conclusion sur l'ensemble de la population.

Contexte

L'auditeur est souvent confronté à une population volumineuse sur laquelle il doit réaliser des tests (un stock composé de nombreuses références individuellement peu significatives, un poste client pour une sélection de circularisation, un journal d'achats pour des tests de *cut-off*). Il doit alors mettre en œuvre des techniques lui permettant de déterminer :

- quel volume (en nombre de références et en valeur) il va tester ;
- comment il va les sélectionner ;
- quelles conclusions il pourra tirer du résultat de ses tests.

COMMENT L'UTILISER ?

Étapes

1. L'auditeur doit d'abord choisir entre l'utilisation d'une méthode statistique ou d'une méthode non statistique.

- **Les méthodes non statistiques** sont les plus couramment utilisées reposent en premier lieu sur le jugement professionnel et consistent à réaliser un échantillon sur une base subjective, sans appliquer de formules statistiques. Plus faciles à mettre en œuvre, elles ne permettent pas d'extrapoler les résultats obtenus mais nécessitent une analyse de la cause des anomalies relevées.
- **Les méthodes statistiques** s'appuient *a contrario* sur des règles statistiques et sont donc beaucoup plus objectives. Elles permettent l'extrapolation des résultats.

2. Il fixe ensuite les hypothèses relatives à la méthode retenue, constitue son échantillon, réalise les tests et émet sa conclusion.

Méthodologie et conseils

La mise en œuvre des techniques statistiques peut être compliquée en pratique :

- au niveau de sa mise en œuvre (« manipulation » des formules, sélection des échantillons si elle n'est pas automatisée) ;
- au niveau des moyens à mettre en œuvre en cas d'anomalies identifiées lors des tests ; en effet, il peut être nécessaire de procéder à des extensions d'échantillon qui peuvent rapidement conduire à un volume de tests très étendu.

L'auditeur doit donc s'assurer, avant de se lancer dans cette démarche, qu'aucune autre alternative n'est possible (revue de contrôle interne, test informatique exhaustif).

Utiliser des outils informatiques (par exemple : formules M/S Excel, logiciel Idea, etc.) pour appliquer les méthodes statistiques.

Suite outil 31 →

Avant de se lancer...

✓ **La correcte application des méthodes de sondage apporte une force certaine à la conclusion de l'auditeur, qui n'a pas la possibilité matérielle de tester tous les éléments composant la population. Soumis à une obligation de moyen, il pourra prouver qu'il a mis en œuvre une technique reconnue et adaptée à la situation rencontrée.**

✓ **Attention à bien documenter la démarche. Il est nécessaire d'écrire dans une note les raisons qui ont conduit à choisir de procéder à un sondage, la méthode et les hypothèses retenues. En effet, la valeur de l'outil repose sur la cohérence de l'analyse qui le sous-tend.**

✓ **Les sondages ne permettent pas de valider l'exhaustivité d'une population. Ils s'appliquent donc principalement à des travaux portant sur les actifs du bilan.**

Les techniques de sondage

COMMENT ÊTRE PLUS EFFICACE ?

Précisions sur l'application des méthodes non statistiques

Elles peuvent se décomposer en deux approches :
- la sélection d'éléments spécifiques ;
- la sélection d'un échantillon standard.

La sélection d'éléments spécifiques consiste à découper la population sur la base de critères subjectifs et de ne tester que les catégories jugées porteuses de risques. Ce découpage fait suite en général à une revue de contrôle interne qui a permis d'avoir de l'assurance sur une partie de la population.
Par exemple, cela peut consister à isoler dans un stock l'ensemble des références qui présentent une date de péremption, ou à isoler dans un poste client l'ensemble des créances provenant de clients venant de certaines zones géographiques. La stratification peut également se faire sur la base d'un seuil en valeur (sélection des lignes > X €). Cette méthode est adaptée aux tests substantifs. Les anomalies identifiées conduisent à proposer des ajustements comptables, voire à remettre en cause le découpage retenu et étendre les tests.

La sélection d'un échantillon standard est adaptée aux tests de contrôle interne. Son objectif n'est pas de donner un impact financier aux anomalies relevées, mais d'en comprendre l'origine afin de porter une opinion sur le fonctionnement d'un processus et des contrôles rattachés. L'auditeur définit un volume de tests standards (en pratique, un échantillon de 25 sur les transactions quotidiennes, comme les achats ou les ventes), analyse les résultats et conclut sur l'efficacité des contrôles.

Précisions sur l'application des méthodes statistiques

La méthode statistique est retenue quand la population est importante est qu'aucun élément spécifique ne permet de la stratifier. Il existe principalement deux méthodes : SUM (ou MUS) et Random. Ces méthodes répondent aux mêmes principes de base.

- S'il existe quelques éléments significatifs dans la population, ils sont identifiés préalablement à l'application des statistiques et intégrés dans l'échantillon.
- Un nombre faible d'erreurs doit être attendu (sinon une étude exhaustive est nécessaire).
- Toutes les lignes de la population doivent pouvoir être sélectionnées.
- La taille de l'échantillon doit prendre en compte le niveau de risque évalué par l'auditeur et l'erreur qu'il est prêt à accepter. Ces paramètres seront conjugués à des tables statistiques, propres à chaque méthode, pour obtenir le volume d'éléments composant l'échantillon.
- Les résultats obtenus pourront faire l'objet d'une extrapolation (mesure d'un impact sur toute la population).

Dans le respect de ces principes, une fois le volume de l'échantillon déterminé :
- la méthode Random va sélectionner les lignes le composant sur la base d'un tirage aléatoire au sein de la population ;
- la méthode SUM va les sélectionner en appliquant la technique du « pas ». Le pas est égal à la valeur de la population divisée par le nombre d'éléments composant l'échantillon. Cette méthode a pour effet de privilégier le tirage des éléments les plus significatifs au sein de la population.

Exemple

Application de la méthode SUM

L'objectif de l'auditeur est de réaliser l'échantillonnage statistique d'un stock, d'une valeur totale de 1 M€, composé de 3 000 lignes. Parmi ces lignes, 15 d'entre elles représentent un total d'environ 330 K€. Les autres lignes ne représentent individuellement que quelques centaines d'euros. L'auditeur souhaite néanmoins procéder à des tests sur les autres lignes, en plus des 15 références spécifiquement identifiées. Il retient donc une méthode statistique, la méthode SUM.

Le montant de l'erreur qu'il est prêt à accepter s'élève à 20 000 €, il considère que le risque d'erreur significative est faible et n'attend donc aucune erreur suite à la réalisation des tests. Le coefficient statistique correspondant à ces hypothèses s'élève à 1,2. Le volume de l'échantillon s'obtient de la manière suivante :

$$\text{Échantillon} = \frac{\text{Population} - \text{Éléments spécifiques}}{\text{Erreur tolérable}} \times \text{Coefficient statistique}$$

$$= \frac{1\,000\,000 - 330\,000}{20\,000} \times 1{,}2 = 40$$

L'échantillon comprendra 40 références + les 15 références spécifiques.
Le « pas » correspondant (qui va permettre de faire le tirage) s'élève à la valeur de la population (hors éléments spécifiques) divisé par la taille de l'échantillon, soit : 670 000/40 = 16 667 €.

La première référence de l'échantillon est tirée au sort. Les suivantes se calculent à l'aide du pas, sur la base de la méthode ci-dessous.
Une fois son échantillon constitué, l'auditeur peut procéder aux tests.

Références	Valeur unitaire
Référence 1	140
Référence 2	339
Référence 3	90
Item...	2 039
Référence 16	390
Référence 17	409
Référence 18	1 288
Référence 19	33
Item...	
Référence 3000	150
Total	670 000

Cumul des valeurs unitaires	Échantillon
140	
479	
569	Première référence tirée au hasard
...	...
15 811	
16 220	
17 508	Cumul de 16 667 atteint => 2e référence
17 541	
...	Si l'échantillon n'est pas complet, continuer le cumul au début du fichier
670 000	

Outil 32 L'analyse de données

> L'outil informatique permet des gains de temps et sécurise la démarche en présence de données volumineuses.

En quelques mots

L'auditeur est régulièrement confronté au besoin d'exploiter des données volumineuses (un fichier des écritures comptables ou un listing de stocks présentant plusieurs milliers de références par exemple). Une approche basée sur des travaux manuels est alors difficile car forcément limitée. Des **outils d'assistance informatisée** permettent à l'auditeur d'aborder ces données de manière exhaustive, améliorant ainsi significativement la qualité de son audit.

EXEMPLES DE CAS DE RECOURS À L'ANALYSE DE DONNÉES

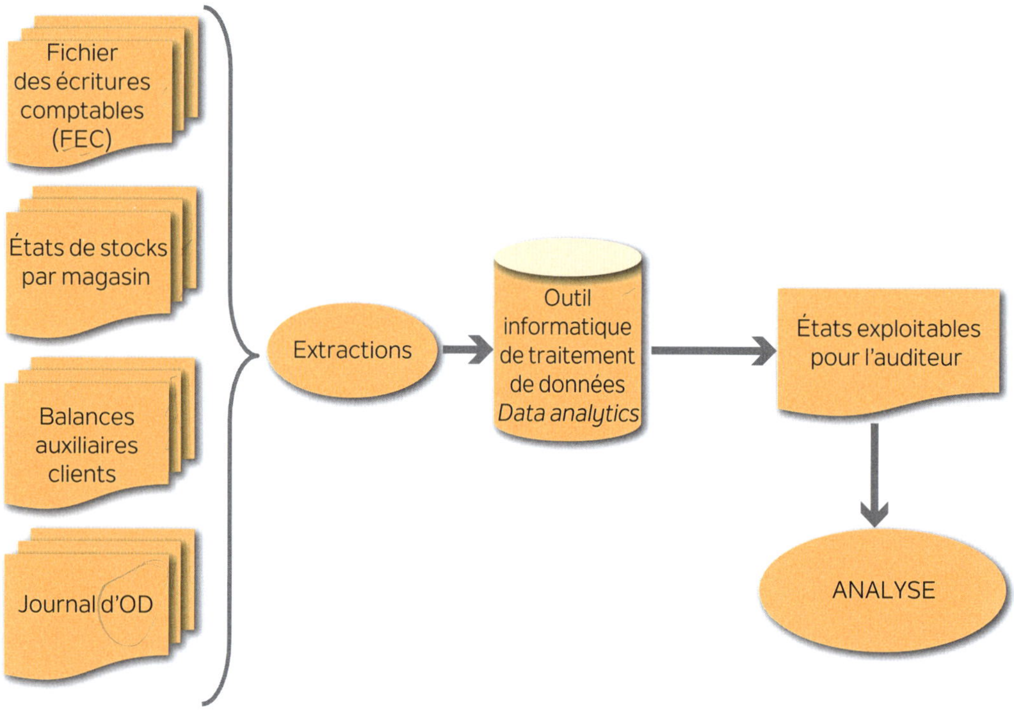

POURQUOI L'UTILISER ?

Objectif

L'assistance informatique personnalisée permet d'améliorer l'efficacité, la sécurité et donc la qualité de la démarche de l'auditeur.

Contexte

Le recours à l'outil informatique peut permettre :
- de sécuriser la démarche en procédant à des contrôles sur l'exhaustivité d'une population, sans recourir à un sondage (vérifications arithmétiques, recherches d'anomalies comme des valeurs négatives, recherche d'antériorités, etc.) ;
- de formaliser la démarche d'audit, l'outil pouvant garder la trace de l'ensemble des travaux menés par l'auditeur.

Il existe principalement deux types d'outils :
- les tableurs (type M/S EXCEL), simples à utiliser mais limités dans les situations complexes (fichiers volumineux, traitements multiples) ;
- les logiciels de traitement de données (type ACL, Idea, etc.), dont l'utilisation est plus complexe mais qui offrent une puissance de calcul et une sécurité plus importante, ainsi qu'une véritable traçabilité des traitements effectués.

COMMENT L'UTILISER ?

Étapes

1. Obtenir le fichier informatique qui servira de base aux tests et le rapprocher des comptes audités.
2. Définir l'objectif des traitements souhaités. Par exemple : sélectionner toutes les créances supérieures à 6 mois non dépréciées, sélectionner toutes les références en stock qui n'ont pas tourné depuis 12 mois, sélectionner toutes les OD qui mouvementent un compte de trésorerie, etc.
3. En fonction de la complexité des traitements souhaités, choisir l'outil informatique approprié (tableur ou logiciel spécifique).
4. Appliquer les traitements au fichier et vérifier la cohérence des résultats obtenus.
5. Formaliser chaque étape de la démarche dans un mémo spécifique, l'objectif étant qu'un tiers soit capable, sur la base du même fichier, d'aboutir au même résultat.
6. Exploiter les résultats.

Méthodologie et conseils

Jusqu'à l'obtention des fichiers issus des traitements réalisés, le processus est purement mécanique. Pour l'exploitation des résultats, il devient subjectif : l'auditeur apprécie ces résultats à la lueur de sa connaissance de l'entreprise et en tire les conclusions nécessaires sur la base de son jugement professionnel.
Afin d'exploiter au mieux ces outils informatiques, l'auditeur doit suivre des formations spécifiques et accepter de perdre un peu de temps sur les premières mises en application.

Avant de se lancer...

- ✓ **L'assistance informatique personnalisée permet de sécuriser et de formaliser la démarche. Elle offre un gain de temps, ainsi que l'opportunité de réaliser des travaux précis sur une population exhaustive.**
- ✓ **Il faut penser à soigneusement rapprocher les fichiers traités de la balance générale. Si la base des travaux est erronée, les résultats n'auront aucun sens.**
- ✓ **Il est nécessaire de prendre du recul par rapport aux résultats obtenus. S'ils ne paraissent pas cohérents, ne pas hésiter à vérifier à nouveau le traitement informatique réalisé.**
- ✓ **Il faut bien définir les objectifs à atteindre avant de démarrer les travaux. En effet, la manipulation de fichiers volumineux est parfois fastidieuse et le sera d'autant plus si les objectifs de contrôle ne sont pas clairement définis.**

Outil 33

La compréhension de la revue de l'environnement IT

> « La complexité de l'environnement informatique de l'entreprise influence la stratégie d'audit et la nécessité d'avoir recours à un expert.

En quelques mots

Dans la phase de prise de connaissance, l'auditeur doit comprendre le rôle de l'informatique au sein de la société : applications en place, organisation du service informatique, articulation avec les processus clés de l'entreprise… Cette étape lui permettra de **déterminer la complexité de l'environnement informatique** et d'en mesurer les éventuelles incidences sur son audit.

Ainsi, dans le cadre de la définition de sa stratégie d'audit, la décision de tester les « contrôles applicatifs » ou les « contrôles manuels dépendant de données informatiques » implique de comprendre et de tester les contrôles généraux informatiques.

LES CONTRÔLES DE L'ENVIRONNEMENT INFORMATIQUE

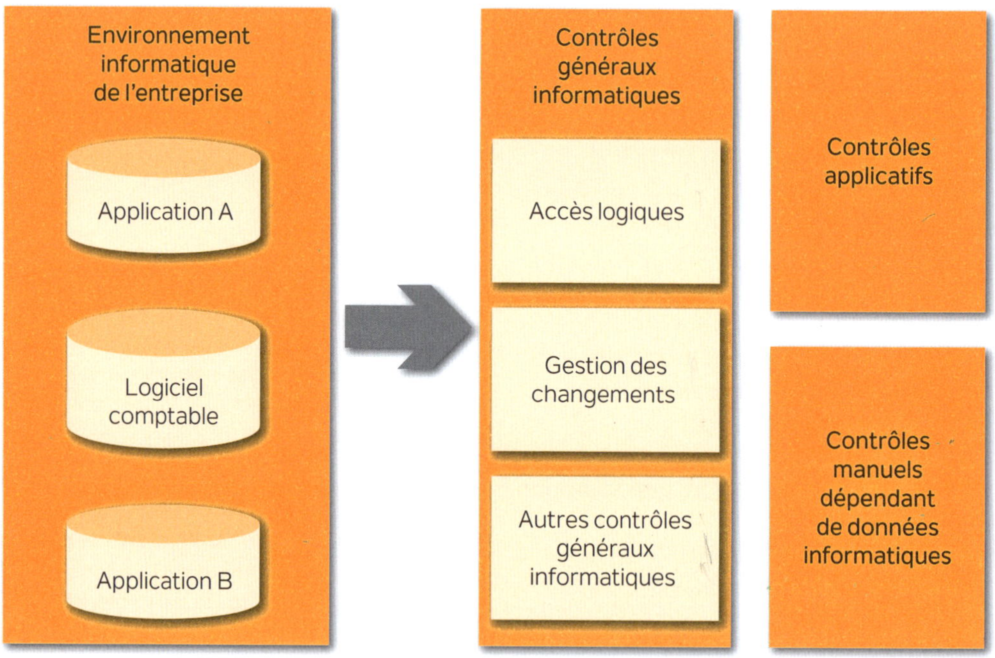

POURQUOI L'UTILISER ?

Objectif

Il s'agit de comprendre l'environnement informatique et de définir ses effets sur la stratégie d'audit.

Contexte

Dans la phase de prise de connaissance d'une entreprise, il est primordial de comprendre le rôle de l'informatique (IT). En effet, en fonction de la complexité de l'environnement informatique et de ses effets sur l'audit, il conviendra de déterminer le recours ou non à des experts informatiques et également l'étendue des travaux à réaliser sur les applications.

COMMENT L'UTILISER ?

Étapes

1. Comprendre la complexité de l'environnement IT au regard :
- de l'activité et de l'environnement de l'entreprise ;
- des dépenses annuelles en informatique ;
- du nombre d'utilisateurs et de serveurs ;
- de l'utilisation d'un ou plusieurs logiciels intégrés ;
- de la présence d'interfaces significatives (sites marchands...) ;
- de l'organisation du département informatique ;
- de l'utilisation de logiciels du marché, modifiés, spécifiques ;
- de l'externalisation (hébergements, mode SAAS...) ;
- de l'expérience de la société.

2. Identifier les applications informatiques nécessaires à l'audit en mettant en évidence :
- les ordinateurs, les serveurs, le système d'exploitation, les bases de données ;
- la localisation de ces éléments ;
- les possibilités de modifications par l'entreprise ;
- les outils de gestion des accès, etc.

3. En cas de stratégie d'audit se reposant sur les contrôles, comprendre et tester les contrôles généraux informatiques qui supportent le bon fonctionnement des « contrôles applicatifs » (par exemple : calcul automatique des amortissements) et des « contrôles manuels dépendant des données informatiques » (exemple : revue de la balance âgée issue du système).

Méthodologie et conseils

Dans le cas d'un environnement IT complexe, l'auditeur devra avoir recours à un expert IT dans sa phase de compréhension et le cas échéant dans la réalisation des procédures d'audit.

Les contrôles généraux informatiques (ou « ITGC » en anglais) regroupent :
- les accès logiques : seules les personnes autorisées ont accès aux données et aux logiciels ;
- la gestion des changements : seuls des changements autorisés, testés et approuvés sont réalisés au niveau des logiciels ;
- les autres contrôles généraux : les données sont correctement sauvegardées, les problèmes systèmes sont identifiés, résolus, revus et analysés...

Avant de se lancer...

- ✓ **La compréhension du rôle de l'informatique se fait au niveau de l'entité, de ses impacts sur les processus clés de l'entreprise et de ses conséquences sur l'audit.**
- ✓ **Elle permet de consolider l'approche d'audit grâce à la revue d'un processus « support ».**
- ✓ **Seules les applications informatiques en lien avec l'établissement des états financiers doivent faire l'objet d'une compréhension approfondie et l'objet de tests au niveau des contrôles généraux informatiques.**
- ✓ **Il peut exister de nombreuses applications ou outils au sein d'une entreprise mais bon nombre d'entre eux peuvent ne pas avoir d'impact direct au niveau de l'établissement des états financiers.**

Outil 34 L'utilisation des travaux d'un tiers

> L'utilisation des travaux de l'expert-comptable : un gain de temps potentiellement significatif pour l'auditeur.

En quelques mots

La mission de l'auditeur implique qu'il réalise des diligences suffisantes pour se forger une opinion. Pour ce faire, s'il le juge pertinent, il peut s'appuyer sur les **travaux réalisés par un tiers** à l'entreprise (son expert-comptable en particulier). Le cas échéant, sur certains domaines en dehors du champ de ses compétences, il peut demander à l'entreprise de faire intervenir un expert (sur les problématiques environnementales par exemple).
Dans le cadre de l'audit légal, l'utilisation des travaux d'un tiers est prévue par la NEP 630 « Utilisation des travaux d'un expert-comptable intervenant dans l'entité » et la NEP 620 « Intervention d'un expert ».

SCHÉMA D'ALIMENTATION DES DOSSIERS DE TRAVAIL

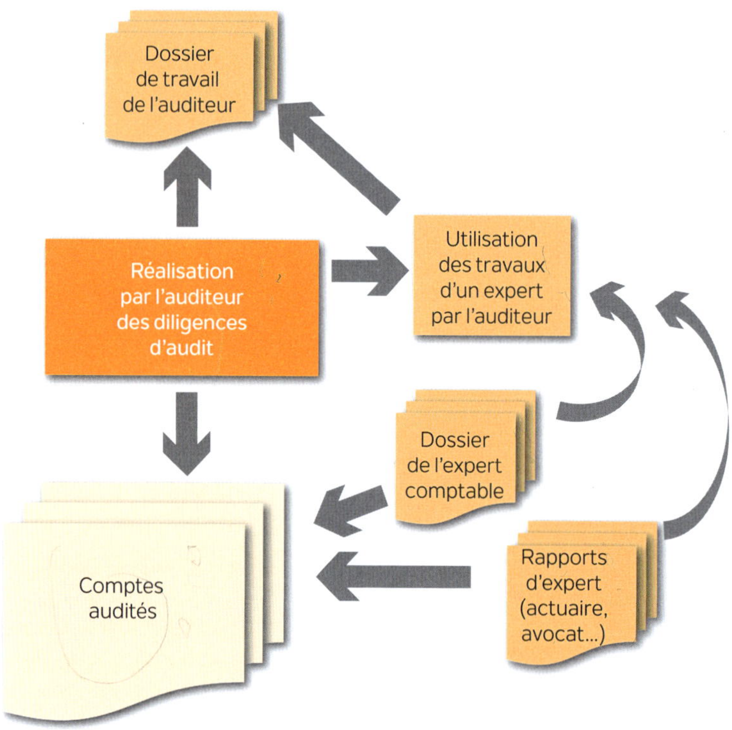

POURQUOI L'UTILISER ?

Objectif

L'objectif est de s'appuyer sur les travaux d'un tiers pour construire l'opinion d'audit. Il s'agit d'optimiser le temps d'intervention en ne reproduisant pas de travaux déjà réalisés par un expert.

Contexte

Les entreprises ont fréquemment recours à des experts. En particulier, dans l'environnement des TPE/PME, les entités auditées sont régulièrement accompagnées par un expert-comptable, dont la mission peut être plus ou moins large. Les normes professionnelles de l'auditeur lui permettent d'utiliser les travaux de ces experts pour construire son opinion.

Méthodologie et conseils

Le fait de s'appuyer sur les travaux de l'expert-comptable ne permet pas à l'auditeur de partager sa responsabilité. Il s'agit d'un simple outil à sa disposition qui n'a pas vocation à se substituer à l'ensemble de ses travaux.
En revanche, lorsque son opinion s'appuie sur le rapport d'un expert dans un domaine en dehors de son champ de compétences, il peut y faire référence dans son rapport d'opinion.
Afin de documenter ses travaux, l'auditeur peut utiliser un questionnaire de revue des travaux d'un tiers qui reprendra précisément l'ensemble des critères définis par les NEP.

COMMENT L'UTILISER ?

Étapes

1. Rechercher si un expert extérieur à l'entreprise est intervenu en cours d'exercice.
2. Le cas échéant, comprendre l'objectif et l'étendue de ses travaux et identifier ceux qui pourraient être utiles à l'auditeur dans le cadre de sa mission de certification. Apprécier également la qualification et la compétence professionnelle du tiers identifié.
3. S'il s'agit d'un expert-comptable, prendre contact avec le confrère concerné afin de discuter du dossier et obtenir la mise à disposition de son dossier de travail.
4. Exercer un regard critique sur les travaux réalisés et prendre une copie des documents sur lesquels l'auditeur compte s'appuyer. S'assurer que l'expert a utilisé les données issues de l'entreprise. Documenter en quoi ces travaux contribuent à la construction de l'opinion.
5. Mettre en œuvre les procédures complémentaires jugées utiles par l'auditeur.

Avant de se lancer...

- ✓ **L'utilisation de travaux d'experts offre un gain de temps potentiellement significatif puisque certains travaux ont déjà été réalisés par l'expert-comptable et que l'auditeur n'a plus qu'à les contrôler (par exemple, les différents tableaux de passage : immobilisations, capitaux propres, provisions, etc.).**
- ✓ **Cette méthode peut permettre à l'auditeur d'émettre une opinion malgré la présence de problématiques en dehors de son champ de compétences (évaluation immobilière par exemple).**
- ✓ **L'utilisation des travaux de l'expert-comptable ne consiste pas en une simple photocopie de ses dossiers de travail. L'auditeur doit suivre une démarche d'audit identique à celle qu'il aurait eu sans avoir accès à ces documents, le gain de temps provenant du fait qu'il n'a pas à refaire certains travaux.**

Outil 35 La lettre d'affirmation

> "La lettre d'affirmation formalise les déclarations de la direction à l'auditeur dans le cadre de sa mission.

En quelques mots

Les échanges de l'auditeur avec la direction constituent une source d'information majeure. Ils vont permettre de mieux comprendre la situation de l'entreprise et son environnement. Ils vont également corroborer ou remettre en cause certaines conclusions auxquelles l'auditeur a pu aboutir. Enfin, pour certains sujets, ils sont la principale source d'information de l'auditeur.

Compte tenu du poids que peuvent prendre les propos de la direction dans la détermination de l'opinion de l'auditeur, ce dernier doit obtenir une **lettre d'affirmation** dans laquelle la direction confirme différentes informations. La CNCC a publié en 2010 la note d'information IV « Le commissaire aux comptes et les déclarations de la direction ».

EXEMPLE DE LETTRE D'AFFIRMATION

Cabinet CARINATOR
Commissaire aux comptes
115 rue du Chat
69280 CROIX PAQUET

À Paris, le 15 juin 2022

Madame, Monsieur,

Cette lettre vous est adressée en application de vos normes et pratiques professionnelles dans le cadre de votre examen des comptes annuels de la société MARWEN S.A.S, afférents à l'exercice clos le 31 décembre 2021. Ces comptes font apparaître à cette date des capitaux propres de 109 093 euros y compris un résultat de 9 983 euros.

En tant que responsables de l'établissement des états financiers, de la conception et de la mise en œuvre des systèmes comptables et de contrôle interne, destinés à prévenir et détecter les erreurs et les fraudes, nous vous confirmons ci-après, en toute bonne foi et au mieux de notre connaissance, les informations et affirmations qui vous ont été fournies dans le cadre de votre mission.

1. Notre Direction assume la responsabilité de l'établissement des comptes annuels et confirme qu'ils présentent une image fidèle de la situation financière, du patrimoine et du résultat de notre société, conformément aux principes comptables en vigueur en France.

2. L'ensemble de la comptabilité et de la documentation y afférente (telle que rapports internes, documents du contrôle de gestion et budgétaire, etc.) ont été mis à votre disposition ainsi que tous les livres comptables, états annexes et documents financiers.

[…]

22 L'information que nous vous avons fournie sur l'identification des parties liées est exhaustive et l'information donnée dans l'annexe des états financiers est pertinente.

23 Toutes les informations comptables et financières adressées ou mises à la disposition des actionnaires au cours de l'exercice (ainsi que celles qui seront présentées lors de l'assemblée devant approuver les comptes de l'exercice clos le 31 décembre 2016) vous ont été communiquées conformément aux articles L.225-102 et L.227-9 du Code de commerce.

Veuillez agréer l'expression de nos sentiments distingués.

Le Président — Le directeur financier

Madame Leslie AMAURY — **M. Damien CLAIRE**

POURQUOI L'UTILISER ?

Objectif

La lettre d'affirmation permet d'obtenir un engagement formalisé du dirigeant de l'entreprise, responsable de l'établissement des comptes, qui confirme différentes informations relatives à la clôture et communiquées à l'auditeur. Le paragraphe introductif du modèle de lettre « petites entreprises » proposé dans la note d'information de la CNCC résume bien l'esprit de cette lettre :
« En tant que responsable(s) de l'établissement des états financiers [...], nous vous confirmons ci-après, en toute bonne foi et au mieux de notre connaissance, les informations et affirmations qui vous ont été fournies dans le cadre de votre mission ».

Contexte

Les modèles proposés par la CNCC comprennent différents thèmes sur lesquels le dirigeant est amené à confirmer :
- l'absence de fraude identifiée et la mise en place de procédures pour lutter contre la fraude ;
- le respect des textes et obligations légales et réglementaires ;
- l'absence d'événements remettant en cause la continuité d'exploitation ;
- la communication de l'information disponible sur les parties liées ;
- le lien entre les hypothèses retenues dans le cadre de l'arrêté des comptes et les intentions de la direction ;
- l'absence d'événements post-clôture ;
- la position de la direction vis-à-vis des ajustements proposés par le CAC et non corrigés (accord car non significatifs ou bien désaccord) ;
- tout autre élément dont l'auditeur estime devoir recevoir une confirmation formelle.

COMMENT L'UTILISER ?

Étapes

1. L'auditeur prépare un modèle de lettre, adapté à la société auditée. Le cas échéant, il y intègre les mentions spécifiques qu'il juge nécessaire, ainsi que la liste des ajustements non comptabilisés. L'ensemble des mentions confirmées doit être conforme aux constats qu'il a pu réaliser pendant sa mission.
2. Il en demande ensuite un exemplaire signé par la direction (dirigeant + directeur financier), dont il vérifiera la conformité au modèle communiqué.
3. L'obtention de la lettre lui permet d'émettre son rapport d'opinion.

Méthodologie et conseils

La lettre peut être longue et utiliser un vocabulaire technique. Le dirigeant a tendance à s'en méfier, considérant que l'auditeur cherche à s'exonérer de sa responsabilité. Il est important dans ce cas de la lui présenter et d'expliquer la démarche.

Avant de se lancer...

✓ **Quelle que soit sa valeur juridique, la lettre d'affirmation impose au dirigeant une « obligation morale ».**

✓ **L'auditeur doit se méfier si le dirigeant refuse de signer la lettre. Il peut considérer la possibilité de lui envoyer une « lettre inversée » (l'auditeur écrit au dirigeant en indiquant « vous m'avez déclaré que... »), voire d'en tirer les conséquences sur l'opinion (réserve ou refus).**

✓ **La date de la lettre ne doit pas précéder celle du rapport de plus de quelques jours (les événements susceptibles d'intervenir entre la date du rapport et celle de la lettre ne sont pas couverts par cette dernière).**

5

DOSSIER

APPROCHE SPÉCIFIQUE SUR LES COMPTES D'ACTIF

« Un actif doit exister et être correctement évalué... Ce principe simple permet de guider efficacement toutes les procédures.

Comptes audités (actif)	Niveau d'expérience de l'auditeur à qui l'audit est généralement confié
Immobilisations incorporelles (hors R&D)	Débutant
Immobilisations incorporelles : R&D	Expérimenté
Immobilisations corporelles	Débutant
Immobilisations financières	Dépend du contexte
Stocks : quantités	Débutant
Stocks : valorisation	Expérimenté
Stocks : dépréciation	Expérimenté
Créances clients/d'exploitation	Débutant
Autres créances/dettes	Dépend du contexte
Trésorerie	Débutant
Écarts de conversion (actif/passif)	Débutant
Compte de régularisation actif (CCA, PCA)	Dépend du contexte

Le programme de travail est traditionnellement réparti par nature entre les membres de l'équipe, en tenant compte de leur niveau d'expérience.

Principaux objectifs lors de la revue des comptes d'actif

Pour un compte d'actif, l'assertion principale que l'auditeur essaiera de valider est l'existence. En effet, s'il s'avère qu'un actif significatif n'existe pas, la présentation du bilan ne donnera pas une image fidèle de la situation économique de l'entreprise.
En simplifiant à l'extrême le raisonnement, l'objectif de l'auditeur est d'obtenir une pièce justificative pour les principaux actifs de l'entreprise. En quelque sorte, il connaît donc le résultat auquel il doit arriver.

Principe de répartition des travaux entre les membres de l'équipe

Chaque poste du bilan présente des spécificités qui lui sont propres et l'audit peut être plus ou moins aisé selon l'activité de l'entreprise et le contexte dans lequel elle évolue. Certains d'entre eux sont traditionnellement réservés à des auditeurs expérimentés (les stocks par exemple) ou à des débutants (les immobilisations par exemple).
La répartition des travaux proposée ci-contre, avec le même découpage que celui des outils qui vont suivre, est celle qui est généralement constatée en pratique. Il est cependant important qu'elle soit adaptée à chaque mission.
Il arrive en effet qu'un débutant se voit affecter « par défaut » un compte qu'il n'a pas la capacité de revoir du fait de l'existence d'un élément particulier affectant le poste. Ainsi, la revue des créances clients est en général affectée aux débutants qui risquent de se retrouver démunis en présence d'un contrat d'affacturage.

Les outils

36	Démarche d'audit sur les immobilisations incorporelles (hors R&D)	106
37	Démarche d'audit sur les immobilisations incorporelles : R&D	108
38	Démarche d'audit des immobilisations corporelles	110
39	Démarche d'audit sur les immobilisations financières	114
40	Démarche d'audit sur les stocks : quantités	116
41	Démarche d'audit sur les stocks : valorisation	118
42	Démarche d'audit sur les stocks : dépréciation	122
43	Démarche d'audit sur les créances clients	124
44	Démarche d'audit sur les autres créances et autres dettes	128
45	Démarche d'audit sur la trésorerie	130
46	Démarche d'audit sur les écarts de conversion	134
47	Démarche d'audit sur les comptes de régularisation	136

Outil 36

Démarche d'audit sur les immobilisations incorporelles (hors R&D)

> « L'incorporel constitue parfois le principal actif de l'entreprise, même s'il n'est pas toujours valorisé à l'actif.

En quelques mots

Les immobilisations incorporelles peuvent être de natures variées, du plus objectif (acquisition d'un droit au bail) au plus subjectif (frais de développement, *cf.* outil 37). Dans certains secteurs, comme les biotechnologies, elles représentent le principal actif, valorisé ou non, de l'entreprise. Depuis le 1er janvier 2016, suite à l'entrée en vigueur de la transposition de la directive comptable européenne 2013/34/UE, d'importantes modifications sont à prendre en compte.

LES PRINCIPALES SOURCES DES IMMOBILISATIONS INCORPORELLES

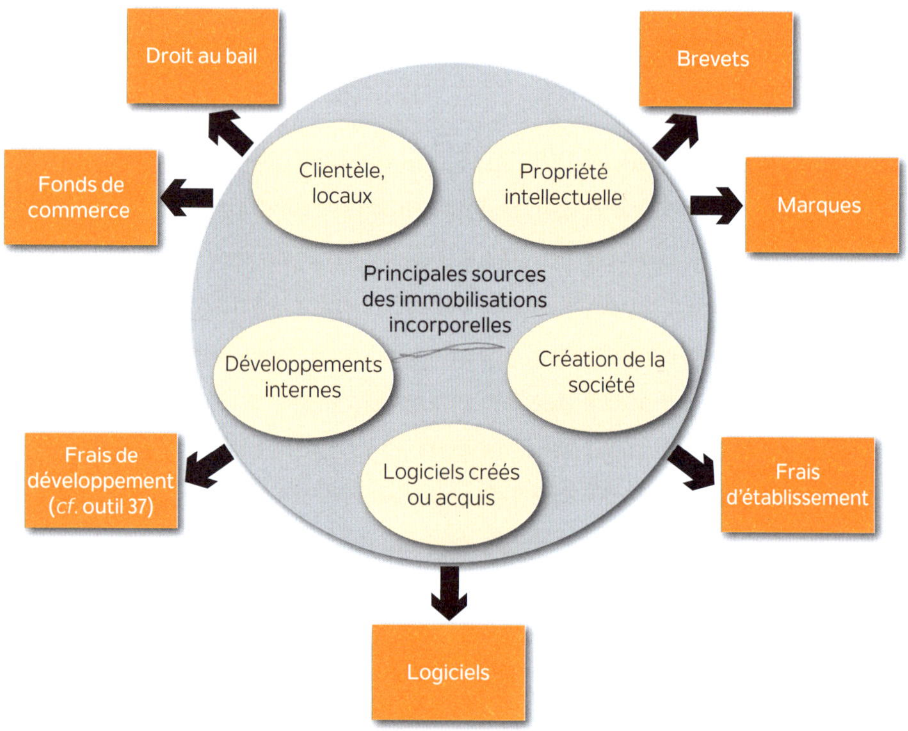

POURQUOI L'UTILISER ?

Objectif

Il s'agit de réaliser les travaux d'audit permettant de valider le poste immobilisations incorporelles du bilan.

Contexte

Une immobilisation incorporelle est un actif non monétaire sans substance physique, utilisé pour l'activité de l'entreprise sur plusieurs exercices (brevet, marque mais aussi fonds de commerce ou, historiquement, mali technique). Elle doit répondre aux critères permettant de qualifier un actif. Elle doit donc être identifiable, porteuse d'avantages économiques futurs, générer des ressources que l'entité contrôle et son coût doit pouvoir être évalué avec fiabilité.

COMMENT L'UTILISER ?

Étapes

Le raisonnement est identique à celui présenté dans l'outil 38, après prise en compte de certains points d'attention propres aux immobilisations incorporelles.

Méthodologie et conseils

L'auditeur doit tenir compte des éléments suivants.

1. Sur la valeur brute

- Certaines immobilisations créées en interne ne peuvent pas faire l'objet d'une comptabilisation à l'actif, car les coûts qui ont permis de les développer ne peuvent être distingués en tant que tels. Il s'agit principalement des fonds de commerce et des marques qui n'apparaissent au bilan que lorsqu'ils ont été acquis.
- Depuis le 1er janvier 2016, le mali technique doit être « affecté » aux actifs et passifs (la part non affectée étant considérée comme du fonds de commerce).
- Le sujet des frais de R&D (auquel se joint celui des brevets et des logiciels créés en interne) est traité dans l'outil 37.
- Pour les frais d'établissement, la comptabilisation à l'actif est optionnelle.

2. Sur les amortissements

- Les immobilisations incorporelles dont la durée de vie est indéfinie (fonds de commerce, marque) ne font pas l'objet d'un amortissement mais sont soumises à un test de dépréciation. Ce test doit être formalisé annuellement. Par simplification, pour les petites entreprises, un amortissement sur 10 ans peut être pratiqué.
- Les autres immobilisations incorporelles sont amorties sur leur durée d'utilisation (par exemple, en matière de brevet, amortissement sur la durée de protection restant à courir ou, si elle est plus courte, sur la durée d'exploitation attendue). Il existe des exceptions qui permettent un amortissement accéléré (logiciels sur 1 an par exemple, en vertu de dispositions fiscales). Pour les frais d'établissement, la durée de l'amortissement ne peut excéder 5 ans.

3. Sur la valeur nette comptable, l'auditeur va s'interroger sur l'existence d'indicateurs de perte de valeur (*cf.* outil 30).

Avant de se lancer...

- ✓ **Il s'agit d'une démarche standard sur les travaux relatifs aux valeurs brutes et aux amortissements qui peut être dupliquée aisément sur différents dossiers une fois le collaborateur en charge des travaux correctement formé.**
- ✓ **En matière de propriété intellectuelle, l'auditeur doit être attentif à la propriété des actifs incorporels (brevets, marque).**
- ✓ **Attention à ne pas se contenter de valider l'existence, en oubliant les problématiques éventuelles d'évaluation (dépréciation exceptionnelle).**

Outil 37 Démarche d'audit sur les immobilisations incorporelles : R&D

« Il est nécessaire de disposer d'une documentation précise et détaillée.

En quelques mots

La capitalisation des frais de développement est une option (méthode préférentielle) dans les normes françaises, mais une obligation dans les normes IFRS. Elle nécessite la réalisation de 6 conditions identiques dans les deux référentiels. Par extension, ces principes s'appliquent à la reconnaissance éventuelle à l'actif des coûts liés aux brevets et aux logiciels. En pratique, malgré l'existence de ces critères, le sujet laisse une place non négligeable au jugement professionnel de l'auditeur.

LES 6 CRITÈRES DE RECONNAISSANCE À L'ACTIF DES FRAIS DE DÉVELOPPEMENT

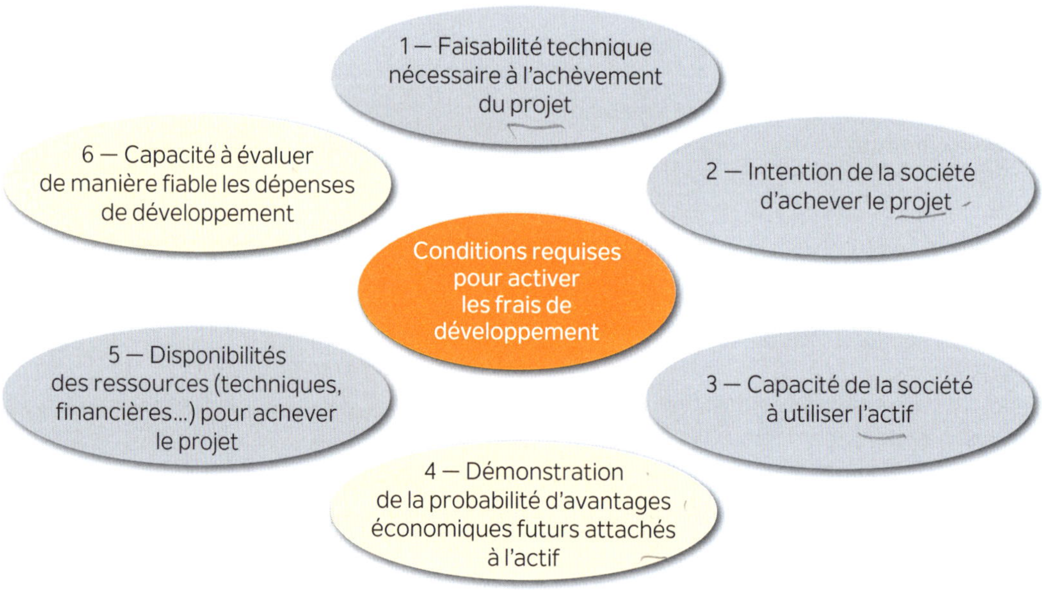

POURQUOI L'UTILISER ?

Objectif

Réaliser les travaux d'audit permettant de valider les frais de développement capitalisés.

Contexte

De nombreuses entreprises sont amenées à réaliser des travaux de R&D. Alors que les dépenses de recherche sont obligatoirement comptabilisées en charge, les dépenses de développement peuvent être comptabilisées à l'actif et amorties sur la durée pendant laquelle elles produiront leurs effets. Ayant vocation à servir de support à l'activité future de l'entreprise, elles constituent un actif incorporel. La difficulté réside dans la qualification des dépenses entre « recherche » et « développement ». La frontière est délimitée par le respect des 6 critères présentés dans le schéma ci-contre.

COMMENT L'UTILISER ?

Étapes

1. S'interroger sur l'existence de projets potentiellement éligibles à la qualification de « frais de développement ».

2. S'interroger, par projet, sur le respect de chacun des 6 critères (l'analyse peut différer d'un projet à l'autre) :

- faisabilité technique nécessaire à l'achèvement du projet de développement ;
- intention de la société d'achever le projet ;
- capacité de celui-ci à utiliser cet actif incorporel ;
- démonstration de la probabilité d'avantages économiques futurs attachés à l'actif ;
- disponibilité de ressources techniques, financières et autres afin d'achever le projet ;
- évaluation fiable des dépenses.

3. S'assurer de l'existence de la documentation adéquate au sein de l'entreprise et documenter les travaux réalisés.

Méthodologie et conseils

Deux des 6 critères concentrent la quasi-totalité des travaux à réaliser par l'auditeur.

- Le quatrième critère nécessite la réalisation par l'entreprise d'un business plan démontrant que les *cash-flows* dégagés sont suffisants pour justifier la valorisation de l'actif. Cela suppose notamment d'évaluer, sur plusieurs années, des quantités, des coûts unitaires, une marge. Ces hypothèses doivent être étayées et justifiées. En la matière, c'est le jugement professionnel de l'auditeur qui permet de conclure au respect, ou non, du critère (le prérequis étant la documentation, par l'entreprise, de ses hypothèses).
- Le sixième critère nécessite un suivi analytique des dépenses. Si l'exercice est en général aisé pour les charges externes (identification des factures concernées), il est plus difficile pour les coûts internes et notamment les coûts salariaux. L'auditeur devra s'assurer de l'existence de feuilles de temps de chacun des collaborateurs ayant travaillé sur le projet, valorisé sur la base de leur coût individuel.

Avant de se lancer...

✓ **Cette démarche est guidée par les 6 critères qui sont imposés par des normes.**

✓ **La capitalisation a pour conséquence d'améliorer le résultat et les fonds propres, ce qui a pu conduire à certains abus.**

✓ **L'auditeur doit exercer un véritable regard critique sur la réalisation des critères et documenter soigneusement les analyses.**

✓ **Attention à ne pas oublier les problématiques éventuelles d'évaluation (dépréciation).**

Outil 38 Démarche d'audit des immobilisations corporelles

> Cette démarche standardisée est applicable aux structures de toutes tailles et à tous les secteurs d'activité.

En quelques mots

Les immobilisations corporelles constituent un actif de l'entreprise dont la valeur patrimoniale peut être très significative. Bien que l'objectif premier de l'auditeur soit de s'assurer de leur existence, il ne doit pas oublier de s'interroger sur leur valorisation. En effet, au-delà de l'amortissement, il peut exister des problématiques de dépréciation exceptionnelle.

APPROCHE SCHÉMATIQUE DE L'AUDIT DES IMMOBILISATIONS CORPORELLES

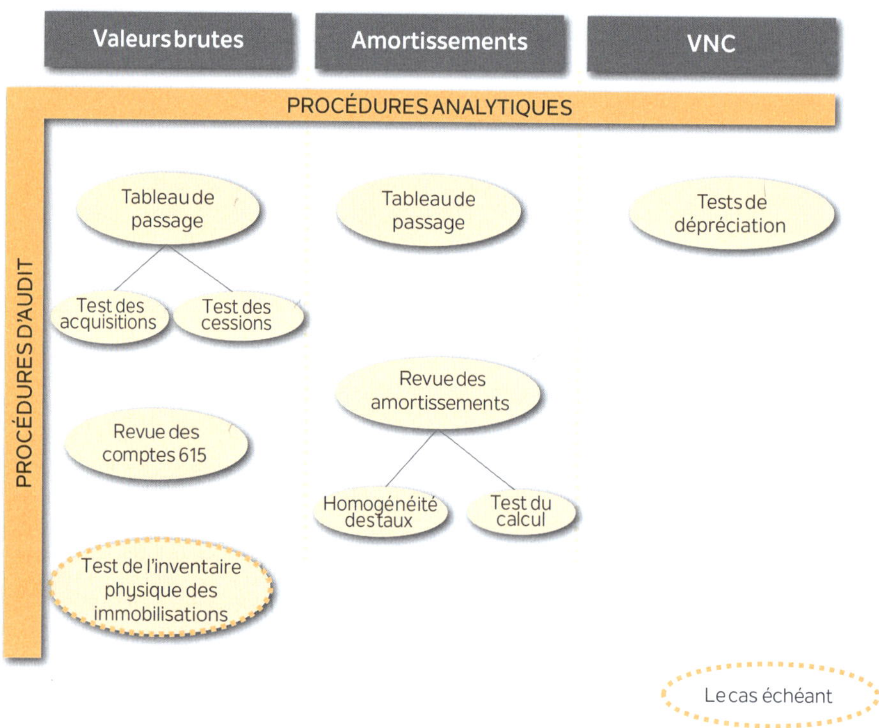

POURQUOI L'UTILISER ?

Objectif

Il s'agit de réaliser les travaux d'audit permettant de valider le poste immobilisations corporelles du bilan.

Contexte

La quasi-totalité des entreprises disposent d'immobilisations corporelles à l'actif de leur bilan, pour un montant plus ou moins significatif en fonction de leur activité et de leurs choix de gestion. Le contenu de ce poste peut être très large (terrains, constructions, machines industrielles, tables de bureaux, etc.), avec des valorisations unitaires et des durées d'utilisation variées. Néanmoins, l'approche de l'auditeur reste relativement standard, ce qui explique que ces travaux soient en général confiés à des débutants.

COMMENT L'UTILISER ?

Étapes

L'auditeur doit raisonner en trois étapes, sur la base des questions suivantes.

1. Les immobilisations existent-elles et sont-elles valorisées au coût d'achat augmenté des frais accessoires (= valeur brute) ?
2. Les amortissements présentés dans le bilan sont-ils correctement calculés, sur la base d'hypothèses cohérentes ?
3. La valeur nette comptable présentée est-elle justifiée ?

Méthodologie et conseils

- Pour répondre à la première question, l'auditeur va :
  - obtenir le tableau de passage des immobilisations et réaliser des tests sur les acquisitions et les cessions (voir page suivante) ;
  - en tenant compte des seuils d'investigation, revoir les comptes de charges d'entretien et de réparations (comptes 615) pour s'assurer qu'aucune dépense immobilisable n'a été comptabilisée directement en charge ;
  - le cas échéant, tester l'inventaire des immobilisations réalisé par l'entreprise (*cf.* outil 26).
- Pour répondre à la deuxième question, l'auditeur va :
  - s'assurer de la cohérence des durées d'amortissement retenues (durée d'utilité du bien, informations mentionnées en annexe et en faisant appel à son jugement professionnel) ;
  - obtenir le tableau de passage des amortissements et rapprocher le montant des dotations avec le compte de résultat ;
  - tester, soit sur la base de sondages, soit exhaustivement en utilisant un tableur ou un outil d'analyse de données, le correct calcul des amortissements (y compris, le cas échéant, les amortissements dérogatoires).
- Pour répondre à la troisième question, l'auditeur va s'interroger sur l'existence d'indicateurs de perte de valeur (*cf.* outil 30).

Suite outil 38 →

Avant de se lancer…

- ✓ Il s'agit d'une démarche standard utilisée sur les travaux relatifs aux valeurs brutes et aux amortissements, qui peut ensuite être dupliquée aisément sur différents dossiers une fois le collaborateur en charge des travaux correctement formé.
- ✓ L'auditeur ne se contente pas d'indexer le tableau de passage dans le dossier. Même s'il s'agit du document central, ce sont les résultats des tests qui permettront d'émettre une opinion sur le poste.
- ✓ De même, il ne suffit pas de valider l'existence en oubliant les problématiques éventuelles d'évaluation (dépréciation exceptionnelle).

Suite outil 38

Démarche d'audit des immobilisations corporelles

COMMENT ÊTRE PLUS EFFICACE ?

La revue détaillée des mouvements

Les mouvements d'immobilisations intervenus au cours de l'exercice sont présentés dans le tableau de passage de la valeur brute des immobilisations. L'auditeur va faire des tests sur les acquisitions et les cessions d'immobilisations, dont la finalité sera de s'assurer de l'existence des mouvements comptabilisés. Il va suivre la démarche suivante.

1. Récupérer le listing des immobilisations à la date de clôture (format papier ou informatique), le listing des acquisitions et le listing des cessions. S'assurer que les sous-totaux par nature d'immobilisation et le total de chaque listing correspondent aux chiffres présentés dans le tableau de passage.
2. Sur le listing d'acquisitions, sélectionner toutes les lignes dont la valeur est supérieure au seuil d'investigation défini et obtenir pour chacune d'entre elles la facture et le procès-verbal de mise en service. S'assurer :
   - que le montant comptabilisé correspond à la facture;
   - du caractère immobilisable;
   - que les dates d'entrée et éventuellement de mise en service (point de départ de l'amortissement) ont lieu sur l'exercice.
3. Sur le listing des cessions, rapprocher la plus ou moins-value globale du résultat exceptionnel, sélectionner les principales cessions au regard des seuils retenus, obtenir les factures de cession et s'assurer de l'identité de l'acquéreur (le cas échéant, inscription en convention réglementée). Investiguer si le montant des plus ou moins-values paraît anormalement élevé.

Cas particulier des immobilisations en cours

Si des immobilisations en cours sont inscrites à l'actif, l'auditeur va :

- s'assurer que le solde de clôture correspond à des immobilisations qui ne sont pas encore mises en service et pour lesquelles le projet est toujours d'actualité ;
- s'assurer que les immobilisations mises en service au cours de l'exercice ont été transférées dans les rubriques d'immobilisations en fonction de leur nature et que les amortissements ont commencé à être calculés.

Cas particulier de la production immobilisée

Si la société a comptabilisé de la production immobilisée (production par l'entreprise de biens qu'elle utilisera dans le cadre de son activité), elle apparaîtra en acquisition de l'exercice. La contrepartie sera un produit (production immobilisée) comptabilisé dans un compte 72. L'auditeur devra rapprocher ces deux montants et comprendre la nature de la production immobilisée (respect des critères de qualification d'un actif) et s'interroger sur la cohérence de la durée d'amortissement retenue. Il s'agit d'être attentif sur l'utilisation de ce schéma comptable.

En effet, la valorisation de la production immobilisée inclut la consommation de matière nécessaire à la réalisation de l'immobilisation, mais également les charges directes et indirectes qui ont contribué à la production (par exemple : salaires, énergie, amortissements de biens utilisés pour la production). Par conséquent, ce schéma peut être utilisé pour comptabiliser à l'actif des charges qui auraient dû rester dans le compte de résultat. L'auditeur doit donc être extrêmement vigilant sur les coûts de production immobilisés.

product. immo 72

Exemple

Points d'attention de la démarche

Au cours de l'exercice N, la société M :

- cède pour 250 à un tiers un terrain dont elle disposait depuis plusieurs dizaines d'années (VNC de 100) ;
- renouvelle son parc de matériel, de valeur brute 10, totalement amorti, pour un prix de vente de 1, et acquiert pour 15 de nouveaux matériels ;
- met en service un bâtiment qui n'était pas achevé lors de la clôture précédente et qui était comptabilisé en immobilisations en cours pour 20 ;
- a comptabilisé 5 de dotations aux amortissements au titre de ses constructions (y compris l'amortissement sur l'immobilisation en cours mise en service en N) et 5 au titre du matériel (y compris la quote-part d'amortissement sur le matériel acquis en cours d'exercice).

Le tableau de passage ci-dessous formalise les différentes opérations. Les montants encerclés devront faire l'objet de travaux de l'auditeur :

- les montants entourés de gris clair devront être rapprochés du compte de résultat ;
- les montants entourés de gris foncé devront être rapprochés des bilans N-1 et N ;
- les montants entourés de noir feront l'objet de tests d'audit.

Immobilisations corporelles (VB)	31/12/N-1	Augmentation	Diminution	Transfert	31/12/N
Terrains	1000		-100		900
Constructions	100			20	135
Matériel	40	15	-10		30
En cours	20			-20	0
TOTAL	1160	15	-110	0	1065

Listing d'acquisition	
Bureaux	10
Chaises	5
TOTAL	15

Facture

Listing des cessions

Libellé	VB	Amort.	VNC	Prix de cession	+/- value
Terrain 1	100	0	100	250	150
Matériel	10	-10	10	1	1
TOTAL	110	-10	100	251	151

Facture

Amortissements	31/12/N-1	Augmentation	Diminution	Transfert	31/12/N
Terrains	0		0		0
Constructions	40	5			45
Matériel	10	5	-10		5
En cours	0			0	0
TOTAL	50	10	-10	0	50
VNC	1110				1115

Outil 39

Démarche d'audit sur les immobilisations financières

> La démarche de revue des immobilisations financières conjugue la revue de contrats ou de documents avec des techniques d'évaluation.

En quelques mots

Les immobilisations financières sont principalement constituées de différentes typologies de titres, de prêts, de dépôts et de cautionnements. La réalité de ces actifs financiers ainsi que leur correcte évaluation doivent donner lieu à une revue précise par l'auditeur. Dans sa démarche, il doit à la fois procéder à des rapprochements (contrats, relevés, protocoles, factures...) et faire appel à des techniques d'évaluation pour corroborer leur valorisation à la clôture. Ainsi, il doit faire preuve d'esprit critique pour valider les hypothèses retenues, les données utilisées, la méthodologie et les résultats. Le cas échéant, il doit envisager le recours à un expert.

LES DEUX VOLETS DE LA DÉMARCHE

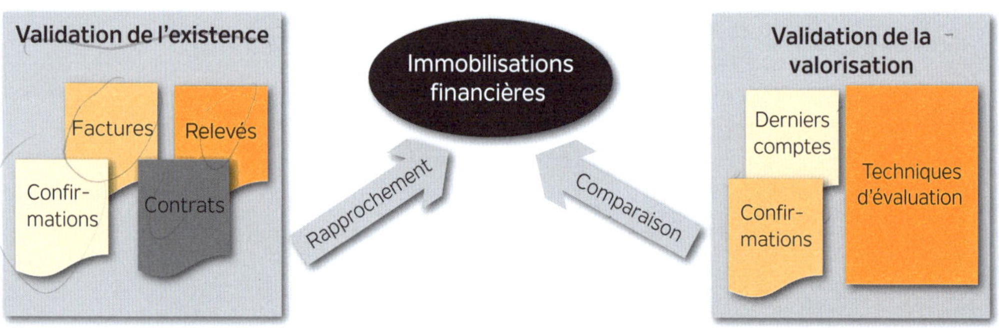

POURQUOI L'UTILISER ?

Objectif

Il s'agit de s'assurer que les immobilisations financières sont réelles et correctement évaluées à la date de la clôture.

Contexte

Les sociétés peuvent investir tout ou partie de leur patrimoine dans :
- des titres de participations (filiales) ;
- un portefeuille titres, pour en retirer à plus ou moins longue échéance une rentabilité satisfaisante (TIAP) ;
- des acquisitions de titres en vue de les conserver (titres immobilisés).

Par ailleurs, elles peuvent également procéder à des prêts ou verser des dépôts ou cautionnements. L'ensemble de ces éléments constitue des immobilisations financières pour lesquelles l'auditeur doit mettre en œuvre une démarche adaptée pour valider le coût d'entrée, la valeur d'inventaire et les revenus éventuels.

COMMENT L'UTILISER ?

Étapes

1. Effectuer une revue analytique. Obtenir une compréhension des éléments constituant les immobilisations financières et les variations de l'exercice.
2. S'assurer de l'existence des soldes en se rapprochant des titres de propriété, des relevés de titres, des contrats de prêts ou bien des protocoles ou contrats prévoyant le paiement de dépôts ou cautions.
3. Le cas échéant, se rapprocher des relevés bancaires pour valider les versements.
4. Examiner l'évaluation des titres à la clôture au regard des derniers comptes disponibles, des cours de Bourse, des budgets prévisionnels, des flux de trésorerie actualisés ou toute information pouvant être considérée comme fiable et pertinente.
5. Apprécier, le cas échéant, le niveau de dépréciation des titres et des autres immobilisations financières.
6. Pour les revenus, s'assurer que les produits ont été correctement évalués à la clôture au regard du principe de séparation des exercices.
7. Revoir les aspects fiscaux liés aux produits des immobilisations financières.

Méthodologie et conseils

La revue de l'évaluation des titres peut être difficile si une filiale connait des difficultés financières. La seule comparaison avec les comptes disponibles ne suffit souvent pas et nécessite la mise en place de techniques d'évaluation du type flux de trésorerie actualisés, pour lesquelles l'auditeur doit effectuer une revue rigoureuse des hypothèses retenues et faire preuve d'esprit critique (*cf.* outil 30).

Avant de se lancer...

- ✓ **La revue des titres permet de mettre en perspective la performance opérationnelle d'une filiale avec le montant de l'investissement réalisé pour sa création ou son acquisition.**
- ✓ **Pour les prêts ou dépôts et cautionnements significatifs, en l'absence de preuve d'audit suffisante, l'auditeur devra considérer le recours à la confirmation de tiers.**
- ✓ **Par ailleurs, dans le cadre de l'utilisation de techniques d'évaluation, l'auditeur doit procéder à la revue de projections financières. Il doit alors s'interroger sur le processus budgétaire mis en place par la société et sa capacité dans le passé à atteindre ses budgets. Cette phase permettra d'apporter à l'auditeur une certaine assurance sur les prévisions effectuées.**

Outil 40

Démarche d'audit sur les stocks : quantités

> Le contrôle de l'inventaire physique est souvent le seul moyen de porter un jugement sur les quantités en stock.

En quelques mots

Dans les activités industrielles ou de négoce, les stocks représentent souvent une part significative du bilan des entreprises. Le **suivi de ce stock** est la plupart du temps complexe du fait du nombre important de références et de la multiplicité des localisations géographiques. Les entreprises ont l'obligation d'assurer le comptage physique de chaque référence en stock au moins une fois par an. Dans la majorité des cas, cela se traduit par l'organisation d'un inventaire annuel le jour de la clôture.
L'auditeur assiste à cet inventaire et réalise des contrôles visant à s'assurer de sa qualité.

CHRONOLOGIE DE LA DÉMARCHE

Avant l'inventaire

- Prise de connaissance de la procédure

Sur site, pendant l'inventaire

- Contrôle du respect de la procédure
- Tests de comptage en partant du stock physique
- Tests de comptage en partant du listing de stock
- Récupération du listing après inventaire, recomptages contradictoires éventuels en cas de désaccord avec les comptages de l'entreprise

Après l'inventaire, lors de l'intervention finale sur les comptes

- Réconciliation des quantités testées avec les quantités mentionnées dans le listing de stock définitif

POURQUOI L'UTILISER ?

Objectif

Il s'agit d'apprécier la qualité de l'inventaire physique réalisé par l'entreprise afin de conclure sur les quantités en stock à la clôture.

Contexte

La valeur nette des stocks au bilan correspond, pour chaque référence, à une quantité multipliée par une valorisation minorée d'une dépréciation. Le test de l'inventaire physique vise à s'assurer que les quantités retenues par l'entreprise correspondent à la réalité.

COMMENT L'UTILISER ?

Étapes

1. L'auditeur se fait communiquer la procédure d'inventaire avant son intervention. Il en prend connaissance et prête une attention particulière aux points suivants :
- arrêt des mouvements de stocks pendant le comptage ;
- existence d'un double comptage et/ou de comptages à l'aveugle (sans connaître au préalable la quantité théorique) ;
- zones de comptage matérialisées et affectées (afin d'éviter qu'une zone soit oubliée ou comptée deux fois).

2. L'auditeur intervient sur site pendant les comptages. Il apprécie le respect de la procédure. Il procède à des tests sur des références déjà inventoriées. Il fait ses sélections à partir :
- d'un listing de stocks valorisés, dont il sélectionne les plus fortes valeurs ;
- de références choisies physiquement sur le site.

3. Il s'assure que le résultat de ses comptages est identique à celui du client. À l'issue de l'inventaire, l'auditeur récupère un listing de stocks définitif après inventaire. Il sera utilisé lors de l'audit pour vérifier que les stocks comptabilisés au bilan correspondent bien à ceux qui ont été testés.

4. Afin d'optimiser son intervention, l'auditeur profite de sa présence sur site pour récupérer les 5 derniers (N) et les 5 premiers (N +1) bons de réception afin de vérifier le *cut-off*. Il recherche également l'existence d'obsolescence apparente (articles détériorés, sacs percés...) dans l'optique des travaux sur la dépréciation.

Méthodologie et conseils

Il faut toujours être accompagné d'un collaborateur de l'entreprise auditée ayant la connaissance des éléments comptés.

Lorsque les comptages sont difficiles à réaliser (cuves de liquide, tas de sable, grosses quantités de petits articles) et que le recomptage ne peut aboutir sur un résultat identique, il est important de comprendre comment le comptage a été réalisé afin de s'assurer de la pertinence de la méthode (pesée de pièces par exemple).

Avant de se lancer...

✓ **Le contrôle d'inventaire est souvent le seul moyen de contrôler les quantités annoncées en stock.**

✓ **Il est impératif de rester jusqu'à la fin de l'inventaire, même s'il se termine en pleine nuit ou un week-end, afin de récupérer le listing définitif après comptage. En effet, si l'auditeur repart avec un listing provisoire, il lui sera impossible de conclure si des écarts sont constatés entre le listing définitif et ce listing provisoire.**

✓ **S'il constate des écarts entre ses comptages et celui de l'entreprise, l'auditeur les présente au responsable de l'inventaire pendant l'intervention et procède à un recomptage contradictoire afin d'aboutir à un chiffre commun. Cela sera en effet impossible à trancher quelques semaines plus tard, lors de l'intervention sur les comptes.**

Outil 41

Démarche d'audit sur les stocks : valorisation

> La valorisation des stocks est souvent un des sujets les plus complexes de la mission d'audit.

En quelques mots

Les stocks sont valorisés au coût de revient. L'auditeur doit porter une **appréciation sur la valeur affectée aux références en stock**. Il doit pour cela comprendre la méthode retenue, en apprécier la cohérence et la conformité à la réglementation, puis la tester.
Cette démarche le pousse à comprendre les différentes étapes du processus de production et apprécier leur prise en compte dans la détermination de la valeur du stock.

LES DIFFÉRENTES MÉTHODES DE VALORISATION

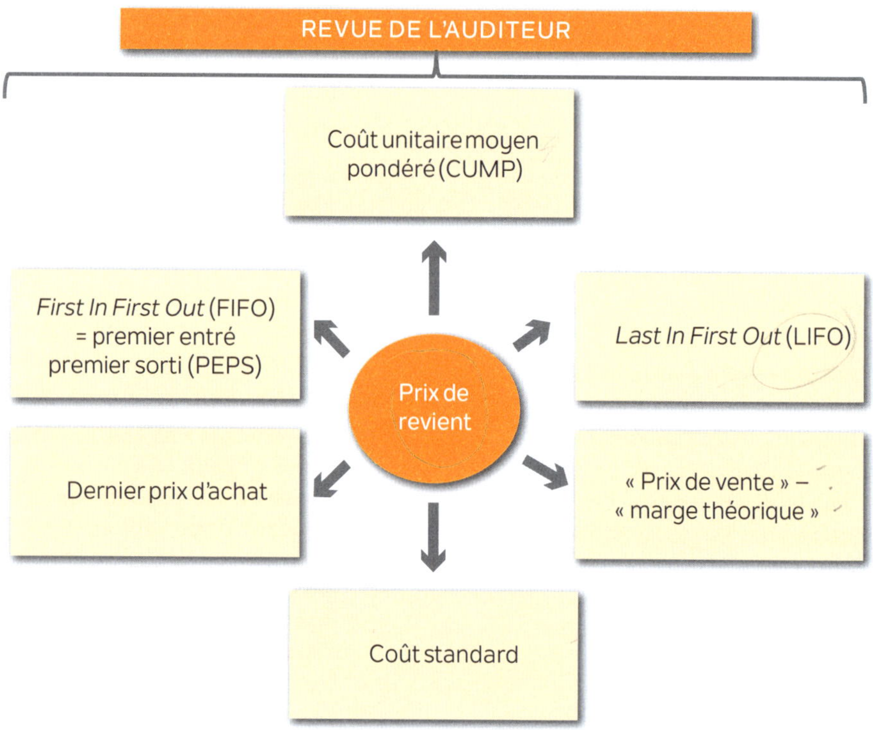

POURQUOI L'UTILISER ?

Objectif

L'objectif est de s'assurer que la valorisation du stock est conforme aux règles comptables en vigueur et justifiée économiquement.

Contexte

Auditer la valorisation des stocks nécessite de comprendre son origine, en distinguant deux catégories de stocks :

- les stocks acquis destinés à être revendus en l'état (négoce) ;
- les stocks obtenus *via* un processus de transformation (production). À la clôture, ils peuvent présenter différents stades d'avancement (encours de production ou produits finis). Leur valeur se décompose en « part matière » (coût de la matière incorporée) et « part valeur ajoutée » (coûts ajoutés à la matière pour transformer le produit).

L'approche de l'auditeur sera adaptée à chacune de ces natures de stocks.

COMMENT L'UTILISER ?

Étapes

1. Pour les stocks acquis

Identifier la méthode retenue par l'entreprise, qui est en général le CUMP, le FIFO ou dans une moindre mesure le LIFO (sociétés étrangères). Identifier les coûts accessoires incorporés à la valorisation (transport, taxes, etc.).

L'auditeur teste la méthode en combinant :

- une approche de détail : sélectionner un échantillon de référence et demander la dernière facture d'achat. En cas d'écart significatif, investiguer : « recalcul » du CUMP, revue de l'évolution des prix d'achats sur une longue période... ;
- une approche globale : avec les fichiers de stocks N et N-1, mesurer l'évolution du coût unitaire par référence et investiguer les écarts significatifs.

2. Pour les stocks transformés

- Prendre connaissance de la méthode retenue (coût standard ou valorisation au réel) et s'assurer que les coûts retenus sont incorporables (exclusion des frais commerciaux et frais financiers notamment).
- Sur la base d'un échantillon, tester la méthode retenue.
- S'assurer que l'éventuelle sous-activité a fait l'objet d'une analyse.
- S'il s'agit d'un encours, comprendre comment les étapes de production réalisées à la clôture ont été évaluées.

Méthodologie et conseils

Bien que résultant d'un processus de production complexe, la « part matière » d'un produit fini constitue parfois plus de 80 % du coût de revient. L'auditeur pourra alors focaliser ses travaux sur le coût matière.

La revue de la valorisation est souvent un sujet très consommateur de temps. Il ne faut pas hésiter à lui allouer un nombre d'heures significatif.

Suite outil 41 →

Avant de se lancer...

✓ **La valorisation du stock est un sujet qui amène l'auditeur au cœur de l'activité de l'entreprise, qu'elle exerce une activité de négoce ou de production. Les travaux doivent lui permettre de mieux comprendre l'activité et les risques qui sont liés, et être la source d'échanges avec la direction.**

✓ **Pour une même référence, la valorisation retenue sera différente selon la méthode utilisée. Par conséquent, il est important que la méthode soit constante dans le temps afin de conserver la comparabilité des comptes. La valorisation des stocks ne doit pas servir de variable d'ajustement du résultat.**

✓ **En matière de stocks, chaque entreprise a ses propres spécificités. La démarche doit donc être adaptée au cas par cas.**

Démarche d'audit sur les stocks : valorisation

COMMENT ÊTRE PLUS EFFICACE ?

Cas de la méthode du prix de vente moins une marge théorique

Certaines entreprises industrielles ne disposent pas des outils leur permettant de suivre un coût de revient réel et n'ont pas mis en place de coûts standards. Elles raisonnent alors en valorisant leurs stocks au prix de vente minoré d'une marge théorique. L'auditeur doit s'assurer que le taux de marge retenu est cohérent par rapport à la marge brute réellement dégagée par l'entreprise, ainsi que de la permanence dans le temps du taux retenu.

Cas de la méthode du dernier prix d'achat

En pratique, certaines entreprises valorisent leurs stocks sur la base du dernier prix d'achat, ce qui conduit à réévaluer ou dévaluer des références acquises historiquement. Cette méthode, qui n'est pas reconnue par la réglementation, tend cependant à s'appliquer lorsque des produits connaissent de très faibles variations de prix. Pour l'accepter, l'auditeur doit valider, sur la base d'un échantillon, que la variation de prix sur une longue période est peu significative et que l'application du CUMP n'aurait pas généré d'écart justifiant de corriger les comptes.

Valorisation au réel/coûts standard

Dans une activité de production, les entreprises peuvent choisir de valoriser leurs stocks « au réel ». Schématiquement, elles cumulent l'ensemble des coûts afférents à une référence, divisent le total par le nombre de références produites et ajoutent le résultat obtenu à la part matière de cette même référence.

Elles peuvent également choisir de recourir à un coût standard, en calculant un coût de revient théorique pour chaque référence, basé sur une nomenclature (matière, main-d'œuvre, temps machine, etc.) et des coûts prévisionnels.

Même si la première méthode semble être la plus précise, elle peut conduire à des incohérences. Si une entreprise produit, avec les mêmes coûts fixes, 1 000 références en année N et 500 en année N +1, la valeur unitaire des coûts fixes affectés à chaque référence ne doit pas doubler d'une année sur l'autre. L'augmentation des coûts par unité ne proviendrait alors que de la baisse du volume produit, s'expliquant par exemple par une baisse des ventes. Cette « sous-activité » ne doit pas impacter les stocks de l'entreprise qui doit alors considérer qu'elle a utilisé son outil de production dans des conditions normales pendant 50 % de l'année (donc répartir 50 % des coûts totaux sur 500 références) et qu'elle n'a pas utilisé son outil pendant les 50 % restant, les coûts afférents étant reconnus dans les charges de l'exercice.

La méthode du coût standard permet d'éviter cet écueil puisque quel que soit le niveau d'activité, le coût de revient reste identique. Elle présente néanmoins le risque de le déconnecter de la réalité de l'entreprise. Afin d'être correctement appliquée, elle nécessite une remise à jour annuelle des standards (prise en compte de l'évolution des processus de production). Elle nécessite également un rapprochement justifié à la clôture entre le coût standard et le coût réel.

Ces analyses doivent être produites par l'entreprise et revues par l'auditeur.

Exemple

Différentes méthodes de valorisation (FIFO/CUMP)

L'entreprise XYZ a une activité de négoce. Le prix de ses produits est fortement impacté par le cours de matières premières particulièrement volatiles. Sur les 3 premiers mois de l'exercice, elle a vendu 160 produits, pour un chiffre d'affaires de 16 650 €.

Ce premier tableau présente l'évolution du stock de l'entreprise en quantité, avec mention du prix d'achat et du prix de vente de chacune des unités entrées et sorties.

	Nombre d'unités	Prix d'achat unitaire (€)	Prix de vente unitaire (€)
Stocks disponibles au 1er janvier N	60	30	
Achats de janvier	90	45	
Ventes de janvier	- 40		60
Achats de février	55	60	
Ventes de février	- 45		100
Achats de mars	60	75	
Ventes de mars	-75		130
Stocks disponibles au 31 mars N	105		

Ce second tableau présente l'impact sur le prix de revient et par conséquent sur la marge du choix de la méthode FIFO ou CUMP.

	FIFO	CUMP
Ventes	16 650	16 650
Coût des ventes	-6 450	7 805
Marge	10 200	8 845
Taux de marge	61,3 %	53,1 %
Valorisation des stocks au 31 mars N	7 200	5 845

Outil 42

Démarche d'audit sur les stocks : dépréciation

« La revue de la dépréciation des stocks permet à l'auditeur de mettre en avant son esprit critique.

En quelques mots

Les stocks sont comptabilisés à l'actif de l'entreprise à leur prix de revient. Mais leur prix de vente peut ne pas être supérieur à cette valeur. L'actif est alors surévalué et doit faire l'objet d'une provision pour **dépréciation des stocks** de manière à présenter une valeur nette comptable (VNC) égale à sa valeur probable de réalisation.

Ce principe, simple à énoncer, peut être complexe à appliquer pour une entreprise qui doit identifier les stocks concernés et évaluer le montant de la dépréciation. Par conséquent, l'auditeur doit procéder à la revue critique de cette analyse et conduire ses propres travaux afin de la conforter… ou la remettre en cause.

REVUE DE LA DÉPRÉCIATION

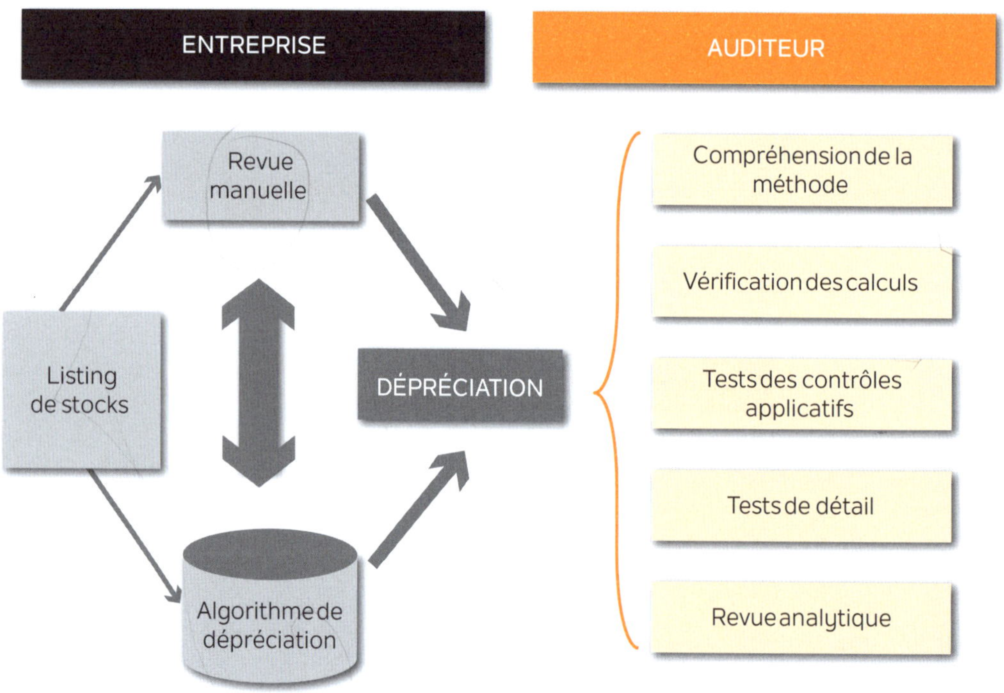

POURQUOI L'UTILISER ?

Objectif

Il s'agit de s'assurer que la provision pour dépréciation des stocks comptabilisée à la clôture est correctement évaluée.

Contexte

La perte de valeur d'un stock peut être liée notamment à sa détérioration (produit abimé), son obsolescence (produit ancien non écoulé), une rupture technologique (produit remplacé) ou des effets de mode (couleur, texture, etc.). Au jour de la clôture, l'entreprise procède à l'évaluation, au mieux de ses connaissances, des articles concernés. Lorsque le nombre de références en stock est élevé, les entreprises ont souvent recours à des règles mécaniques de dépréciation, basées sur l'ancienneté ou sur le taux de rotation. Ces dépréciations « automatiques » peuvent ensuite être affinées manuellement. L'enjeu pour l'auditeur est de comprendre et « challenger » ces mécanismes.

COMMENT L'UTILISER ?

Étapes

L'auditeur va suivre le cheminement suivant.

1. Prise de connaissance critique de l'analyse menée par la société (méthode retenue).
2. Vérification de la permanence des méthodes.
3. Récupération des fichiers de calcul (format tableur) pour vérifier les traitements effectués.
4. Rapprochement des mouvements avec la balance générale auditée.
5. Lien avec les travaux réalisés lors de l'inventaire physique (identification de références abimées ou ancienne).

L'auditeur doit ensuite essayer de mettre en place des analyses complémentaires qui conforteront ou contrediront les conclusions de la société (analyse de rotation par référence, ancienneté du stock, analyse des mouvements). Il récupère pour cela les fichiers de stocks avec autant de détail que possible (par référence : date de dernière entrée, date de dernière sortie, consommation annuelle, achats annuels, etc.) qu'il exploitera à l'aide d'un outil informatique (tableur ou logiciel de traitement de données). Il discute enfin ses conclusions avec la direction.

Méthodologie et conseils

La dépréciation des stocks est l'un des thèmes qui peut être aisément utilisé par la direction de l'entreprise auditée pour piloter son résultat. La « vérité » n'existe pas, puisqu'il est difficile de prédire si un produit sera, *in fine*, vendu ou non et à quel prix. Il est important que la méthode retenue par l'entreprise, sauf événement spécifique ou amélioration de l'existant, soit stable dans le temps.

Avant de se lancer...

- ✓ La dépréciation des stocks est l'un des thèmes qui permet à l'auditeur de présenter à la direction des analyses à valeur ajoutée. S'agissant souvent d'un sujet sensible, ces travaux doivent être perçus par l'auditeur comme une opportunité de mettre en avant son savoir-faire.
- ✓ L'auditeur ne doit pas se contenter d'intégrer l'analyse de la société dans le dossier de travail, mais également « challenger » la direction sur les hypothèses retenues.
- ✓ Fiscalement, l'administration rejette les provisions basées uniquement sur des règles mécaniques. L'entreprise doit être capable de démontrer la réalité des dépréciations comptabilisées (destruction régulière de stocks, marges négatives). Elle peut également faire le choix de réintégrer la provision dans le résultat fiscal.

Outil 43 Démarche d'audit sur les créances clients

> « La revue des créances clients nécessite la combinaison de plusieurs outils.

En quelques mots

Les créances clients correspondent aux facturations émises mais non encore recouvrées par l'entreprise. La contrepartie dans le compte de résultat est le chiffre d'affaires qui est l'un des principaux indicateurs financiers de l'entreprise. Cette dernière doit régulièrement s'assurer de la qualité du recouvrement de ses créances, l'enjeu étant d'optimiser sa trésorerie et de présenter à l'actif de son bilan les créances réellement recouvrables.

Pour valider cette analyse, l'auditeur doit combiner différents outils de base. Mais au préalable, il devra s'assurer de bien comprendre le mode de reconnaissance du chiffre d'affaires retenu par l'entreprise.

LES PRINCIPALES ÉTAPES DE LA DÉMARCHE

PROCÉDURES ANALYTIQUES

- Compréhension du mode de reconnaissance du chiffre d'affaires
- Calcul et analyse du délai de règlement clients
- Compréhension des règles de dépréciation des créances
- Analyse de l'évolution du chiffre d'affaires et de la marge brute dans le compte de résultat

PROCÉDURES D'AUDIT

- Rapprochement balance générale/balance auxiliaire
- Tests de *cut-off*
- Revue et test de la balance âgée
- Circularisations
- Revue de la provision pour dépréciation (douteux)
- Tests d'apurement

Le cas échéant

POURQUOI L'UTILISER ?

Objectif

L'objectif est de mettre en œuvre des travaux visant à s'assurer de la réalité des créances clients comptabilisées à l'actif du bilan de clôture.

Contexte

Le principal enjeu pour l'auditeur est de valider la réalité des créances clients. Celle-ci repose sur le respect des principes comptables (l'entreprise pouvait-elle reconnaître le produit et donc la créance ?), sur le risque de non-recouvrement (le client va-t-il effectivement payer sa dette ?) et enfin sur l'affectation au bon exercice.

COMMENT L'UTILISER ?

Étapes

En premier lieu, l'auditeur doit comprendre le mode de reconnaissance du chiffre d'affaires, en valider la cohérence par rapport à l'activité de l'entreprise et la conformité aux règles comptables en vigueur (voir page suivante). Il va ensuite combiner différents outils présentés dans le dossier 4.

1. Revue analytique : calcul du délai moyen de règlement (en jours) et contrôle de sa cohérence avec les délais de la LME et les pratiques de l'entreprise, analyse de l'évolution du chiffre d'affaires et de l'évolution de la marge brute (*cf.* outils 55 et 56), compréhension de la méthode de dépréciation retenue et appréciation de sa pertinence.
2. Obtention d'une balance auxiliaire clients (détail des soldes par client) et rapprochement de la balance général auditée (*cf.* outil 24).
3. Sur la base de cette balance auxiliaire, circularisation des clients (*cf.* outil 28).
4. Tests de *cut-off* (*cf.* outil 27).

Afin de s'assurer de la recouvrabilité des créances, il va revoir leur ancienneté en s'appuyant sur la balance âgée : ce document présente la balance client classée par date d'ancienneté et permet d'identifier en lecture directe les créances échues qui sont *a priori* risquées.

Méthodologie et conseils

Si l'auditeur juge que les résultats de ses contrôles ne lui permettent pas d'exercer son jugement (absence de réponse aux circularisations ou de balance âgée par exemple), il peut mettre en place une revue d'apurement en vérifiant l'encaissement effectif des créances. Son intervention ne doit alors pas être trop proche de la date de clôture, faute de quoi il devra se contenter de vérifier l'existence de la créance au travers d'un bon de livraison.

Suite outil 43 →

Avant de se lancer…

- ✓ **Les travaux sur le poste clients font appel à différentes techniques d'audit et sont donc une excellente base de formation pour les jeunes collaborateurs. Ils combinent des procédures analytiques et des tests de détail, ce en quoi ils reflètent la mission générale de l'auditeur qui doit à la fois procéder à des contrôles concrets et précis tout en prenant du recul par rapport au dossier.**
- ✓ **Il est essentiel de rester critique par rapport aux méthodes de dépréciation retenues. Certaines entreprises ont tendance à considérer que comptabiliser une provision revient à « avouer » que la somme ne sera pas recouvrée, ce qui conduit à très peu provisionner. L'auditeur doit exercer son jugement professionnel et proposer des dépréciations quand il le juge nécessaire.**

Démarche d'audit sur les créances clients

COMMENT ÊTRE PLUS EFFICACE ?

Notion de reconnaissance du chiffre d'affaires

- Le chiffre d'affaires doit être reconnu sur la base d'un fait générateur (*cf.* outil 27) qui, dans la majorité des cas, est simple à définir. Ainsi, pour une vente de bien, le fait générateur est constitué par le transfert de propriété. Pour une prestation de service, il est constitué par la réalisation du service.
- Lorsqu'une prestation est étalée sur plusieurs exercices (contrat de construction d'un immeuble par exemple), la question se pose de savoir comment évaluer le montant à facturer à la clôture, dont dépendra directement la créance client. Dans les normes françaises, deux méthodes sont admises (à « l'achèvement » et « à l'avancement », qui est la méthode préférentielle). Les normes IFRS ont dédié la norme IFRS 15 « *Revenue from Contracts with Customers* » à la reconnaissance du revenu, instaurant une démarche unique basée sur 5 critères d'analyse. Le PCG étant peu détaillé sur le sujet, il est possible de procéder par analogie avec les IFRS lorsque la situation le nécessite.
- Avant de s'interroger sur la recouvrabilité de la créance, l'auditeur devra se pencher sur l'évaluation du chiffre d'affaires qui a fait naître cette créance. Il devra également tenir compte du fait que les paiements reçus du client sous forme d'acomptes peuvent être déconnectés de la reconnaissance du chiffre d'affaires.

Éléments pouvant affecter le poste client

- La VNC des créances clients constitue une part significative de la trésorerie future de l'entreprise. Ayant un caractère certain, sous réserve de la précision de l'analyse de la recouvrabilité, le poste client peut être mobilisé par l'entreprise auprès d'un organisme financier. Par ce mécanisme, l'entreprise cède tout ou partie de ses créances à un organisme qui lui verse immédiatement la trésorerie correspondante et se rémunère avec des commissions. Cette opération peut prendre la forme d'un contrat « d'affacturage » (cas le plus fréquent) ou de « cessions loi Dailly ». En comptabilité, la société enregistre la trésorerie reçue à l'actif. En contrepartie, elle comptabilise en général une réduction des créances clients. Le poste client affiché au bilan peut donc être quasiment nul.
- Néanmoins, le contrat peut prévoir que la société conserve les risques liés au recouvrement des créances. L'entreprise continue à supporter le risque bien que la créance ne soit plus apparente à l'actif. L'auditeur doit donc être particulièrement vigilant. Si le poste client a été mobilisé, il doit prendre connaissance du contrat afin de voir qui supporte le risque d'impayé. Si celui-ci revient à l'entreprise, il doit obtenir la liste des créances cédées à la date de clôture et procéder à l'ensemble des diligences « classiques » afin d'évaluer le risque.

Exemple

Exploitation d'une balance âgée

L'auditeur revoit la balance âgée de l'entreprise XYZ au 31 décembre N. Son seuil d'investigation s'élève à 12. Il réalise les travaux suivants.

- Le rapprochement du solde de la balance avec celui de la balance générale (1).
- Le test de la balance âgée : il sélectionne plusieurs montants au hasard et récupère la facture afin de s'assurer que l'échéance mentionnée dans la balance correspond à celle contractualisée avec le client (2).
- La revue des retards de règlement significatifs, appréciés par rapport au seuil d'investigation.

En l'occurrence, l'auditeur étudie le retard de règlement supérieur à 90 jours du client C pour un montant de 30. Le dirigeant lui explique qu'il est dû à un litige qualité et que la créance est dépréciée à 100 %. L'auditeur reporte alors ces explications dans sa feuille de travail et vérifie que la provision est effectivement comptabilisée. Il pourra conclure que les retards significatifs ont été correctement pris en compte lors de l'évaluation de la provision pour dépréciation.

	Non échus	Échus 0-30 j.	Échus 30-60 j.	Échus 60-90 j.	Échus > 90 j.	TOTAL Client
Client A	30	5	0	0	10	45
Client B	10	0	0	5	0	15
Client C	0	0	0	0	30	30
Client D	40	0	0	0	0	40
Client E	10	10	0	0	0	20
....	....	....	....	....	....	0
Client Z	10	0	0	0	0	10
TOTAL	**250**	**40**	**15**	**10**	**40**	**355**

(3)

Feuille de travail

Montant TTC 30

Litige qualité. Montant provisionné à 100 %.
Conclusion : OK

(2)

Facture

Montant TTC 10

Échéance : 05/12/N

(1)

Balance générale

	Dt	Ct
1xxx		
2xxx		
3xxx		
411	355	
....		

Outil 44

Démarche d'audit sur les autres créances et autres dettes

> *Un poste « fourre-tout » qui nécessite une attention particulière.*

En quelques mots

Les autres créances et les autres dettes sont essentiellement constituées de comptes-courants et de l'ensemble des éléments que l'entreprise ne peut classer dans les autres agrégats du bilan. Ainsi, ils regroupent tous les comptes « divers » qui, individuellement, peuvent présenter des risques différents.
Le principal enjeu pour l'auditeur est d'obtenir une bonne compréhension des éléments constituant ces soldes. Sur cette base, il concevra des procédures adaptées (obtention de pièces justificatives, entretiens, confirmations, réconciliations…) pour valider la réalité des autres créances et l'exhaustivité des autres dettes.

L'APPROCHE SCHÉMATIQUE

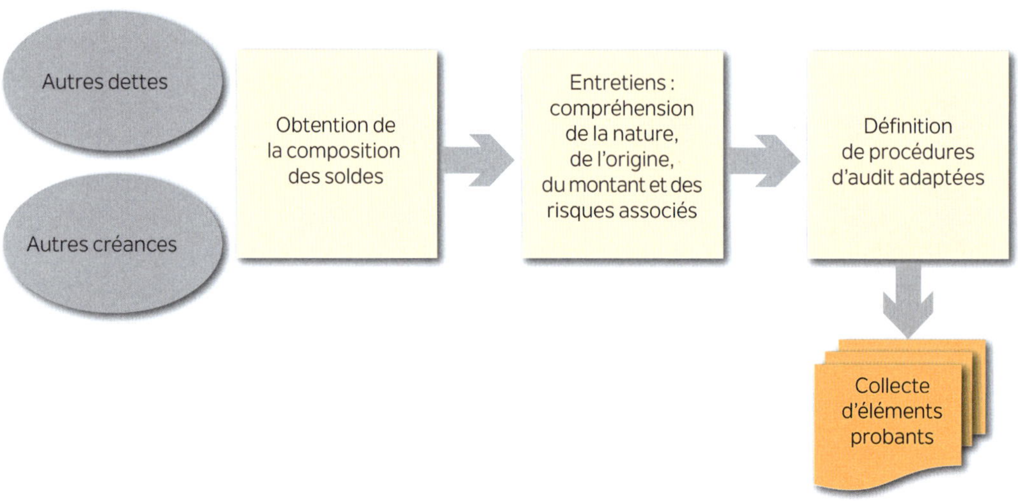

POURQUOI L'UTILISER ?

Objectif

L'objectif de la démarche consiste principalement à s'assurer de l'exhaustivité des autres dettes, de la réalité des autres créances et de leur correcte valorisation.

Contexte

Les autres créances et les autres dettes contiennent par nature les éléments du bilan ne pouvant pas être incorporés dans d'autres catégories d'actifs ou de passifs. Hormis la présence des comptes-courants au sein de ces comptes, ils peuvent être constitués de nombreux éléments ayant tous des caractéristiques différentes.
Ainsi, une démarche pertinente et flexible devra être mise en œuvre par l'auditeur.

COMMENT L'UTILISER ?

Étapes

1. Obtention du détail de l'ensemble des éléments constituant le solde des autres créances et des autres dettes.
2. Réalisation d'entretiens auprès du service comptable afin d'obtenir une compréhension précise de l'origine, de la nature et de comment la société a estimé le montant.
3. Obtention des documents permettant de justifier les autres créances et les autres dettes (contrat, facture, relevé bancaire...). S'interroger si ces pièces justificatives permettent d'adresser correctement les assertions de réalité pour les autres créances et d'exhaustivité pour les autres dettes.
4. Compréhension du traitement comptable suivi par la société et des hypothèses sous-jacentes.
5. Revue des réconciliations de soldes des comptes-courants effectués à la clôture par la société avec ses actionnaires, ses filiales ou les autres sociétés du même groupe.
6. S'interroger sur la recouvrabilité des autres créances et déterminer la nécessité de constituer une provision pour dépréciation.
7. Le cas échéant, procéder à des confirmations de soldes.

Méthodologie et conseils

Les entretiens avec le département comptable vont permettre d'adapter la démarche d'audit en fonction de la nature des éléments constituant le solde. Ainsi, l'auditeur définira pour chaque élément un programme de travail adapté.
L'auditeur devra par ailleurs s'interroger sur la correcte classification des éléments composant ces soldes au regard des documents collectés et de sa compréhension.

Avant de se lancer...

- ✓ **La démarche de revue des autres dettes et des autres créances permet de valider tous les comptes « divers » qui de par leur nature sont en dehors de l'activité normale de l'entreprise.**
- ✓ **La revue des autres créances et des autres dettes doit faire l'objet d'esprit critique de la part de l'auditeur. En effet, il devra mettre en œuvre son jugement professionnel pour définir des procédures d'audit adaptées et collecter les pièces justificatives probantes.**
- ✓ **Il convient par ailleurs de bien distinguer et analyser les différents éléments composant le solde. Étant de nature non homogène, ces éléments présentent souvent des risques propres.**
- ✓ **Attention également aux comptes « fourre-tout » que personne ne suit vraiment et qui présentent souvent un risque élevé.**

Outil 45 Démarche d'audit sur la trésorerie

> « La trésorerie est le poste le plus sensible du bilan.

En quelques mots

La **trésorerie** est par nature l'un des postes les plus sensibles du bilan. La revue des rapprochements bancaires est une étape clé dans la démarche de contrôle. Elle permet également de répondre en partie aux risques de fraudes identifiés que ce soit en termes de détournement d'actif ou de manipulation des états financiers.

Par ailleurs, l'auditeur pourra être confronté à des opérations spécifiques (*cash-pool*, affacturage, etc.) pour lequel il devra adopter une approche « contrôle interne » (revue du processus, schémas comptables, etc.) pour ensuite réaliser des procédures d'audit pertinentes.

L'APPROCHE SCHÉMATIQUE

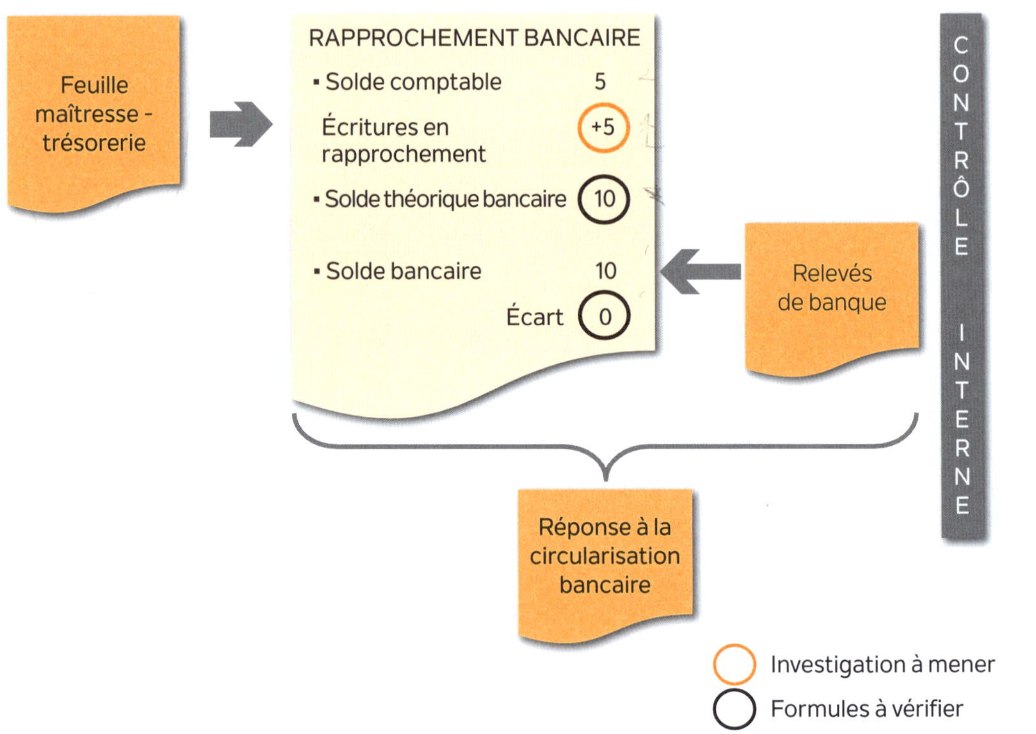

POURQUOI L'UTILISER ?

Objectif

L'audit sur la trésorerie permet de s'assurer de la réalité et de la correcte valorisation de la trésorerie à la clôture. Ces procédures sont comme un outil de réponse aux différents risques de fraudes identifiés.

Contexte

L'ensemble des transactions comptables d'une entreprise se concrétisent et s'ajustent dans la plupart des cas au travers d'un encaissement ou d'un décaissement. Ainsi, la trésorerie est le réceptacle des transactions comptables.
Il existe un délai entre l'acte comptable de paiement (ou encaissement) et l'encaissement effectif (ou paiement) par la banque. La société doit procéder au rapprochement entre le relevé de banque et sa comptabilité.
Dans ce contexte, l'auditeur doit définir des procédures permettant de justifier la trésorerie, comprendre les éléments en rapprochement et répondre aux risques de fraudes identifiées (*cf.* outil 21).

COMMENT L'UTILISER ?

Étapes

1. Obtenir et analyser les rapprochements bancaires pour l'ensemble des comptes.
2. Rapprocher les valeurs mobilières de placement (VMP) aux relevés de portefeuille reçus de la banque.
3. Apprécier la nécessité de déprécier les VMP (moins-value latente).
4. Analyser les comptes spécifiques et les rapprocher de pièces justificatives : affacturage, effets remis à l'escompte ou à l'encaissement, *cash-pool*.
5. Procéder à la confirmation des comptes bancaires. Rapprocher les réponses avec les éléments du dossier d'audit (*cf.* outil 28).
6. Pour les comptes de caisse, s'assurer de l'existence d'un journal de caisse et procéder au rapprochement.
7. S'assurer de l'absence de comptes de virements internes à la clôture.

Méthodologie et conseils

Une comparaison rapide des soldes de trésorerie n'est pas pertinente dans la compréhension de leurs variations. L'auditeur doit avoir recours au tableau de flux (*cf.* outil 57) qui lui permet d'analyser l'évolution de la trésorerie nette (disponibilité – concours bancaires courants) au travers des flux d'exploitation, d'investissement et de financement.
L'ensemble des informations des réponses aux lettres de circularisation doivent être exploitées. En effet, hormis les soldes des comptes bancaires, elles présentent des informations utiles au niveau des engagements hors bilan, des dettes, des intérêts, des signataires autorisées…

Suite outil 45 →

Avant de se lancer…

- ✓ **Cette démarche « rassurante » permet de rapprocher une information comptable d'une source tangible.**
- ✓ **La démarche de revue de la trésorerie repose sur une exécution des procédures de façon homogène à l'ensemble des comptes. Ainsi, il convient d'obtenir l'exhaustivité des rapprochements bancaires. Par ailleurs, dans ses travaux, l'auditeur débutant pourrait être tenté de conclure de façon hâtive au caractère non significatif de certaines transactions. Or, de par sa nature, il n'existe pas de seuil pour les comptes de trésorerie.**

Suite outil 45

Démarche d'audit sur la trésorerie

COMMENT ÊTRE PLUS EFFICACE ?

La revue du rapprochement bancaire

La revue du rapprochement bancaire est un exercice rigoureux qui donne lieu à la mise en œuvre des travaux de rapprochements de vérification de formules suivantes.

- Le rapprochement du solde comptable avec la feuille maîtresse (*cf.* outil 9).
- Le rapprochement du solde bancaire avec le relevé bancaire. Lorsque l'auditeur intervient juste après la clôture, les relevés bancaires peuvent ne pas avoir été reçus. Toutefois, la plupart des entreprises disposent d'une connexion bancaire permettant de consulter leur compte. L'auditeur peut ainsi demander une impression écran du solde bancaire, qui sera ensuite confirmé par la réponse à la lettre de circularisation.
- Le contrôle arithmétique des calculs (sous-totaux, différences...) en lignes et en colonnes. L'expérience montre que certaines erreurs peuvent être commises par l'entreprise de façon intentionnelle ou pas.

Les éléments en rapprochement doivent également être analysés sous plusieurs angles.

- L'antériorité des écritures : compréhension de la nature et de l'origine de l'écriture ; le cas échéant, obtenir les pièces justifiant l'élément en rapprochement.
- Les libellés anormaux : la présence de libellés incompréhensibles, étranges ou bien anormaux doit alerter l'auditeur qui doit investiguer les éléments identifiés.
- Le montant des écritures en rapprochement : investiguer les montants ronds (exemple : 1 000 €) et les montants répétitifs.

Ensuite, l'auditeur procède à une revue de l'apurement des écritures en rapprochement en vérifiant les relevés bancaires post-clôture.

À l'issue de cette étape, l'auditeur sera en mesure d'appréhender le niveau des éléments en rapprochement non apurés et exercer son jugement professionnel sur la nécessité d'effectuer des travaux complémentaires.

Par ailleurs, la présence d'éléments comptabilisés en banque mais pas en comptabilité doit interpeller l'auditeur. En effet, toutes les opérations bancaires doivent être reflétées au niveau de la comptabilité.

Les opérations de gestion centralisée de trésorerie : « *cash-pool* »

Dans le cadre de sa revue, l'auditeur peut être confronté à des opérations dites de « *cash-pool* ». Ce mécanisme est souvent mis en place dans les groupes afin de permettre une gestion optimisée et centralisée de la trésorerie. Ainsi, une société avec de la trésorerie excédentaire peut placer son argent au niveau de sa société mère (à un taux défini par le groupe) et cette dernière pourrait prêter cette somme à une autre société du groupe. Au niveau du groupe, ce mécanisme permet de limiter le recours à des financements externes, sources d'appauvrissement.

Il existe ainsi deux typologies de « *cash-pool* » :

- automatique de l'ensemble du solde de façon journalière (solde à zéro continuellement) ;
- à la demande de la société.

La mise en place des « *cash-pool* » est souvent complexe car cela nécessite plusieurs sous-comptes bancaires au niveau de la banque du groupe. L'auditeur devra ainsi comprendre l'organisation des flux de trésorerie au sein des opérations de « *cash-pool* », le schéma comptable retenu, procéder à des réconciliations avec les comptes figurant chez la société mère et obtenir des réponses aux circularisations bancaires.

Exemple

Revue d'un rapprochement bancaire

Un jeune auditeur intervient sur la revue des comptes annuels d'une entreprise. Son chef de mission lui a délégué la revue du rapprochement bancaire de la seule banque de la société. Le service comptable a mis à disposition le rapprochement bancaire ainsi que le relevé de banque à la date de la clôture.

- Dans un premier temps, il a procédé au rapprochement du solde comptable avec la feuille maîtresse ainsi que du solde de la banque avec le relevé bancaire (J101). Ce dernier a été comparé avec le solde théorique bancaire. Ses travaux ont été formalisés à l'aide de « *cross* références ».
- Ensuite, il a effectué un contrôle de l'ensemble des formules de calculs. Pour matérialiser ses travaux, il a défini certains *tick marks* assortis d'une légende.
- Une fois ces travaux préalables réalisés, il a revu les éléments en rapprochement :
  - revue de l'apurement des soldes en indiquant à côté du montant la date d'apurement ;
  - revue de l'écriture ayant une forte antériorité en remontant à la facture d'achat et à la copie du chèque (J102) ;
  - revue du libellé « divers » par obtention du détail et cadrage des différents éléments aux pièces justificatives (J103).

La feuille de travail suivante a été formalisée comme suit.

Rapprochement bancaire compte 512001					J100 Feuille maîtresse trésorerie Ok compta
Solde comptable			1 000	A	
Écritures en comptabilité mais pas en banque					
12/02/N-1	Chèque n°12345 fournisseur SBG	-	100	J102	
18/12/N	Chèque n°15001 fournisseur CLV	-	200	✓	*3/01/N+1*
	Divers	-	120	J103	
		-	420 ↗	B	
Écritures en banque mais pas en comptabilité					
			- ↗	C	
Solde théorique bancaire			580 ↗	D = A + B – C	
Solde en banque			580 ↗	←	J101
Écart			- ↗		

Légende

✓ Apurement validé post-clôture

↗ Formules de calculs vérifiées

Outil 46 Démarche d'audit sur les écarts de conversion

> L'auditeur doit s'assurer que les transactions en devises sont correctement converties en euros dans la comptabilité.

En quelques mots

Lorsqu'une société réalise des transactions à l'international, elle n'a pas toujours la possibilité d'imposer sa monnaie. Ainsi, une entreprise de la zone euro peut être amenée à acheter ou vendre en devises (US dollars, livres sterling...). Elle doit alors convertir l'ensemble de ces transactions dans sa monnaie de fonctionnement. Pour les transactions en suspens à la clôture (dettes fournisseurs et créances clients notamment), elle s'appuie sur la notion d'**écart de conversion**.

LA MÉCANIQUE DE CONVERSION DES TRANSACTIONS EN DEVISES DANS LES ÉTATS FINANCIERS

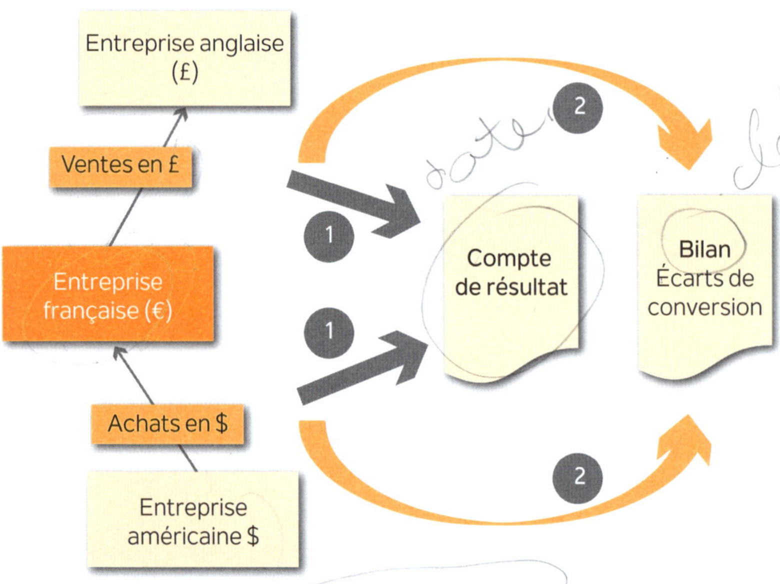

1. Conversion au cours de la date de transaction (compte de résultat)
2. Conversion au cours de clôture (bilan)

POURQUOI L'UTILISER ?

Objectif

Cette méthode permet de s'assurer que les soldes en devises du bilan à la clôture ont été correctement évalués en euros dans les comptes annuels.

Contexte

À la date de clôture, il peut subsister des actifs ou passifs (principalement créances clients ou dettes fournisseurs) libellés en devises et convertis en euros à la date de réalisation de la transaction. Les règles comptables françaises prévoient qu'ils doivent être réévalués au cours de clôture.
Dans les comptes sociaux, l'écart entre ces deux taux est analysé comme un « écart de conversion », qui se comptabilise à l'actif (moins-value latente, faisant l'objet d'une provision pour perte de change) ou au passif (plus-value latente). L'auditeur doit s'assurer du respect de ces règles.

COMMENT L'UTILISER ?

Étapes

1. Identifier l'existence d'écarts de conversion (actif ou passif) à la clôture (en bas du bilan).
2. Obtenir la liste des créances et dettes en devises et converties en euros. S'assurer que chacun fait l'objet d'un écart de conversion.
3. Obtenir les taux de conversion de clôture retenus par l'entreprise et les valider avec une source externe (site Internet de la Banque de France par exemple).
4. Sur la base du seuil de travail, sélectionner les principaux soldes en devises et vérifier qu'ils ont été correctement convertis.
5. En cas d'écart de conversion actif, vérifier que la provision pour perte de change correspondante a été comptabilisée.

Méthodologie et conseils

La provision pour perte de change n'est pas déductible fiscalement. Elle doit donc faire l'objet d'une réintégration dans le résultat fiscal.
Concernant les comptes consolidés :
- dans les normes françaises, depuis la publication de l'ANC 2020-01, les écarts de conversion sont obligatoirement maintenus au bilan ;
- dans les principaux référentiels internationaux (US GAAP, IFRS), il est obligatoire de comptabiliser les écarts de conversion dans le résultat.

Dans le cas où la monnaie de transaction appartient à une zone présentant des fluctuations monétaires importantes (situation d'hyperinflation par exemple), les normes IFRS prévoient des dispositions spécifiques (IAS 21).

Avant de se lancer...

- ✓ S'assurer méthodiquement et sur la base d'un seuil que les opérations en devises sont correctement retranscrites en comptabilité.
- ✓ Lors du passage des comptes sociaux (écarts de conversion dans le bilan) aux comptes consolidés (écarts de conversion dans le résultat), penser à vérifier que la provision pour perte de change éventuelle a été éliminée.
- ✓ Lorsque les écarts de conversion sont comptabilisés dans le résultat, vérifier que l'impact de l'impôt différé a été pris en compte.
- ✓ Il faut prendre en compte les éventuels instruments de couverture dans l'analyse des écarts de conversion.

Outil 47

Démarche d'audit sur les comptes de régularisation

> « Les comptes de régularisation sont des outils mis à disposition des sociétés pour gérer la correcte séparation des exercices.

En quelques mots

Les **comptes de régularisation** permettent aux entreprises de rattacher une charge ou un produit à l'exercice au cours duquel la prestation a été reçue ou rendue et le produit a été réceptionné ou livré chez son client.

La démarche mise en œuvre par l'auditeur s'articulera tout d'abord autour d'une compréhension de l'activité de l'entreprise et de son organisation. Cette étape est primordiale pour déterminer le niveau attendu des comptes de régularisation et affiner ainsi son approche. Ensuite, il procédera à la réalisation de tests de détails incluant quelques calculs de cohérence. Tout au long de sa revue, il devra faire preuve d'esprit critique.

LE RATTACHEMENT COMPTABLE DES CHARGES ET PRODUITS AU BON EXERCICE

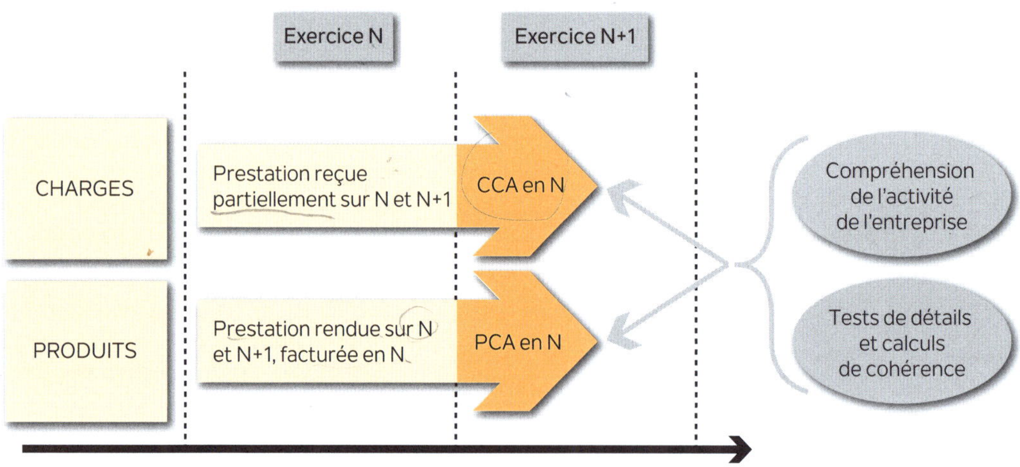

POURQUOI L'UTILISER ?

Objectif

Auditer les comptes de régularisation vise à s'assurer de l'exhaustivité des produits constatés d'avance et de l'existence des charges constatées d'avance à la date de la clôture.

Contexte

Une prestation rendue par l'entreprise à ses clients ou bien reçue de ses fournisseurs peut être en cours de réalisation au moment de la clôture.
Selon le principe de séparation des exercices, il convient de rattacher le correct niveau de charges ou de produits à chaque exercice. Pour ce faire, la comptabilité dispose à la clôture de « comptes de régularisation » : les charges constatées d'avance (CCA) à l'actif (créées avec en contrepartie une annulation de charges) et les produits constatés d'avance (PCA) au passif (créées avec en contrepartie une annulation de produits).
La démarche de l'auditeur sera développée autour de la compréhension de ces ajustements de régularisation.

COMMENT L'UTILISER ?

Étapes

1. Compréhension de l'activité de l'entreprise et de sa capacité à générer des PCA en raison de son processus de facturation ou des CCA compte tenu de la nature des prestations reçues.
2. Réalisation d'une revue analytique : identification des éléments récurrents d'année en année et devant mécaniquement faire l'objet d'écritures de régularisation (exemple : loyer, assurance, contrat de maintenance, facturation d'avance, etc.).
3. Réalisation de tests de détail en remontant aux pièces justificatives et en appréciant la quote-part devant faire l'objet de la régularisation pour le respect du principe de correct rattachement.
4. Conception du lien avec les différents tests de *cut-off* réalisés. Une facture de prestation de service enregistrée à la clôture mais relative à l'exercice suivant peut, au niveau du compte de résultat, avoir été neutralisée par une CCA. De même pour les PCA, une vente enregistrée à la clôture mais pour laquelle la prestation n'a pas été rendue ou la marchandise non encore livrée (toujours en stock à la clôture) doit être neutralisée par un PCA.

Méthodologie et conseils

La compréhension de l'activité de l'entreprise, de son processus de facturation et d'achat permet à l'auditeur de prendre le recul suffisant pour appréhender le niveau de CCA ou PCA attendu à la date de la clôture. Cette étape est clé et doit être réalisée avant de procéder à des tests de détails.

Avant de se lancer...

- ✓ **La démarche de revue des comptes de régularisation s'inscrit dans la validation du principe de séparation des exercices. Elle permet de faire également le lien avec d'autres outils : *cut-off* (*cf.* outil 27) et la revue subséquente des décaissements (*cf.* outil 29).**
- ✓ **Les CCA présentent souvent un caractère répétitif (abonnement, loyer, assurance, etc.). L'auditeur doit donc s'assurer de leur cohérence par rapport aux CCA enregistrées en N-1.**
- ✓ **L'auditeur doit être vigilant lors de la revue d'arrêtés intermédiaires au cours desquels des CCA ou PCA complémentaires peuvent être nécessaires du fait de la périodicité des prestations.**

6 DOSSIER

APPROCHE SPÉCIFIQUE SUR LES COMPTES DE PASSIF

“

Le passif doit être exhaustif et correctement évalué. Ce principe simple permet de guider efficacement toutes les procédures.

Comptes audités (passif)	Niveau d'expérience de l'auditeur à qui l'audit est généralement confié
Capitaux propres	Débutant
Provisions R&C hors retraite	Expérimenté
Provisions R&C : retraite	Expérimenté
Dettes financières	Dépend du contexte
Dettes fournisseurs	Débutant
Dettes fiscales et sociales (hors TVA)	Expérimenté
TVA	Expérimenté

Si l'assertion principale que l'auditeur essaie de valider en premier lieu pour un compte d'actif est l'existence, il va au contraire rechercher en priorité l'exhaustivité des comptes de passif.

Importance du jugement professionnel

Cet exercice s'avère plus complexe dans la mesure où l'auditeur doit identifier d'éventuels éléments non comptabilisés au bilan. Cela suppose d'avoir recours à des méthodes spécifiques apportant autant d'assurance que possible sur l'intégration dans les comptes de l'ensemble des passifs significatifs... mais cela ne permet pas de couvrir à 100 % le risque d'omission.

La revue du passif fait particulièrement appel au jugement professionnel de l'auditeur. Par exemple, si les comptes de provisions pour risques et charges présentent un solde nul, cela ne signifie pas qu'aucun travail n'est nécessaire, mais doit au contraire inciter l'auditeur à rechercher s'il n'existe pas une situation nécessitant la comptabilisation d'une provision.

Des travaux dévolus en grande partie aux collaborateurs expérimentés

Comme pour l'actif, le tableau ci-contre présente la répartition des travaux généralement constatée en pratique, avec le même découpage que celui des outils qui vont suivre. Elle est plus orientée vers des collaborateurs expérimentés. Comme pour l'actif, cette répartition ne doit pas être appliquée de manière mécanique mais doit faire l'objet d'une adaptation à chaque mission.

Les outils

48	Démarche d'audit sur les capitaux propres	140
49	Démarche d'audit sur les provisions R&C hors retraite	142
50	Démarche d'audit sur les provisions R&C retraite	144
51	Démarche d'audit sur les dettes financières	146
52	Démarche d'audit sur les comptes fournisseurs	148
53	Démarche d'audit sur les dettes fiscales et sociales (hors TVA)	150
54	Démarche d'audit sur la TVA	152

Outil 48 Démarche d'audit sur les capitaux propres

> « La variation des capitaux propres ne peut être liée qu'à un nombre strictement limité d'opérations.

En quelques mots

L'**évolution des capitaux propres** est liée au résultat de l'entreprise ainsi qu'à quelques opérations, en nombre limité, qui impactent directement les capitaux propres sans toucher le résultat. Tout autre motif constituerait une anomalie. Le tableau de variation des capitaux propres sert de base à la réalisation des différents contrôles à réaliser pour auditer les capitaux propres.

UNE DÉMARCHE QUI S'APPUIE SUR LE TABLEAU DE VARIATION DES CAPITAUX PROPRES

		1	2		3		4	
Capitaux propres	31/12/N1-1	Augmentation /réduction de capital	Affectation du résultat	Dividendes versés	Résultat N	Mouvement des prov. réglementées	Changement de méthode comptable	31/12/N
Capital	1 000	10						1 010
Prime d'émission		70						70
Réserve légale	40		5					45
Autres réserves	120		95	-20				195
Report à nouveau	0							0
Résultat	100		-100		40			40
Provisions réglementées	35					10		45
TOTAL	1 295	80	0	-20	40	10		1 405

POURQUOI L'UTILISER ?

Objectif

Cette démarche d'audit permet de valider les capitaux propres présentés au passif du bilan.

Contexte

- Les capitaux propres représentent le patrimoine net de l'entreprise pour les actionnaires. Ils sont constitués :
  - des sommes apportées, en une ou plusieurs fois, par ses actionnaires ;
  - des résultats accumulés (positifs comme négatifs) et non distribués ;
  - des provisions réglementées.
- Leur variation ne peut donc résulter que :
  - d'une opération sur le capital (augmentation ou réduction) ;
  - du résultat de l'exercice qui vient s'ajouter dans les réserves aux résultats accumulés depuis la création de l'entreprise, après déduction des éventuelles distributions de dividendes ;
  - de la variation des provisions réglementées ;
  - d'un changement de méthode comptable.

L'auditeur doit donc s'assurer que ces seuls éléments justifient la variation des capitaux propres d'un exercice à l'autre.

COMMENT L'UTILISER ?

Étapes

1. Obtenir le tableau de variation des capitaux propres auprès du client et s'assurer que les colonnes d'ouverture et de clôture correspondent respectivement aux données auditées en N-1 et en N.
2. Valider les éventuelles opérations sur le capital indiquées aux procès-verbaux de décision de l'assemblée générale extraordinaire (*cf.* 1 ci-contre).
3. Valider l'affectation du résultat et l'éventuelle distribution de dividendes au PV des décisions de l'assemblée générale ordinaire (*cf.* 2 ci-contre).
4. S'assurer que le résultat reporté est bien le résultat audité et que la variation des provisions réglementée correspondant aux dotations et reprises de provisions réglementées enregistrées dans le résultat exceptionnel de l'entreprise (*cf.* 3 ci-contre).
5. S'assurer que les changements de méthodes comptables correspondent à ceux prévus par le PCG (*cf.* 4 ci-contre).
6. S'assurer qu'il n'existe aucun mouvement sur une ligne de réserve qui n'entrerait pas dans les catégories présentées ci-dessus (attention notamment aux colonnes « autres »).

Méthodologie et conseils

Pour mémoire, la réserve légale doit être dotée chaque année à hauteur de 5 % du résultat de l'exercice, jusqu'à atteindre un montant cumulé de 10 % du capital social. Dans l'exemple ci-contre, la réserve légale devra s'élever à terme à 101, la dotation de l'exercice s'élevant à 5, soit 5 % du résultat.

Conserver dans le dossier permanent une copie de l'ensemble des PV justifiant des mouvements des capitaux propres.

Avant de se lancer...

- ✓ **Le tableau de variation des capitaux propres permet de matérialiser l'ensemble des contrôles de l'auditeur sur un seul document.**
- ✓ **Lorsque l'entreprise est intégrée dans un périmètre de consolidation, les travaux réalisés au niveau des comptes sociaux pourront être réutilisés pour l'audit de la consolidation (revue du tableau de variation de capitaux propres consolidés, *cf.* outil 63).**
- ✓ **Il est important d'obtenir un justificatif pour l'ensemble des mouvements (par exemple, obtention des procès-verbaux signés des assemblées générales).**

Outil 49

Démarche d'audit sur les provisions R&C hors retraite

> L'auditeur s'appuie principalement sur son jugement professionnel lors de ses travaux sur les provisions.

En quelques mots

Les provisions pour risques et charges correspondent principalement aux situations de litiges auxquels doit faire face l'entreprise. Elles sont donc susceptibles d'évoluer d'un exercice à l'autre, imposant à l'auditeur de les revoir chaque année avec soin. En particulier, il s'attachera aux questions de l'exhaustivité des provisions ainsi que leur évaluation, point sur lequel il devra faire appel dans de nombreux cas à son jugement professionnel et à son esprit critique.

LE TABLEAU DE VARIATION DES PROVISIONS

Circularisation, entretiens avec le management, lettre d'affirmation

Tableau de variation des provisions pour risques et charges	31/12/N–1	Dotations	Reprises utilisées	Reprises non utilisées	Variation de périmètre ou transfert	31/12/N
Litige prud'hommaux						
Litige qualité						
… À adapter au cas par cas						
Sous-total provision pour risques						
Engagement de retraite						
Engagement de médailles du travail						
Sous-total Prov. pour charges						
TOTAL						

À rapprocher du compte de résultat (Dotations, Reprises utilisées, Reprises non utilisées, Variation de périmètre ou transfert)

POURQUOI L'UTILISER ?

Objectif

Il s'agit de s'assurer que la variation des provisions est justifiée et qu'elle correspond à la meilleure estimation de la direction.

Contexte

Les provisions sont définies par le règlement CRC 2000-06 (proche de la norme IFRS traitant des provisions, IAS 37).

Il les définit comme un passif dont l'échéance ou le montant n'est pas fixé de façon précise, un passif correspondant à une obligation de l'entreprise à l'égard d'un tiers dont il est probable ou certain qu'elle provoquera une sortie de ressources au bénéfice de ce tiers, sans contrepartie au moins équivalente attendue de celui-ci. À noter que le cas de la provision relative à l'engagement de retraite sera traité dans l'outil 50.

COMMENT L'UTILISER ?

Étapes

1. Obtenir le tableau de variation des provisions et rapprocher les colonnes d'ouverture et de clôture avec les données auditées en N-1 et en N. Rapprocher les dotations et reprises du compte de résultat (en cas d'opération de fusion/apport, rapprocher la colonne « transfert » du traité de fusion/apport).
2. Afin d'obtenir de l'assurance sur l'exhaustivité, procéder à la circularisation des avocats, sélectionnés sur la base des honoraires comptabilisés au cours de l'exercice, de la DADS2 et d'un entretien avec la direction. S'assurer qu'il existe une cohérence entre les réponses reçues et les provisions comptabilisées. En parallèle, l'auditeur procède à des entretiens avec la direction afin de rechercher l'existence éventuelle de situations nécessitant une provision.
3. Afin d'obtenir de l'assurance sur l'évaluation, analyser une à une toutes les provisions, s'entretenir avec la direction et obtenir auprès de l'entreprise un justificatif pour chacun des mouvements. Vérifier la correcte répartition entre les reprises utilisées (c'est-à-dire pour lesquelles une charge a été comptabilisée en contrepartie) et les reprises non utilisées (provisions *in fine* totalement ou partiellement sans objet).

Méthodologie et conseils

Si le montant d'une provision significative repose sur des hypothèses que l'auditeur n'a pas la compétence de valider, il peut demander à l'entreprise de faire intervenir un expert pour avoir l'opinion d'un tiers (exemple : risque environnemental).

S'il repose sur des estimations de la direction, l'auditeur peut demander l'inscription des hypothèses en annexes ainsi que dans la lettre d'affirmation signée par son client (*cf.* outil 35).

Avant de se lancer...

- ✓ **Le tableau de variation des provisions permet de matérialiser l'ensemble des sujets d'investigation de l'auditeur sur un seul document.**
- ✓ **L'auditeur ne doit pas oublier de rechercher l'exhaustivité des provisions. Au-delà de la technique de la circularisation, ce travail se fait en continu lors des entretiens et des autres travaux menés par l'auditeur dans le cadre de la mission.**
- ✓ **La validation des provisions fait appel au jugement professionnel de l'auditeur. Il ne doit pas accepter les positions de l'entreprise sans tenter de les « challenger » et doit reconnaître, le cas échéant, qu'il n'a pas la capacité de les valider sans l'assistance d'un expert.**

Outil 50 Démarche d'audit sur les provisions R&C retraite

> *L'auditeur doit comprendre les engagements de l'entreprise en matière de retraite.*

En quelques mots

Les provisions pour retraite correspondent aux engagements auxquels une société doit faire face pour ses salariés ou certaines catégories de personnel en perspective de leur retraite. Elles donnent lieu à des estimations au travers de calculs actuariels complexes qui peuvent être réalisés en interne ou externalisés auprès d'un actuaire. Dans sa démarche de revue, l'auditeur doit faire preuve de jugement professionnel et d'esprit critique pour corroborer les hypothèses, les données de base et la méthodologie de calcul utilisées. Il doit mettre en œuvre des procédures lui permettant d'adresser les questions d'exhaustivité et de correcte évaluation de ces provisions.

LES PRINCIPES DE CONSTITUTION DE LA PROVISION

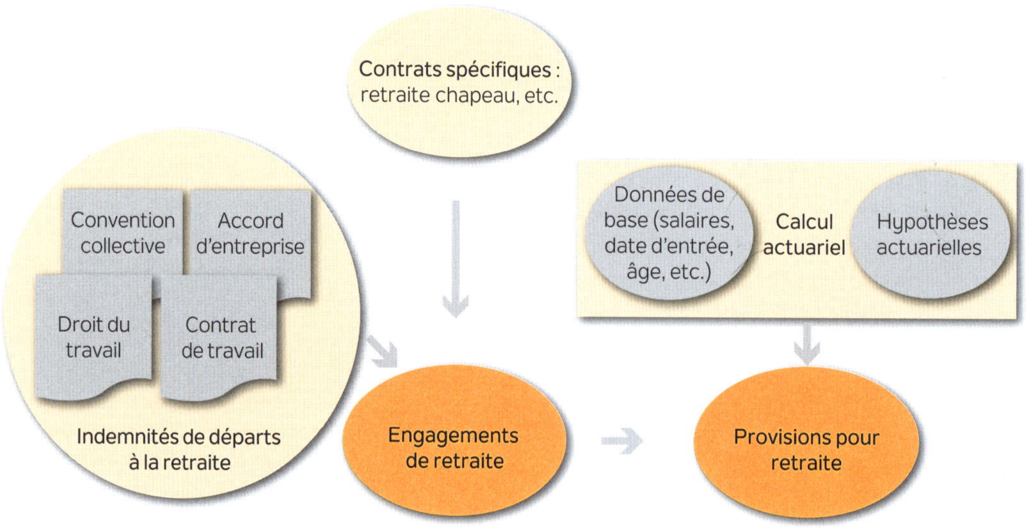

POURQUOI L'UTILISER ?

Objectif

On utilise cette méthode pour s'assurer que les provisions relatives à des engagements pris par une entreprise en termes de compléments de retraite ou d'indemnités de fin de carrière sont exhaustives et correspondent à la meilleure estimation de la direction à la date de la clôture.

Contexte

Les salariés qui font valoir leurs droits à retraite bénéficient d'une indemnité de départ à la retraite (IDR), régime à prestations définies (par opposition à un régime à cotisations définies). Par ailleurs, certaines entreprises mettent en place au profit de leurs dirigeants ou certaines catégories de salariés des plans de compléments de retraite (appelés aussi « retraites chapeaux »).
Ces différents engagements doivent donner lieu à un calcul actuariel afin que soit reflété dans les comptes le risque pour une entreprise de devoir les honorer. L'auditeur doit donc mettre en œuvre une démarche d'audit adaptée.

COMMENT L'UTILISER ?

Étapes

1. Obtenir une compréhension des engagements de retraite existants (indemnités de départ à la retraite, retraites chapeaux…).
2. Identifier les conventions collectives ou les accords d'entreprise applicables à l'entreprise (le montant de l'IDR devant s'élever au montant le plus favorable entre celui prévu dans la convention collective ou le contrat de travail et l'indemnité légale).
3. S'assurer que les données utilisées pour le calcul sont bien celles issues des données internes à l'entreprise (exemple : date d'entrée, date de naissance, salaire…).
4. Effectuer une revue critique des hypothèses actuarielles :
   - date de la table de mortalité ;
   - adéquation du taux d'actualisation avec la duration de l'engagement ;
   - conformité du taux d'augmentation des salaires avec la politique salariale de l'entreprise sur la durée de l'engagement ;
   - lien du taux de rotation du personnel avec l'historique des départs, etc.
5. Procéder au recalcul de la provision ou s'appuyer sur le rapport de l'expert.

Méthodologie et conseils

La revue des hypothèses actuarielles peut se faire en partie par entretien avec la direction de la société, notamment pour la politique salariale et la compréhension du contexte des plans.
L'auditeur pourra aussi avoir recours à un questionnaire lui permettant de valider les données de base (issues de la paie) utilisées ainsi que les hypothèses retenues.
À noter qu'en IFRS, la norme IAS 19 prévoit un traitement spécifique de l'impact de la variation des écarts actuariels.

Avant de se lancer…

✓ **La démarche de revue des provisions pour retraite permet à l'auditeur de se donner une assurance raisonnable sur leur exhaustivité et leur correcte évaluation.**

✓ **La revue des hypothèses actuarielles et de la méthodologie de calcul ne doit pas faire oublier à l'auditeur l'importance des données de base utilisées. Une formule juste aboutira toujours à un résultat faux si les données de base sont erronées.**

✓ **L'auditeur devra également s'interroger sur les normes comptables applicables à l'entité, notamment pour le traitement des écarts actuariels qui peut varier entre les différents référentiels.**

Outil 51 Démarche d'audit sur les dettes financières

> « Le niveau de dettes financières est l'un des éléments clés de l'analyse de la situation financière de l'entreprise.

En quelques mots

Les **dettes financières** correspondent à un passif pouvant être à court terme (dette inférieure à un an) ou à long terme (dette supérieure à un an). Elles portent par définition sur des transactions clairement identifiées (emprunt de trésorerie auprès d'un tiers, qui peut être une banque, une société membre du même groupe, voire une personne physique telle que le dirigeant). Elles doivent donc pouvoir être justifiées très précisément grâce à la documentation qui en est à l'origine.

L'APPROCHE SCHÉMATIQUE

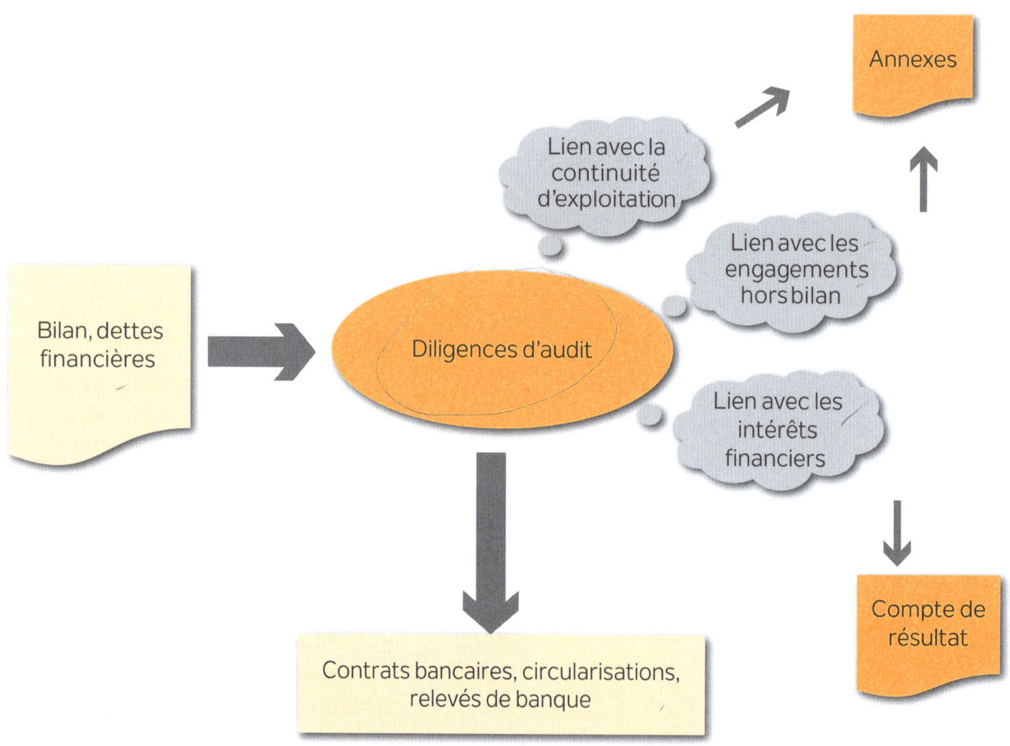

POURQUOI L'UTILISER ?

Objectif

L'objectif est de s'assurer que les dettes financières présentées au passif du bilan sont exhaustives.

Contexte

L'analyse du niveau de dettes financières (apprécié par rapport aux capitaux propres ou à la capacité d'autofinancement par exemple) est utilisé pour porter une appréciation sur la santé des entreprises. L'auditeur doit alors s'assurer que le montant présenté au bilan est exhaustif et qu'une information pertinente est mentionnée dans les annexes.

COMMENT L'UTILISER ?

Étapes

1. Décomposer les dettes financières entre les emprunts (emprunts bancaires, emprunts obligataires), les intérêts courus non échus et les comptes courants.
2. Rapprocher les dettes bancaires et leurs mouvements des échéanciers et de la réponse à la circularisation bancaire. S'assurer de l'absence de retard.
3. Comprendre le fonctionnement des éventuels emprunts obligataires (terme, modalités de remboursement, existence d'une prime de non-conversion et si nécessaire de la provision correspondante), s'assurer qu'il est correctement décrit dans l'annexe.
4. Si la date de règlement de l'échéance ne coïncide pas avec celle de la clôture, s'assurer que les intérêts courus non échus sont provisionnés.
5. Obtenir une confirmation du montant des comptes courants (confirmation intragroupe). Comprendre la nature des flux financiers qui constituent le compte-courant.
6. Identifier l'existence éventuelle d'engagements hors bilan (covenants bancaires, cautions, nantissements par exemple) dans le contrat d'emprunt et dans la réponse à la circularisation, et s'assurer qu'ils sont mentionnés dans les annexes.
7. S'assurer que les charges d'intérêts dans le résultat financier sont cohérentes avec les dettes financières constatées dans le bilan.
8. Analyser la capacité de l'entreprise à faire face aux échéances futures de ses emprunts. Faire le lien si nécessaire avec l'analyse de la continuité d'exploitation (*cf.* outil 58).

Méthodologie et conseils

Si des covenants bancaires existent, s'assurer qu'ils sont respectés à la clôture (ne pas se contenter de les identifier).

Les comptes courants peuvent parfois être comptabilisés en dettes financières ou en autres dettes.

Avant de se lancer...

- ✓ **C'est un poste adapté à la formation des débutants grâce à la mise en pratique de principes de base de l'audit (rapprochements, circularisations, formalisation), avec une complexité souvent faible.**
- ✓ **Ce poste peut devenir complexe si l'entreprise connaît des difficultés (continuité d'exploitation) ou si elle a mis en place des dispositifs complexes (emprunts avec des clauses particulières, flux intragroupes compliqués par exemple). Dans ce cas, s'agissant d'un sujet sensible tant au niveau de l'opinion de l'auditeur que dans la communication avec le client, il est nécessaire de faire intervenir un auditeur expérimenté.**

Outil 52

Démarche d'audit sur les comptes fournisseurs

> « La démarche de l'auditeur sur les dettes fournisseurs permet de se conforter sur leur exhaustivité.

En quelques mots

Les comptes fournisseurs correspondent à des dettes d'exploitation, relatives à des bien réceptionnés, ou des services rendus, mais dont la facture n'a pas encore été payée, voire n'a pas été reçue. La contrepartie au compte de résultat est un compte d'achat.
Il existe fréquemment un décalage entre la date de réception d'un bien (ou prestation d'un service) et la date de réception de la facture correspondante. À la clôture, l'enjeu pour l'entreprise est de s'assurer que l'ensemble des achats de l'exercice est bien traduit dans le compte de résultat et que la dette fournisseurs présentée dans le passif du bilan est exhaustive.
Pour valider cette analyse, l'auditeur doit combiner différents outils de base.

LES PRINCIPALES ÉTAPES DE LA DÉMARCHE

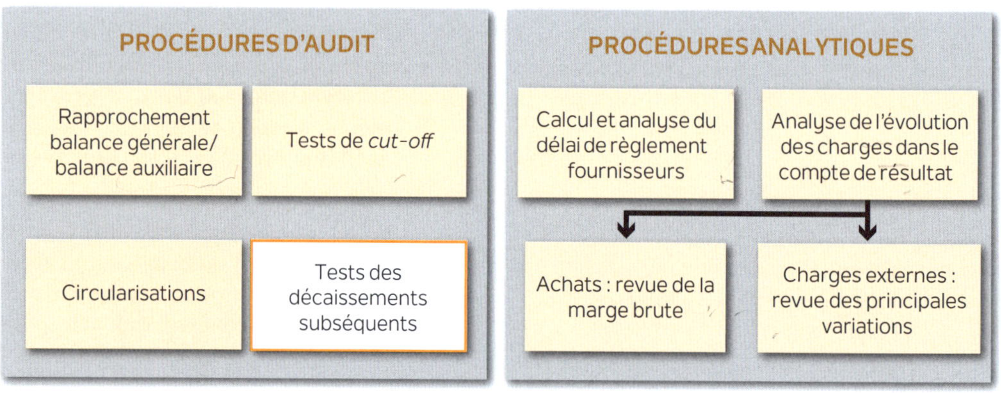

Le cas échéant

POURQUOI L'UTILISER ?

Objectif

L'auditeur met en œuvre des travaux visant à s'assurer de l'exhaustivité des dettes fournisseurs comptabilisées au passif du bilan à la clôture.

Contexte

Le principal enjeu pour l'auditeur est de valider l'exhaustivité de la dette fournisseurs. En parallèle, ses travaux vont lui permettre :

- d'obtenir des indications sur l'activité de l'entreprise, les comptes fournisseurs étant directement liés aux aspects opérationnels de l'entreprise ;
- de procéder à des tests de recherche de fraude.

Méthodologie et conseils

Ces travaux contribuent par ailleurs à la démarche de l'auditeur en matière de recherche de fraude :

- la circularisation permet, sur les comptes testés, de s'assurer de l'absence de factures fictives qui apparaîtraient en rapprochement non justifié ;
- les tests de *cut-off* permettent de s'assurer que la direction de l'entreprise ne cherche pas à « manipuler » son résultat en décalant volontairement des transactions d'un exercice sur l'autre ;
- la revue subséquente des décaissements permet, sur une sélection de mouvements, de s'assurer de leur justification.

COMMENT L'UTILISER ?

Étapes

L'auditeur va combiner différents outils présentés dans le dossier 4.

1. Obtention d'une balance auxiliaire fournisseurs (détail des soldes par fournisseur) et **rapprochement de la balance générale auditée** (*cf.* outil 24).

2. Sur la base de cette balance auxiliaire, **circularisation des fournisseurs** (*cf.* outil 28).

3. Tests de *cut-off* (*cf.* outil 27).

4. Revue analytique : calcul du délai moyen de paiement (en jours) et contrôle de sa cohérence avec les délais de la LME et les pratiques de l'entreprise, revue de l'ancienneté des dettes fournisseurs (les retards de paiement peuvent mettre à jour des difficultés financières ou un litige), dans le compte de résultat, compréhension de l'évolution du taux de marge ainsi que des charges externes. Une anomalie dans l'évolution des charges du compte de résultat peut révéler une anomalie dans la comptabilisation des factures (double comptabilisation, oubli d'une facture, comptabilisation d'un montant erroné…). Si l'auditeur juge que les résultats de ses contrôles ne lui permettent pas d'exercer son jugement (absence de réponse aux circularisations par exemple), il peut mettre en place une **revue subséquente des décaissements** (*cf.* outil 29).

Avant de se lancer…

✓ **L'audit des comptes fournisseurs apporte un éclairage sur des aspects opérationnels de l'entreprise, grâce à la revue des comptes d'achats.**

✓ **Il contribue également à remplir les obligations de l'auditeur en matière de couverture du risque de fraude.**

✓ **Le premier réflexe des débutants est souvent de vérifier l'apurement des dettes fournisseurs pour en valider l'existence. Il faut leur rappeler dès le démarrage des travaux que l'objectif principal d'audit est d'obtenir de l'assurance sur l'exhaustivité. Même si la démarche est globalement comparable à celle menée sur les comptes clients, l'objectif de base est fondamentalement opposé (existence/exhaustivité).**

Outil 53

Démarche d'audit sur les dettes fiscales et sociales (hors TVA)

« Revoir les dettes fiscales et sociales nécessite la mise en œuvre de tests de cohérence et une veille technique. »

En quelques mots

Les **dettes fiscales et sociales** correspondent essentiellement à des rémunérations dues (salaires, primes...), des charges sociales à payer et des taxes et impôts.

Il est difficile pour les entreprises de « naviguer » au milieu de la réglementation fiscale et sociale française. Il en sera de même pour l'auditeur qui devra tout d'abord revoir ces postes de passif en lien étroit avec les charges de personnel, d'impôts et taxes et d'impôts sur les bénéfices. Ensuite, il mettra en œuvre une démarche reposant sur des travaux analytiques, des rapprochements, des tests de détail, des circularisations éventuelles, etc.

Tout au long de ses travaux, il devra faire preuve d'esprit critique, être à jour des dernières évolutions réglementaires et, le cas échéant, envisager le recours à des experts.

UNE DÉMARCHE CONSTRUITE AUTOUR DE NOMBREUX OUTILS

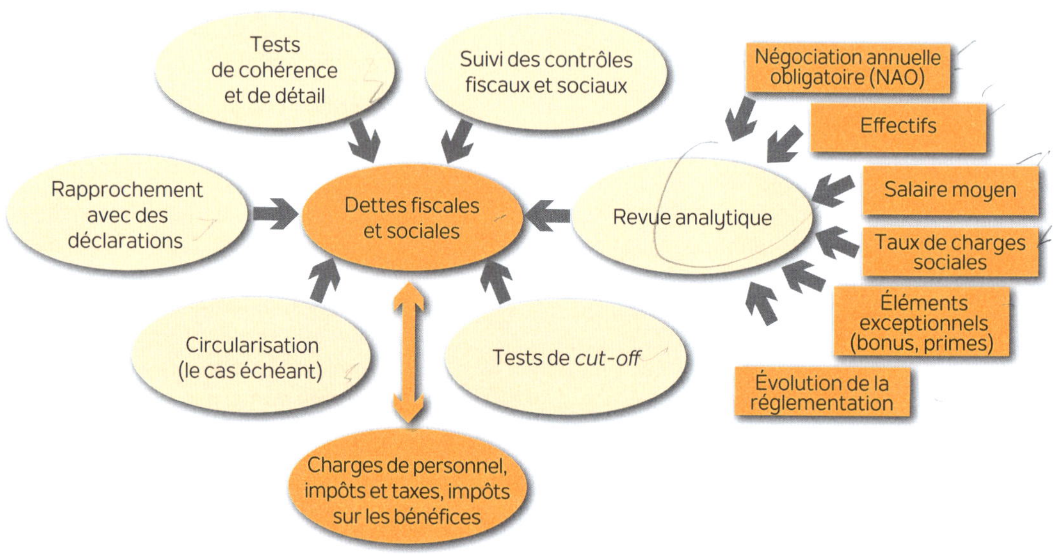

POURQUOI L'UTILISER ?

Objectif

La revue des dettes fiscales et sociales permet de s'assurer, au travers de procédures d'audit adaptées, de l'exhaustivité et de la correcte valorisation des dettes fiscales et sociales à la date de la clôture.

Contexte

Les dettes fiscales et sociales présentent une complexité importante. En effet, les règles peuvent varier sensiblement en fonction de la taille, de la forme juridique et du secteur d'activité de l'entreprise. L'auditeur devra ainsi mettre en œuvre des travaux permettant de lui donner une certaine assurance en termes d'exhaustivité des passifs et des charges.

COMMENT L'UTILISER ?

Étapes

L'auditeur mettra en œuvre une démarche reposant principalement sur plusieurs outils.

1. La réalisation d'une revue analytique :
   - compréhension de l'évolution de certains indicateurs clés : taux de charges sociales apparents, évolution du salaire moyen, etc. ;
   - corrélation de l'évolution des charges de personnel avec la variation de l'effectif, les hausses de salaires, les éléments exceptionnels (primes, bonus), etc.
2. Le rapprochement des dettes fiscales et sociales avec les bordereaux de déclaration ainsi que la réalisation de test de cohérence (appliquant du taux théorique à l'assiette).
3. Une revue critique du calcul de l'impôt sur les sociétés, la contribution économique territoriale (CET)...
4. La vérification du rapprochement des états financiers avec la déclaration sociale nominative (DSN).
5. Le suivi des contrôles fiscaux ou sociaux en cours ou débouclés.
6. Des tests de *cut-off* en faisant le lien entre les dettes inscrites au passif à la clôture avec la revue subséquente des décaissements (*cf.* outil 29), notamment en termes de débouclement de certaines dettes estimées (exemple : primes).
7. Dans certains cas, une circularisation des organismes sociaux.
8. La revue des litiges prud'homaux.

Méthodologie et conseils

La réglementation fiscale et sociale en France est complexe et nécessite de la part de l'auditeur une attention particulière dans la mise en œuvre de ses travaux.

Il devra ainsi faire preuve d'esprit critique, maintenir son niveau de connaissance au travers d'une veille technique adaptée et, le cas échéant, décider d'avoir recours à des experts que ce soit en matière sociale ou fiscale.

Avant de se lancer...

- ✓ La revue des dettes fiscales et sociales permet de comprendre l'évolution de la masse salariale (effectif, salaires...) et de l'impact de la fiscalité pour l'entreprise.
- ✓ En cas d'évolution mineure, la tentation pour des débutants serait de conclure à l'absence de variation significative et d'arrêter les travaux de revue analytique. Or, il convient en amont de l'exécution de la revue analytique de définir les attentes en termes d'évolutions au regard des effectifs, des résultats des négociations annuelles obligatoires, du niveau de résultat avant impôts... Fort de ces éléments, l'auditeur pourra apprécier le niveau d'évolution réelle et comprendre les différences.
- ✓ Il faut veiller à maintenir ses connaissances dans les domaines sociaux et fiscaux.

Outil 54 Démarche d'audit sur la TVA

> « Le rapprochement de TVA est un outil essentiel dans la démarche d'audit sur la TVA.

En quelques mots

La **revue des comptes de TVA** à la clôture d'un exercice est un enjeu majeur pour l'auditeur, car il s'agit d'une source récurrente d'erreurs, voire de fraudes. Il devra mettre en place une démarche adaptée pour obtenir une assurance raisonnable que les comptes de produits ont donné lieu extra-comptablement à un report en opérations imposables ou non dans les déclarations de TVA.

Ainsi, l'auditeur procède à un rapprochement de TVA et obtient des explications sur les écarts constatés. Au cours de cette étape, il devra faire preuve de jugement professionnel. Par ailleurs, au travers de tests de cohérence ou de rapprochement avec la dernière déclaration de l'exercice, l'auditeur pourra corroborer les positions bilancielles des postes de TVA.

EXEMPLE DE RAPPROCHEMENT DE TVA

Comptes de produits	Exemple de détermination par compte	
	Soumis à la TVA	Non soumis
70 Ventes de produits, prestations de services, marchandises		
7011 - Vente de produits finis - France	(100)	
7011 - Vente de produits finis - UE	50	
7011 - Vente de produits finis - hors UE		20
[...]		
71 Production stockée		5
72 Production immobilisée		6
74 Subvention d'exploitation		1
75 Autres produits de gestion courante	(2)	
76 Produits financiers		12
77 Produits exceptionnels	(8)	
78 Reprises sur amortissements et provisions		7
79 Transferts de charges		2

Rubriques des déclarations TVA

Mois	01 Ventes, prestations de services imposables	02 Autres opérations imposables	[...]
J	8		...
F	9		...
M	10		...
A	11		...
M	8		...
J	10		...
J	8	2	...
A	2		...
S	9	8	...
O	8		...
N	9		...
D	8		...
Totaux	(100)	(10)	...

○ ○ Éléments réconciliés dans le rapprochement de TVA

POURQUOI L'UTILISER ?

Objectif

L'objectif de cette démarche est d'obtenir une assurance raisonnable que la société a déclaré des montants de TVA collectée en rapport avec les produits comptabilisés au cours de l'exercice, et de valider les soldes de TVA au bilan.

Contexte

Les entreprises doivent établir de façon extra-comptable des déclarations de TVA auprès de l'administration fiscale (déclaration CA3). Il convient pour l'auditeur, dans sa démarche, de faire le lien entre la comptabilité à la clôture et les informations transmises par l'entreprise à l'État. Cette étape est notamment réalisée au travers du « rapprochement de TVA ».

Entre autres, les principaux risques en matière de TVA pour l'entreprise sont :

- une sous-évaluation de la TVA collectée, pouvant représenter un motif de redressement par l'administration en cas de contrôle et ainsi générer une charge pour l'entreprise ;
- une mauvaise évaluation des créances ou dettes de TVA à la clôture;
- l'application d'une TVA déductible sur des éléments non soumis;
- une erreur ou absence de calcul de prorata.

COMMENT L'UTILISER ?

Étapes

1. Pour le rapprochement de la TVA collectée avec les déclarations :
   - obtention de l'ensemble des déclarations mensuelles ou trimestrielles de TVA ;
   - obtention de la liste des comptes de produits ;
   - détermination des éléments soumis à la TVA et ceux non soumis ;
   - élaboration du rapprochement ;
   - identification des écarts, analyse et compréhension.
2. Validation des positions bilancielles :
   - TVA à décaisser ou crédit de TVA : à rapprocher de la dernière déclaration de TVA de l'exercice ;
   - TVA sur FNP ou sur FAE : vérification par cohérence du solde en ressortant des comptes de FNP et FAE, le montant de la TVA ;
   - TVA sur les débits (= TVA sur les encaissements) : rapprochement du compte avec la TVA incluse dans les comptes de tiers (exemple : TVA incluse dans les comptes clients figurant dans la balance auxiliaire clients – TVA sur les avoirs à émettre).

Méthodologie et conseils

Dans l'analyse des écarts, l'auditeur devra faire preuve de jugement professionnel pour valider la justification apportée par la société.

Le rapprochement de TVA est un outil de contrôle puissant qui malheureusement n'est pas mis en place par l'ensemble des sociétés. Aussi l'auditeur devra considérer l'opportunité d'inclure cet élément dans la lettre de recommandation.

Avant de se lancer...

- ✓ **L'auditeur obtient, au travers du rapprochement de TVA, une certaine assurance sur la TVA collectée mentionnée dans les déclarations CA3. Il se conforte sur les créances et dettes de TVA.**
- ✓ **L'auditeur devra maîtriser les concepts en matière de TVA sur les débits, opérations intracommunautaires ou à l'export. Ces éléments expliqueront en partie les écarts lors du rapprochement.**
- ✓ **Par ailleurs, selon l'activité de la société, il est possible que cette dernière ait à calculer un prorata de TVA (pourcentage de son activité pouvant faire l'objet d'une déductibilité). L'auditeur devra être vigilant sur les modalités de détermination de ce prorata.**

DOSSIER 7

PROCÉDURES ANALYTIQUES ET AUTRES CONTRÔLES GÉNÉRAUX

“

Prendre de la hauteur…
une nécessité pour identifier les sujets !

Le travail quotidien de l'auditeur est composé d'une multitude de travaux de détails, dont la consolidation des conclusions permettra d'émettre un avis sur les comptes. Cependant, le risque d'une approche fondée uniquement sur ces travaux est de ne pas appréhender la situation de l'entreprise dans son ensemble et d'omettre de se poser des questions « macro », comme celle de la compréhension de la formation du résultat ou de la continuité d'exploitation. Ce risque augmente avec la taille de l'entreprise et la complexité de son activité (production industrielle, existence de plusieurs sites…).

Une nécessaire prise de recul

Par conséquent, en parallèle de ses travaux de détail, l'auditeur met en place des procédures analytiques, plus qualitatives que quantitatives. Elles visent à comprendre la situation économique de l'entreprise, ses points d'équilibre, sa situation de trésorerie, sa capacité à faire face à son développement.

En pratique, l'auditeur absorbé par la réalisation des tests de *cut-off* ou l'exploitation des circularisations a du mal à prendre le recul nécessaire pour aborder des sujets transversaux. Dans la répartition des rôles, la revue analytique est alors confiée aux collaborateurs les plus expérimentés qui puiseront dans la revue des travaux de détail et les entretiens avec la direction un certain nombre de réponses aux questions soulevées par leur analyse économique.

Une démarche consacrée par les normes de la profession

Cette approche analytique est consacrée par les normes d'exercice professionnel (NEP 520 « Procédures analytiques ») et par la CNCC (NI VIII « Le commissaire aux comptes et les procédures analytiques »). Elle s'appliquera, pour l'ensemble des entreprises auditées, sur les le bilan, le compte de résultat, le tableau de flux, l'analyse de la continuité d'exploitation. La continuité d'exploitation fait en outre l'objet d'une NEP spécifique (NEP 570).

Lorsque ses analyses concluent à la menace de la continuité d'exploitation, l'auditeur doit mettre en œuvre un outil de prévention de la difficulté des entreprises, la « procédure d'alerte » qui fait l'objet d'une note d'information spécifique (NI III). Enfin, dans le but d'apporter une garantie supplémentaire à la qualité de son dossier et de « challenger » la cohérence de ses analyses, l'auditeur peut demander à un autre auditeur, n'intervenant pas sur la mission, de relire ses travaux et ses conclusions afin d'identifier d'éventuelles anomalies.

Les outils

55	La revue analytique du bilan	156
56	La revue analytique du compte de résultat	158
57	La revue analytique du tableau de flux	160
58	Le contrôle de la continuité d'exploitation	162
59	La procédure d'alerte	164
60	La revue indépendante	166

Outil 55 La revue analytique du bilan

> L'auditeur doit avoir une compréhension globale de la situation financière de l'entreprise auditée.

En quelques mots

Le bilan représente l'état de la situation financière de l'entreprise à la date de clôture. La **revue analytique du bilan** consiste en une analyse des fluctuations de chaque poste en lien avec les attentes de l'auditeur compte tenu de sa connaissance de l'entreprise. Le recours à cet outil est détaillé dans la note d'information VIII de la CNCC.

LES INDICATEURS CLÉS BASÉS SUR LE BILAN

ACTIF	31/12/N	31/12/N-1	Évolution
Immobilisations incorporelles	30	40	-10
Immobilisations corporelles	50	55	-5
Immobilisations financières	10	5	5
Sous-total actif immobilisé	90	100	-10
Stocks	100	120	-20
Créances d'exploitation	40	50	-10
Autres créances	10	5	5
Compte de régularisation actif	2	10	-8
Disponibilités	23	15	8
Sous-total actif circulant	175	200	-25
TOTAL ACTIF	265	300	-35

PASSIF	31/12/N	31/12/N-1	Évolution
Capitaux propres	90	80	10
Provisions	10	20	-10
Dettes financières	40	50	-10
Fournisseurs	60	70	-10
Dettes fiscales & sociales	20	30	-10
Autres dettes	30	40	-10
Compte de régularisation passif	15	10	5
TOTAL PASSIF	265	300	-35

- BFR
- Trésorerie / dette nette
- Solidité financière
- Investissements

Exemples de ratios types :

- Évolution de BFR
- Évolution de l'endettement net
- Dettes / Fonds propres
- Créances clients / CA
- Dettes fournisseurs / Achats
- Taux d'amortissements des immobilisations
- Etc.

POURQUOI L'UTILISER ?

Objectif

La revue analytique du bilan permet de comprendre les principales fluctuations et de porter une appréciation sur la situation financière de l'entreprise à la date de clôture. Elle sert de base au dialogue avec le dirigeant.

Contexte

Le bilan est, avec le compte de résultat et le tableau de flux, le document de base d'analyse des comptes pour un tiers. L'auditeur doit l'analyser avec recul.

COMMENT L'UTILISER ?

Étapes

1. La première lecture du bilan consiste à comparer l'évolution des principaux soldes d'une année sur l'autre et à identifier les principales variations. Puis l'auditeur va analyser et expliquer les variations (ou l'absence de variation) en lien avec ses attentes. Pour ce faire, il s'aide, le cas échéant, des travaux de détails réalisés sur chaque section. Ses principaux points d'attention seront les suivants.

- Évolution de la trésorerie nette (ou endettement net) et de la solidité financière de l'entreprise appréciée par rapport aux capitaux propres.
- Évolution du besoin en fonds de roulement (BFR), apprécié par rapport à l'évolution de l'activité de l'entreprise (la croissance du chiffre d'affaires génère souvent une augmentation du BFR), de sa stratégie (déstockage, règlement des fournisseurs pour bénéficier de l'escompte, etc.).
- Compréhension des principaux investissements réalisés, de leur mode de financement.
- Compréhension de l'évolution des provisions et de leurs impacts sur les comptes.

2. L'auditeur corrobore son analyse en échangeant avec le chef d'entreprise. Cette démarche offre l'opportunité de discuter avec lui de son métier, de son organisation et de ses objectifs. Il rédige ensuite la conclusion de ses analyses dans la note de synthèse qui sera conservée dans le dossier.

Méthodologie et conseils

La revue analytique du bilan doit être pertinente et synthétique. L'objectif n'est pas de produire le plus de pages possible, mais de mettre en évidence les points significatifs. Afin d'atteindre un niveau de qualité satisfaisant, elle est confiée à un auditeur expérimenté.

Il est recommandé, notamment pour servir de support à la discussion avec le chef d'entreprise, de préparer des tableaux (variation de BFR, ratios clés).

Si l'entreprise doit respecter des covenants bancaires (notamment dettes/fonds propres), il est important de les faire apparaître dans la revue.

Avant de se lancer...

✓ **La revue analytique donne une vision globale de la situation de l'entreprise, ce qui permet souvent de soulever des questions qui n'auraient pas été abordées en restant sur des tests de détails. C'est un outil de communication avec le dirigeant.**

✓ **Le bilan représente la situation financière à une date donnée. Il faut cependant prendre en compte le fait que la situation peut être très différente à la date de l'audit qui peut se tenir plusieurs semaines ou plusieurs mois après la date de clôture. Il ne reflète pas non plus la saisonnalité que peut connaître l'entreprise.**

Outil 56 La revue analytique du compte de résultat

« L'auditeur doit avoir une compréhension de la formation du résultat de l'entreprise auditée.

En quelques mots

Le **compte de résultat** reflète l'ensemble des flux de l'exercice et permet de porter une appréciation sur l'évolution de l'activité, des marges et de la rentabilité. Comme pour le bilan, il se base sur l'analyse d'indicateurs clés pour comprendre les chiffres présentés et être capable de discuter avec la direction. En fonction de la situation, ces chiffres pourront être comparés à un historique, à un budget, à un benchmark sectoriel, ou à tout autre indicateur pertinent susceptible de porter une appréciation sur la performance de l'entreprise auditée. Le recours à cette technique est détaillé dans la note d'information VIII de la CNCC « Le commissaire aux comptes et les procédures analytiques ».

EXEMPLE D'INDICATEURS CLÉS BASÉS SUR LE COMPTE DE RÉSULTAT

Compte de résultat		31/12/N	31/12/N-1	Évolution (%)	Évolution (€)
Chiffre d'affaires	A	100	90	11 %	10
Autres produits		10	10	0 %	0
Produits d'exploitation		110	100	10 %	10
Var. stock de prod. finis et production immobilisée	B	3	2	43 %	1
Achats matières premières et marchandises	B	-60	-55	9 %	-5
Var. stock de mat. premières et marchandises	B	-5	1	- 600 %	-6
Autres achats et charges externes	D	-15	-14	7 %	-1
Impôts et taxes		-5	-3	67 %	-2
Charges de personnel	E	-12	-15	-20 %	3
Dotations aux amortissements et aux provisions		-10	-8	25 %	-2
Reprises des amort. et prov. et transferts de charges		8	4	100 %	4
Autres charges		0	-2	-100 %	2
RÉSULTAT D'EXPLOITATION	F	14	10	39 %	3,9
Résultat financier		-3	-1	200 %	-2
Résultat exceptionnel		1	2	-50 %	-1
IS et participation		-4	-4	8 %	0
RÉSULTAT NET		8	7	8 %	1

Exemples d'indicateurs facilitant l'analyse		31/12/N	31/12/N-1	Évolution (%)
Marge	C=A-B	38	38	0 %
Taux de marge	C/A	38,0 %	42,3 %	-10 %
Poids des charges externes	D/A	15,0 %	15,6 %	-4 %
Poids des frais de personnel	E/A	12,0 %	16,7 %	-28 %
Taux de résultat d'exploitation	F/A	14,0 %	11,2 %	25 %

Activité

Marge

Rentabilité

POURQUOI L'UTILISER ?

Objectif

La revue analytique du compte de résultat permet de comprendre l'activité de l'entreprise au cours de l'exercice écoulé et son impact sur les états financiers. Elle sert de base au dialogue avec le dirigeant, tant sur l'exercice écoulé que sur l'exercice suivant.

Contexte

Le compte de résultat est, avec le bilan et le tableau de flux, le document de base d'analyse des comptes pour un tiers. L'auditeur doit donc prendre de la hauteur et en avoir une excellente compréhension d'ensemble.

COMMENT L'UTILISER ?

Étapes

1. Comme pour le bilan, la première lecture consiste à comparer l'évolution des différents postes de produits et de charges en suivant le découpage « exploitation/financier/exceptionnel » proposé par le compte de résultat.

2. L'auditeur procède ensuite à des contrôles de cohérence, par rapport à un historique (N-1 en général), un budget, ou tout autre indicateur pertinent :

- suivi de l'évolution de la marge (évolution du chiffre d'affaires comparée à l'évolution des achats) ;
- suivi de l'évolution des charges externes – les coûts variables (transport par exemple) sont supposés évoluer en cohérence avec l'activité, ce qui n'est pas le cas des coûts fixes ;
- suivi de l'évolution des frais de personnel (revue du caractère variable et de leur évolution comparée au chiffre d'affaires).

3. Lors de ses discussions avec le dirigeant, l'auditeur l'interroge sur les actions menées au cours de l'exercice et constate avec lui leur traduction comptable. Par exemple, l'entreprise peut avoir embauché des commerciaux supplémentaires dont l'incidence sur le chiffre d'affaires ne sera visible que l'année suivante. Cela explique alors une évolution des frais de personnel supérieure à celle du chiffre d'affaires.

4. Comme pour le bilan, l'auditeur rédige la conclusion de ses analyses dans la note de synthèse qui sera conservée dans le dossier.

Méthodologie et conseils

Comme pour le bilan :

- la revue analytique du bilan doit être pertinente et synthétique ;
- il est plus efficace de la présenter sous forme de tableaux assortis de commentaires.

L'esprit critique de l'auditeur est fondamental lors de ses échanges avec la direction. Il ne s'agit pas d'un exercice de « journalisme » visant à restituer les explications reçues, mais bien d'un travail d'audit qui implique de les « challenger » et de faire preuve de scepticisme.

Avant de se lancer…

✓ **Cet outil permet de comprendre l'activité de l'entreprise et l'impact des choix opérationnels réalisés par la direction. C'est également un outil de communication avec le dirigeant.**

✓ **La revue analytique du compte de résultat est en premier lieu un travail d'analyse. Par conséquent, il faut « challenger » le dirigeant et valider ses explications quand cela est possible. Mais à l'inverse, il ne faut pas chercher à justifier exhaustivement toutes les variations en remontant à une pièce comptable. Seuls les points significatifs doivent être documentés.**

✓ **La revue analytique ne peut pas remplacer les travaux de détail. Elle est indispensable à la démarche, mais n'est pas suffisante.**

Outil 57 La revue analytique du tableau de flux

> « Le tableau de flux de trésorerie permet d'obtenir une bonne compréhension des emplois et des ressources d'une entreprise.

En quelques mots

Le **tableau de flux de trésorerie** apporte au lecteur des états financiers une vision économique des opérations réalisées par une société, à travers ses mouvements de trésorerie classés en trois catégories : les opérations liées à l'activité (amélioration ou dégradation du BFR), les investissements (acquisitions ou cessions d'immobilisations, etc.) et les financements (remboursement ou souscription d'emprunts, augmentation de capital, etc.).

Une bonne compréhension de ces flux permet à l'auditeur d'analyser entre autres sur une période donnée les dérives pouvant éventuellement remettre en cause la continuité d'exploitation (*cf.* outil 58). En consolidation, il s'agit d'un état obligatoire qui fait partie des « états financiers ». En IFRS, le tableau de flux fait l'objet d'une norme spécifique (IAS 7).

L'APPROCHE DE L'AUDITEUR SUR LE TABLEAU DE FLUX

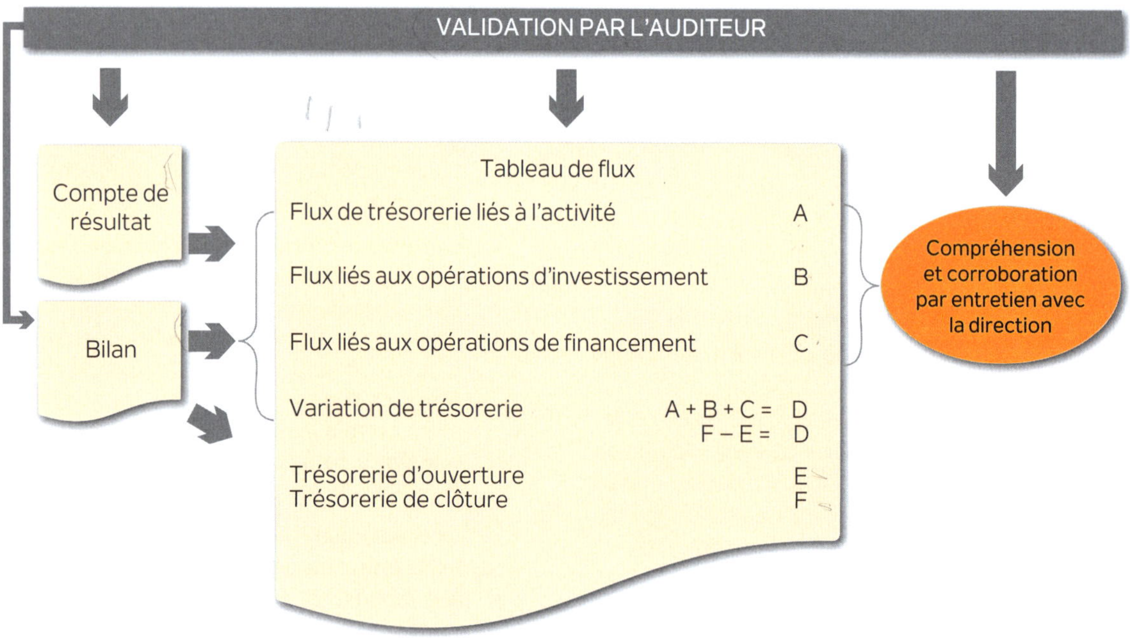

POURQUOI L'UTILISER ?

Objectif

Il s'agit de comprendre la variation de la trésorerie et la nature des flux au cours d'une période donnée.

Contexte

Le bilan présente la photographie du patrimoine d'une société à un instant donné. Le compte de résultat présente, quant à lui, son activité opérationnelle, financière et exceptionnelle de la période. Or, au-delà de ces éléments, il convient d'analyser et de comprendre la variation de la trésorerie entre l'ouverture et la clôture de l'exercice, ce que permet le tableau de flux de trésorerie.

COMMENT L'UTILISER ?

Étapes

1. Pour les flux liés à l'activité

- Rapprocher le résultat des sociétés intégrées ainsi que les amortissements et provisions au compte de résultat.
- Pour la variation du besoin en fonds de roulement, réconcilier les variations de l'actif circulant (hors trésorerie) et du passif exigible sur la période.

2. Pour les opérations d'investissement

- Rapprocher les opérations d'acquisition au tableau de variation des immobilisations.
- Pour les cessions, rapprocher du prix de cession.

3. Pour les opérations de financement

- Rapprocher les dividendes et les variations de capital avec les procès-verbaux de l'exercice.
- Rapprocher les souscriptions et remboursements d'emprunts au tableau de variation des dettes financières.

La trésorerie à l'ouverture et à la clôture doit cadrer avec celle figurant au bilan de la société. Les concours bancaires courants doivent être pris en compte.

Méthodologie et conseils

Dans le cadre de la consolidation, il convient de faire figurer l'incidence des variations de périmètre (acquisition ou cession de société) sur une ligne distincte pour apporter au lecteur une vision de l'évolution des flux à périmètre constant.
Par ailleurs, il convient de bien comprendre la nature des financements mis en place par une société. Ainsi, le recours à l'affacturage (les avances octroyées figurant en autres dettes) ne devra pas être inclus au niveau de la variation du besoin en fonds de roulement, mais devra figurer sur une ligne indépendante des flux de financement.

Avant de se lancer...

✓ **Cet outil permet de comprendre les consommations de trésorerie (investissements, dégradation du BFR, dividendes, etc.) et les ressources mises en œuvre (emprunts, augmentation de capital, amélioration du BFR, etc.).**

✓ **Il est important de prendre du recul par rapport aux données brutes issues du bilan : attention à l'affacturage, à la nécessaire décomposition de la variation des immobilisations entre acquisitions et cessions, aux remboursements d'emprunts par rapport aux nouvelles souscriptions...**

✓ **La revue du tableau de flux passe nécessairement par le croisement avec les éléments de revue analytique obtenu pour le bilan et le compte de résultat lors de l'intervention. En effet, à cette occasion, certains éléments pourront être identifiés comme devant figurer sur une ligne distincte du tableau de flux.**

Outil 58 Le contrôle de la continuité d'exploitation

> Le respect du principe de continuité d'exploitation est un prérequis qui nécessite un contrôle strict de l'auditeur.

En quelques mots

Le principe de « continuité d'exploitation » est consacré par les principaux référentiels comptables. Il pose le postulat que l'entreprise présente ses comptes dans la perspective de continuer son activité sur la période post-clôture.

Il entre dans le rôle de l'auditeur de porter une appréciation sur le niveau de risque pesant sur la continuité d'exploitation et de s'assurer que toutes les conséquences en ont été tirées (NEP 570). Ces diligences sont particulièrement sensibles depuis la crise sanitaire qui a fragilisé de nombreuses entreprises.

LES DIFFÉRENTS NIVEAUX D'INCERTITUDE

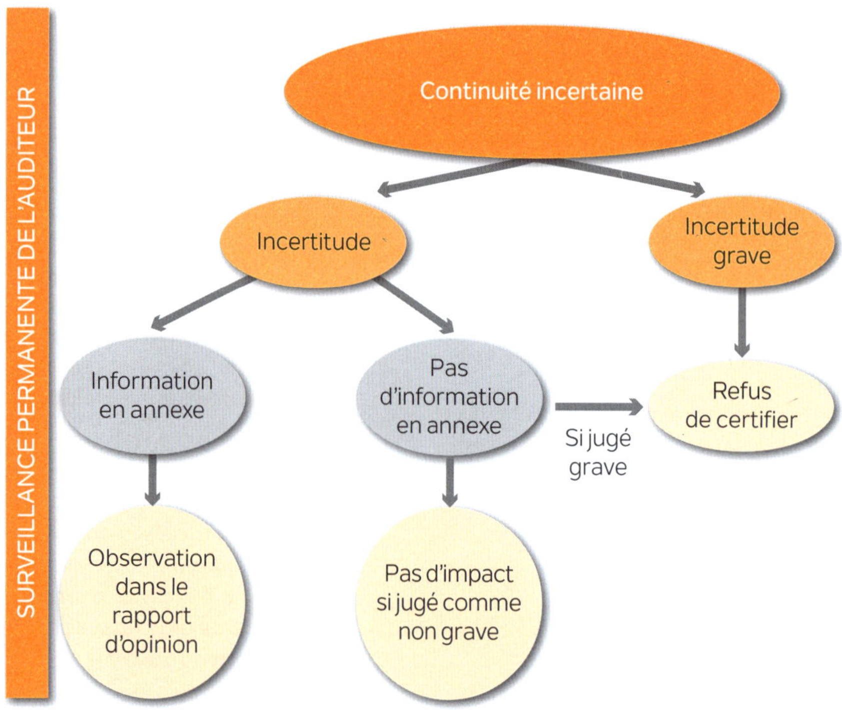

POURQUOI L'UTILISER ?

Objectif

L'auditeur doit s'assurer pour chaque mandat que :

- dans le cadre de l'arrêté des comptes annuels, la société auditée est en mesure de continuer son activité pendant les 12 mois suivants ;
- en cours d'exercice, aucun événement ne vient remettre en cause la continuité d'exploitation (mission continue de l'auditeur).

Contexte

- Le principe de la « continuité d'exploitation » est notamment prévu par :
  - le PCG en France, article 120-1 ;
  - les normes IFRS – IAS1, paragraphe 24 ;
  - les US GAAP – ASC 205-30.

Il est également inscrit dans le Code de commerce : « pour l'établissement des comptes annuels, le commerçant, personne physique ou morale, est présumé poursuivre ses activités ».

- Un risque sur la continuité peut conduire à modifier significativement l'appréciation portée par l'auditeur sur des comptes. Ainsi, un actif peut avoir une valeur dans le cadre d'une exploitation (par exemple, une machine permettant de produire des pièces qui généreront un flux de trésorerie) et être dénué de valeur en dehors de cette exploitation (impossibilité de revendre cette machine sur le marché). L'auditeur doit se positionner sur cette problématique.

COMMENT L'UTILISER ?

Étapes

L'auditeur dispose de plusieurs outils pour porter son appréciation en lien avec la NEP 570. Il les combine sur la base de son jugement professionnel :

- entretien avec la direction ;
- prise de connaissance des budgets ;
- revue de l'évolution de la trésorerie et de l'endettement ;
- revue des comptes prévisionnels (lorsque la société franchit les seuils en imposant la production).

Il documente sa démarche dans sa note de synthèse ou dans un mémo dédié. Le cas échéant, il en tire les conclusions nécessaires dans son rapport d'opinion.

Dans le cadre de l'audit légal en France, si l'auditeur juge qu'il pèse un risque sur la continuité d'exploitation, il peut initier la « procédure d'alerte » (*cf.* outil 59).

Méthodologie et conseils

L'auditeur réalise une « surveillance » régulière des dossiers à risques. Ne pas hésiter à prendre contact régulièrement avec le dirigeant pour faire le point sur la situation de l'entreprise.

Il faut privilégier une approche économique plutôt qu'une approche comptable. Les risques peuvent en effet venir d'un événement opérationnel (perte d'un contrat par exemple).

Avant de se lancer...

- ✓ **L'attention portée à la continuité d'exploitation permet de protéger la responsabilité de l'auditeur, susceptible d'être mise en cause si un tiers estime qu'il aurait dû réagir au regard des difficultés rencontrées par l'entreprise.**
- ✓ **L'auditeur doit porter un jugement objectif sur le niveau de risque et ne pas prendre « pour argent comptant » les explications du dirigeant qui peut avoir tendance à minorer les difficultés rencontrées.**
- ✓ **Si l'auditeur conclut à un risque sur la continuité, il ne se mettra pas en position attentiste, mais en tirera toutes les conclusions nécessaires (observation, réserve, refus de certifier, procédure d'alerte, etc.).**

Outil 59 La procédure d'alerte

> L'alerte est l'un des dispositifs introduits par la loi du 1er mars 1984 relative à la prévention des difficultés des entreprises.

En quelques mots

En France, le dispositif normatif d'audit prévoit (NEP 570) le recours à la **procédure d'alerte** « lorsque, au cours de sa mission, le commissaire aux comptes relève des faits de nature à compromettre la continuité d'exploitation ». Le détail du dispositif est prévu par le Code de commerce pour les SA et les SAS notamment. La procédure fait l'objet d'une note d'information de la CNCC (NI III) et suit des étapes imposées par les textes qui varient selon la forme sociale de la société, dans le respect d'un calendrier très strict.

LES DIFFÉRENTES PHASES DE LA PROCÉDURE D'ALERTE

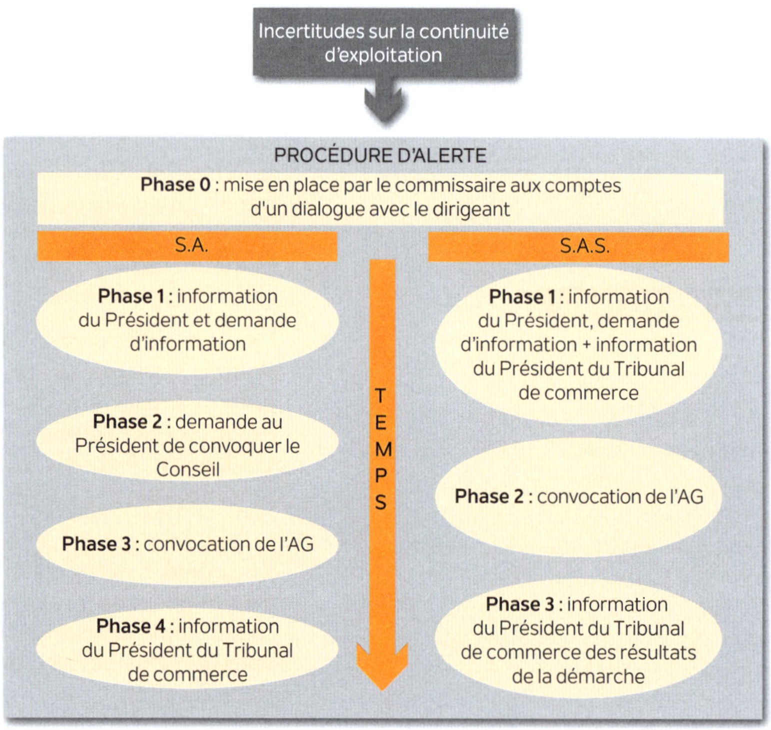

POURQUOI L'UTILISER ?

Objectif

La procédure d'alerte est l'un des dispositifs introduits par la loi du 1er mars 1984 relative à la prévention des difficultés des entreprises. Elle a pour objectif de porter à la connaissance de certains acteurs « clés » (Président, conseil d'administration, assemblée générale, Président du Tribunal de commerce) les difficultés de l'entreprise afin que des solutions puissent être envisagées avant que son exploitation ne soit irrémédiablement compromise.

Contexte

Le dirigeant d'une entreprise qui connaît des difficultés n'a pas toujours le recul nécessaire pour mettre en place des solutions. Il craint également de communiquer sur le sujet. La procédure d'alerte pousse le dirigeant à prendre du recul et à s'interroger sur des mesures correctives, faute de quoi les différents organes sociaux ainsi que le Tribunal de commerce seront progressivement informés et amenés à se prononcer sur la situation.

COMMENT L'UTILISER ?

Étapes

Les phases de la procédure, présentées synthétiquement dans le schéma ci-contre, sont normées pour chaque type de société. Pour les SA et les SAS, la procédure compte respectivement 4 et 3 phases.

À la fin de chaque phase, l'auditeur apprécie les réponses qui lui sont apportées. Si elles sont satisfaisantes, il arrête la procédure. Si elles ne le sont pas ou si elles ne sont pas produites dans les délais prévus (entre 8 et 30 jours selon les étapes), il déclenche la phase suivante. La dernière phase consiste à communiquer avec le Président du Tribunal de commerce. La crise sanitaire de 2020 a conduit à la création d'une « phase 0 » informelle visant à discuter en amont avec le chef d'entreprise et à adapter l'alerte aux spécificités de l'entreprise.

Méthodologie et conseils

L'auditeur doit conserver des preuves matérielles de chacune des phases. Ainsi, tous les courriers échangés sont adressés en recommandé et archivés dans le dossier.

Il doit également être vigilant sur le respect des délais attachés à chaque phase. Il a intérêt à se munir de la documentation nécessaire (note d'information de la CNCC notamment) pour s'assurer qu'il respecte le déroulement de chacune des phases.

La mise en œuvre par l'entreprise d'une procédure de conciliation a pour effet de suspendre l'alerte qui ne reprendra qu'en cas d'échec ou d'homologation de la conciliation.

Depuis 2011, dans les 6 mois suivant l'interruption d'une procédure d'alerte, l'auditeur a la possibilité de la reprendre au stade où elle s'était arrêtée, ce qui facilite la prise de mesures immédiates.

Avant de se lancer...

- ✓ **L'auditeur participe à un dispositif de prévention pouvant conduire l'entreprise à bénéficier d'autres mesures (mandat *ad hoc*, procédures de conciliation ou de sauvegarde par exemple) et à trouver des solutions à ses difficultés. Plus les difficultés sont identifiées tôt, plus elles ont de chances d'être surmontées. L'anticipation est le maître mot de la prévention.**
- ✓ **La responsabilité de l'auditeur sera engagée s'il n'a pas déclenché la procédure d'alerte assez tôt. En effet, cela pourrait être assimilé à une perte de chance pour l'entreprise. Il faut donc être vigilant sur la situation des sociétés en difficulté et ne pas hésiter à déclencher l'alerte sans tenir compte de la réticence parfois affichée par certains dirigeants.**

Outil 60 La revue indépendante

> La revue indépendante permet à l'auditeur d'obtenir un regard neuf et avisé sur les conclusions prises avant l'émission des rapports.

En quelques mots

De par leur taille ou leurs risques, certains dossiers nécessitent la mise en place d'une procédure de revue indépendante avant l'émission des rapports.

En pratique, une personne disposant d'une expérience professionnelle significative et indépendante de l'équipe d'audit va revoir la démarche d'audit mise en œuvre, les conclusions, les projets de rapports et la cohérence avec l'ensemble du dossier.

La revue indépendante sert de dernier rempart à l'auditeur pour se conforter dans ses travaux et dans la nature de l'opinion à émettre.

En cas de non-réalisation de la revue indépendante, dans le cadre d'un dossier où le cabinet l'aurait déclaré obligatoire, le processus de sortie des rapports est bloqué.

UNE ÉTAPE PRÉALABLE À LA SORTIE DU RAPPORT

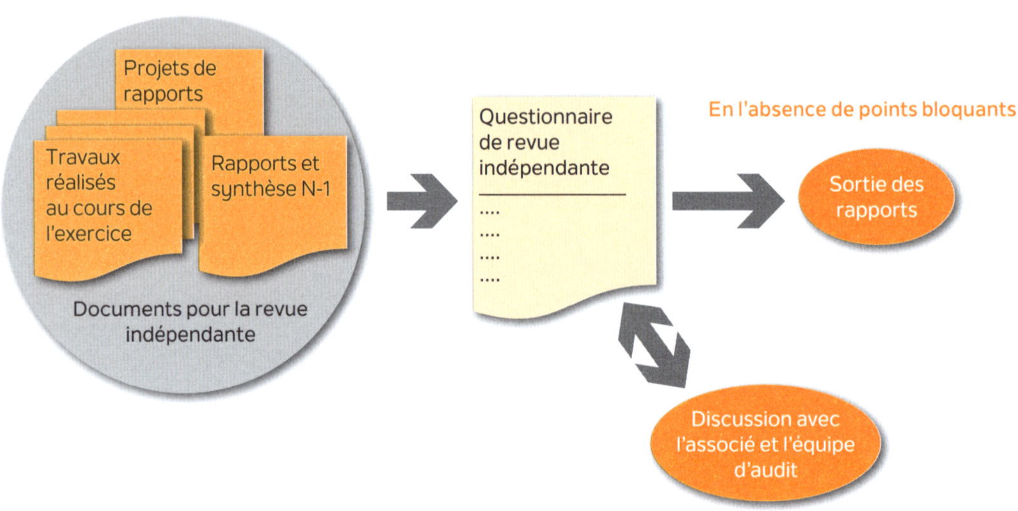

POURQUOI L'UTILISER ?

Objectif

Avant l'émission de son opinion, l'auditeur obtient l'avis formalisé d'une personne indépendante au dossier sur la suffisance des diligences mises en œuvre, la véracité des conclusions et la correcte retranscription de ces dernières dans les rapports.

Contexte

Dans le cadre de l'audit de sociétés considérées comme présentant des risques élevés (société cotée, problématique de continuité d'exploitation, complexité des sujets comptables, taille...), l'auditeur doit pouvoir se conforter sur les décisions et conclusions prises au cours de son audit. Pour ce faire, il nomme une personne pour réaliser une revue du dossier en toute indépendance. Avec l'entrée en vigueur de la Réforme européenne de l'audit en 2016, la revue indépendante (RI) devient obligatoire pour les mandats « EIP ».

Méthodologie et conseils

La RI est la plupart du temps documentée au moyen d'un questionnaire de contrôle qui traite entre autres des points suivants.

- Formalisation des entretiens avec l'associé et l'équipe à chaque étape de la mission.
- Relecture des rapports et des synthèses N-1.
- Revue du plan de mission et de la note de synthèse.
- Revue des projets de comptes, des documents juridiques, des questionnaires juridiques et comptables.
- S'assurer de la cohérence entre les documents de synthèses et les comptes.
- Revue des projets de rapports sur les comptes annuels et rapports spéciaux.
- Signature du questionnaire.

Il est important que la personne en charge de la revue s'assure de la cohérence de l'ensemble des éléments du dossier par rapport aux conclusions prises et aux projets de rapports.

COMMENT L'UTILISER ?

Étapes

1. Détermination au sein du cabinet de la personne réalisant la revue.
2. Participation de la personne en charge de la RI à chaque étape clé de la mission (réflexion sur la stratégie d'audit, validation du plan de mission, de la synthèse, etc.).
3. Mise à disposition des dossiers de l'exercice incluant les documents clés (plan de mission, note de synthèse, éventuelles consultations techniques, projets de rapports...).
4. Entretiens avec l'associé et l'équipe d'audit pour comprendre sur quelle base certaines conclusions ont été prises.
5. Une fois la revue finalisée et l'absence de point bloquant, signature du questionnaire de revue indépendante.

Avant de vous lancer...

✓ La revue indépendante permet d'obtenir l'avis d'un auditeur expérimenté, indépendant de l'équipe d'audit. Il s'agit de « challenger » les décisions prises afin de les conforter.

✓ La finalisation de la RI doit être réalisée après constitution du dossier justifiant l'opinion d'audit, après la revue de l'associé et avant la signature du rapport. Dans la procédure de sortie des rapports, le fait qu'une RI soit prévue et n'ait pas été réalisée doit être bloquant.

✓ La revue indépendante doit être réalisée par une personne disposant d'une longue expérience professionnelle et sélectionnée en fonction de ses compétences particulières (IFRS, consolidation, etc.), sa connaissance sectorielle...

DOSSIER 8

COMPTES CONSOLIDÉS

“

Pour la consolidation, l’esprit reste le même mais les techniques diffèrent.

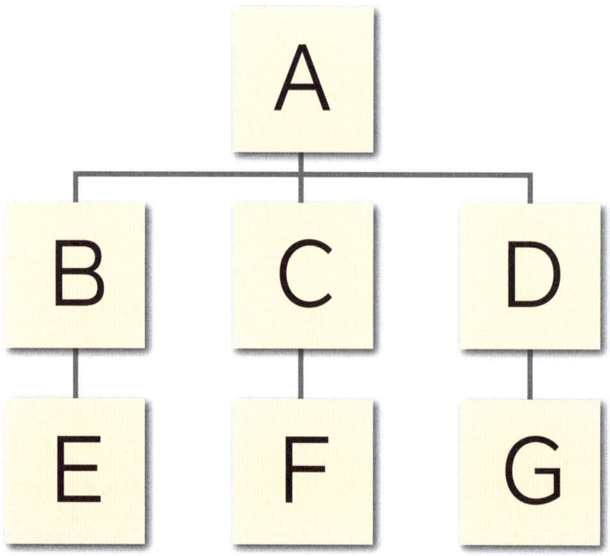

Les groupes de sociétés, sur base volontaire ou obligatoire s'ils dépassent certains seuils, peuvent/doivent préparer et publier des comptes consolidés. Il appartient alors à leur(s) auditeur(s) (deux auditeurs en cas de dépassement des seuils de consolidation) de certifier ces comptes consolidés en plus des comptes sociaux de la société mère. L'audit des comptes consolidés revêt ainsi plusieurs caractéristiques.

Une opinion sur l'ensemble du groupe

L'auditeur doit émettre une opinion sur l'ensemble d'un périmètre, alors même qu'il n'est peut-être pas auditeur de chacune des entités qui composent ce périmètre. Il doit alors s'attacher à mettre en place un processus de coordination de l'audit du groupe : définition de l'étendue des procédures d'audit nécessaires par entité, rédaction et envoi d'instructions d'audit, coordination des travaux, etc.

Une prise en compte de différents référentiels

La consolidation répond à des référentiels, donc à des normes comptables, distinctes de ceux applicables aux comptes sociaux. Il est alors nécessaire de connaître et de comprendre les différences entre ces référentiels. Une veille technique et une formation continue adaptée doivent être mises en place pour identifier et comprendre la nature des retraitements à mettre en œuvre.

Les principaux outils de contrôle d'une consolidation

La consolidation est un processus résultant *in fine* de la production « technique » des comptes consolidés. Il existe des outils spécifiques qui permettent de vérifier la qualité technique de l'opération, notamment le tableau de passage des capitaux propres sociaux aux capitaux propres consolidés et la preuve d'impôt. Ces deux outils permettent de rationaliser les résultats obtenus et de valider les retraitements effectués.

Les rapports entre les co-commissaires aux comptes

Lorsque la mission est partagée entre deux ou plusieurs auditeurs, ils se répartissent les rôles et doivent prévoir une procédure de prise de connaissance de leurs dossiers réciproques afin d'émettre une opinion qui s'appuie sur la revue de l'ensemble du dossier. Cette étape s'appelle la revue croisée. Par conséquent, lors de l'audit d'une consolidation, l'auditeur doit adapter ses procédures et recourir à un certain nombre d'outils spécifiques.

Les outils

61	Le référentiel de consolidation	170
62	Les instructions d'audit	172
63	La revue du tableau de variation des capitaux propres consolidés (TVCP)	174
64	La revue des contrats de location	178
65	La revue de l'impôt différé	180
66	La preuve d'impôt	182
67	La revue croisée des travaux	186

Outil 61 Le référentiel de consolidation

« Le référentiel de consolidation est la « bible » de l'auditeur en charge de la revue des comptes consolidés.

En quelques mots

Le **référentiel de consolidation** est le corpus de règles applicables à la consolidation d'un groupe. Il existe deux référentiels principaux dans le monde : les US GAAP (principalement périmètre Amérique du Nord) et les IFRS (Europe, extension progressive au reste du monde), qui ont vocation à converger dans le cadre d'un processus très long. Il existe également des référentiels locaux, comme l'ANC 2020-01 pour la France, où le référentiel est imposé par la réglementation dans certains cas ou peut faire l'objet d'un choix dans d'autres cas. Une société peut également décider d'appliquer en parallèle un autre référentiel. L'auditeur doit donc apprendre à manipuler cet outil afin de porter une opinion éclairée sur la consolidation qu'il revoit.

LE CHOIX DU RÉFÉRENTIEL

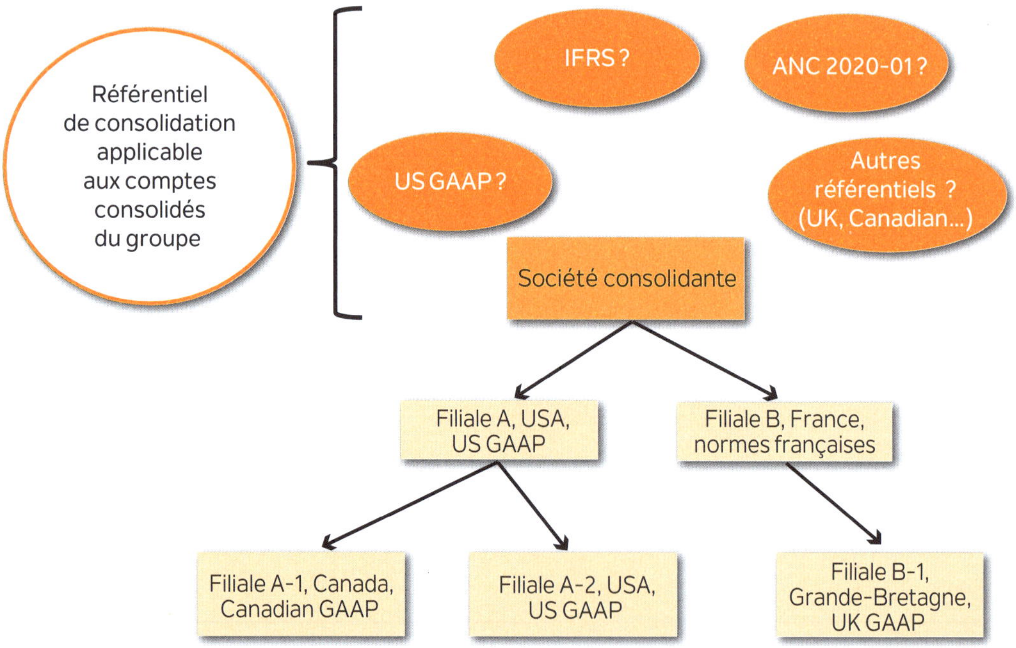

POURQUOI L'UTILISER ?

Objectif

L'objectif du référentiel est de fixer un cadre de règles communes permettant la comparabilité et la transparence de l'information financière des groupes de sociétés.

Contexte

La consolidation répond à des règles techniques qui connaissent des différences plus ou moins importantes en fonction des référentiels appliqués. À l'intérieur d'un référentiel, différentes options sont parfois offertes. Par ailleurs, l'ensemble de ces règles ont fait l'objet d'interprétations, de commentaires, de doctrines, avec une portée normative plus ou moins forte. Face à cet ensemble de règles, l'auditeur doit être capable de :

- valider le choix du référentiel retenu par le groupe pour la consolidation ;
- s'assurer que le référentiel retenu est correctement appliqué.

Méthodologie et conseils

Chaque référentiel compte un volume significatif de pages (plusieurs milliers de pages pour les US GAAP) et il est peu utile de se lancer dans leur lecture exhaustive. L'enjeu pour l'auditeur consiste donc à être capable de réaliser des recherches par thème. Son expertise se renforcera au fil du temps en fonction des thématiques rencontrées.

Les référentiels IFRS et US GAAP évoluent très fréquemment. Il faut donc s'assurer de disposer d'une version à jour (et que l'entreprise faisant l'objet de l'audit en dispose également).

Porter une attention particulière aux interprétations officielles :

- avis de l'ANC pour l'ANC 2020-01 ;
- IFRIC et SIC pour les IFRS.

COMMENT L'UTILISER ?

Étapes

1. Valider le choix du référentiel retenu par l'entreprise pour sa consolidation. Pour la France :

- IFRS si le groupe est coté sur Euronext ;
- ANC 2020-01 ou IFRS si le groupe dépasse les seuils de consolidation et ne bénéficie pas d'exemption ;
- autre référentiel (US GAAP notamment) si la consolidation n'est pas réalisée à titre légal (pour les besoins d'une société mère étrangère par exemple).

2. Identifier les différences entre les référentiels utilisés par les sociétés du groupe et celui retenu par le groupe.

3. En fonction des difficultés techniques rencontrées, se reporter au texte du référentiel ainsi qu'aux interprétations qui en ont été faites afin de valider la position du groupe.

Avant de se lancer...

- ✓ **Le référentiel de consolidation est un ensemble de règles communes à tous les utilisateurs, facilement accessible.**
- ✓ **Il s'agit de documents très commentés, faisant l'objet d'une très large documentation technique, ce qui permet de trouver des réponses à la plupart des difficultés rencontrées par l'auditeur.**
- ✓ **Attention aux interprétations et à la doctrine qui viennent nuancer la lecture « brute » qui pourrait être faite des textes.**
- ✓ **De même, il est important de réserver les recherches à des collaborateurs expérimentés, certains principes pouvant être relativement complexes.**

Outil 62 Les instructions d'audit

> Les instructions d'audit sont le meilleur outil de communication entre l'auditeur central et les auditeurs locaux.

En quelques mots

Les instructions d'audit sont l'outil de communication entre l'auditeur en charge de la revue des comptes consolidés d'un groupe et les auditeurs en charge de l'audit des filiales de ce groupe. En France, les instructions d'audit sont expressément prévues par la NEP 600 « Principes spécifiques applicables à l'audit des comptes consolidés » et la note d'information XI de la CNCC « Le commissaire aux comptes et l'audit des comptes consolidés ».

LE CIRCUIT DES INSTRUCTIONS

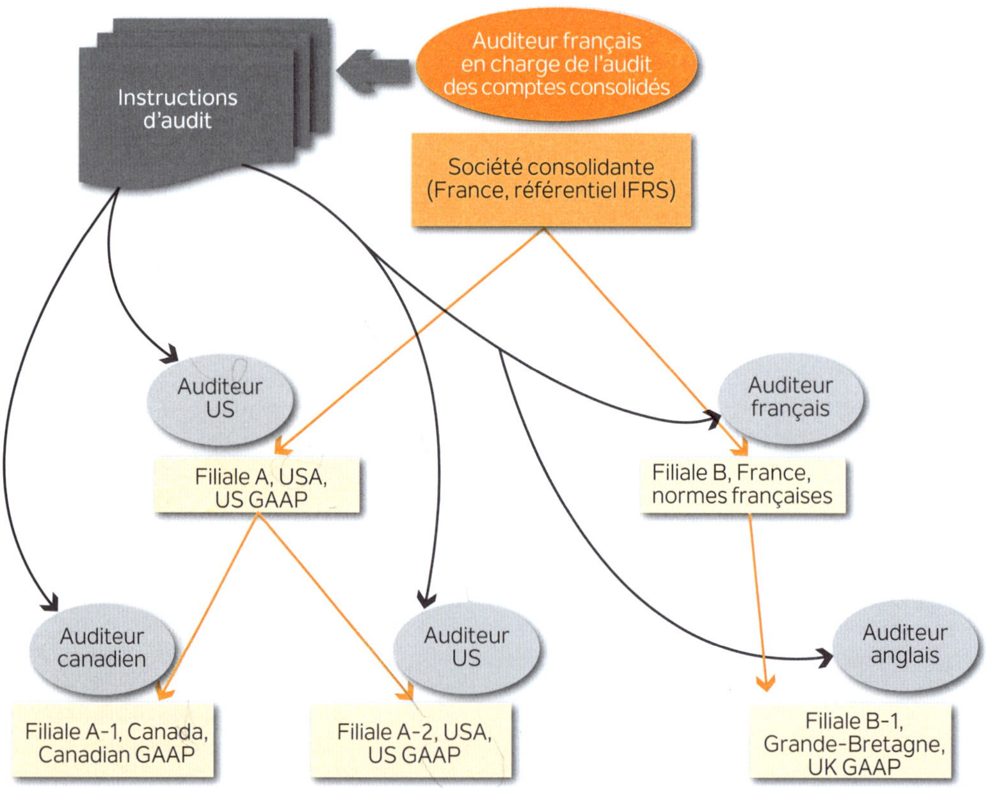

POURQUOI L'UTILISER ?

Objectif

Les instructions d'audit assurent et formalisent la communication entre l'auditeur « central » qui émet une opinion sur les comptes consolidés d'un groupe et les auditeurs « locaux » qui émettent une opinion sur les comptes sociaux des filiales.

Contexte

Lorsque l'auditeur a pour mission de délivrer une opinion sur des comptes consolidés, il doit s'assurer de disposer de l'ensemble des informations significatives relatives aux filiales du groupe. Il envoie donc à l'ensemble des auditeurs de chacune des filiales des instructions d'audit, qui comprennent principalement :

- des rappels en matière de déontologie et d'indépendance ;
- les principaux risques à couvrir par l'auditeur local ;
- le calendrier de communication ;
- les seuils de travail pour chaque filiale ;
- le format de présentation de l'information remontée à l'auditeur central ;
- des demandes d'information relatives aux parties liées.

COMMENT L'UTILISER ?

Étapes

L'auditeur central doit, en cours d'exercice :

- obtenir la dernière version du périmètre du groupe et mesurer le poids de chaque filiale au niveau des agrégats des principaux états financiers ;
- répartir les filiales en quatre catégories : celles pour lesquelles il a besoin d'un audit complet (les plus significatives), celles pour lesquelles il attend une revue ciblée sur certains sujets (une filiale qui détiendrait beaucoup de stocks par exemple), celles pour lesquelles il attend simplement une revue limitée, et celles qu'il exclut de sa revue en raison de leur caractère non significatif ;
- identifier les auditeurs de chacune des filiales ;
- préparer les instructions et les adresser aux auditeurs en leur demandant un accusé de réception ;
- en cours d'audit, suivre la réception des livrables demandés par les instructions et les exploiter.

Méthodologie et conseils

Proposer des formats standards de présentation des points d'audits et des revues analytiques afin de faciliter l'exploitation des réponses.
Ne pas hésiter à communiquer par téléphone avec les auditeurs des filiales lorsqu'un sujet significatif est identifié. Ponctuellement, se déplacer pour rencontrer les auditeurs des filiales significatives.

Avant de se lancer...

- ✓ **Les instructions d'audit permettent de documenter la démarche et les attentes de l'auditeur central. De même, elles permettent de disposer d'une information directement exploitable et standardisée, ce qui permet des gains de temps importants.**
- ✓ **Limiter les demandes aux informations significatives afin de ne pas perdre de temps lors de l'exploitation des réponses (respect des seuils de travail).**
- ✓ **S'assurer que l'ensemble des réponses sont reçues.**
- ✓ **S'assurer que toutes les réponses sont lues avant d'être classées. Si nécessaire, demander des précisions aux auditeurs locaux.**
- ✓ **Dans un contexte international, rédiger les instructions et demander les réponses en anglais.**

Outil 63 La revue du tableau de variation des capitaux propres consolidés (TVCP)

> « La revue du TVCP est le principal outil de contrôle de la consolidation.

En quelques mots

Le **tableau de variation des capitaux propres** est le principal outil de contrôle de la bonne réalisation du processus de consolidation car il synthétise :

- le passage des capitaux propres sociaux aux capitaux propres consolidés, avec les impacts sur le résultat, par nature de retraitement ;
- l'évolution des capitaux propres entre N-1 et N.

Il permet à l'auditeur de vérifier la pertinence des retraitements de consolidation et de s'assurer de leur exhaustivité. Il est commun à tous les référentiels comptables.

LE TVCP CONSOLIDÉ EN PRÉSENTATION DE TRAVAIL

N-1 → N

Social ↓ Consolidé

	31/12/N-1	Mouvements de périmètre	Mouvements sur le capital	Dividendes	Résultat net	Prov. réglementées	Mouvements des réserves	31/12/N
Capitaux propres sociaux								
Retraitement 1								
Retraitement 2								
Retraitement 3								
....								
Mises en équivalence								
Élimination des titres								
Écarts d'acquisition								
Minoritaires								
Capitaux propres consolidés								
Voir la partie « comment être plus efficace »	(1)	(2)	(3)	(4)	(5)	(6)	(7)	(8)

POURQUOI L'UTILISER ?

Objectif

La production de comptes consolidés consiste à additionner les comptes sociaux des entités constituant le groupe puis à comptabiliser certains retraitements, dont l'auditeur validera la justification et l'exhaustivité. Le TVCP permet d'appréhender sur un seul document l'ensemble des opérations/retraitements ayant un impact sur les capitaux propres. Il sert donc de base à la démarche de l'auditeur.

Contexte

Le TVCP est en général produit automatiquement par les logiciels de consolidation et se décline par société. C'est à ce niveau que l'auditeur doit réaliser ses travaux. En effet, plus le nombre d'entités dans le groupe est important, plus le TVCP groupe est difficile à lire.

COMMENT L'UTILISER ?

Étapes

1. Récupérer les TVCP groupe et l'ensemble des TVCP par société. S'assurer que :
- les capitaux propres N-1 (colonne de gauche) correspondent aux capitaux propres de clôture de l'année précédente ;
- les capitaux propres consolidés présentés en bas à droite du TVCP correspondent aux capitaux propres figurant au passif du bilan et à la somme des capitaux propres consolidés par société ;
- aucune société du périmètre n'a été oubliée.

2. Pour chaque société :
- s'assurer que la première colonne correspond à la dernière colonne du TVCP audité en N-1 ;
- s'assurer que la première ligne (variation de capitaux propres sociaux N-1/N) correspond à la variation des comptes sociaux audités (*cf.* outil 48) ;
- valider individuellement chacun des retraitements de l'année ;
- vérifier l'ensemble des sommes du tableau.

Méthodologie et conseils

Même si la consolidation présente une dimension technique importante, une large part des travaux de détail ne nécessite pas d'expérience significative en la matière et peut même constituer une excellente formation.

- Un volume relativement significatif des travaux est constitué de pointages (ouverture, capitaux propres sociaux, certains retraitements « mécaniques », comme l'annulation des provisions réglementées) qui nécessitent une grande rigueur mais peu d'expertise.
- La validation de certains retraitements fait appel à un niveau de compétence plus élevé (par exemple : locations financement, instruments financiers en IFRS, etc.).

Suite outil 63 →

Avant de se lancer...

✓ Le TVCP offre une vision synthétique et exhaustive des écritures de consolidation et de leurs impacts résultats et capitaux propres qui permet aisément d'identifier les anomalies (oubli de retraitement, retraitement à l'envers).

✓ Afin de s'assurer de l'absence d'anomalie, il convient de comprendre tous les retraitements, notamment les mouvements dans les colonnes « variation de périmètre » et « réserves », en se rattachant aux principes de base de la consolidation :
- une entrée de périmètre est sans impact sur les capitaux propres consolidés (le total de la colonne doit donc être nul) ;
- tous les retraitements comptabilisés directement en réserve consolidée doivent être justifiés.

✓ Attention aux colonnes et lignes « autres mouvements », qui doivent être intégralement justifiées.

Suite outil 63

La revue du tableau de variation des capitaux propres consolidés (TVCP)

COMMENT ÊTRE PLUS EFFICACE ?

Présentation du TVCP

Il existe une autre présentation du TVCP que celle présentée ci-avant : la version jointe aux comptes consolidés publiés. Elle présente verticalement l'évolution N-1/N et horizontalement les capitaux propres par nature. Cette présentation, qui élude le passage social/consolidé, ne permet pas la réalisation complète des travaux par l'auditeur et n'est donc pas retenue comme outil de travail prioritaire.

Approche

1. La colonne « N-1 » présente le passage de la somme des capitaux propres sociaux des entités du groupe aux capitaux propres consolidés à l'ouverture (clôture N-1) de l'exercice audité. Cette colonne a été validée par l'auditeur lors de son intervention N-1.

2. La colonne « Mouvements de périmètre » présente l'impact des opérations d'entrée de périmètre (acquisition, création), sortie de périmètre (cession, liquidation), restructurations internes (fusion, TUP).

3. La colonne « Mouvements sur le capital » présente les augmentations/réductions de capital dans les sociétés du groupe.

4. La colonne « Dividendes » présente les dividendes distribués par l'ensemble des entités du groupe. Ne subsistent sur la ligne « consolidé » que les dividendes versés par la consolidante à ses actionnaires, ou les dividendes versés aux intérêts minoritaires par les entités consolidées.

5. La colonne « Résultat net » présente le passage de la somme des résultats sociaux des entités du groupe au résultat consolidé.

6. La colonne « Provisions réglementées » présente l'annulation en consolidation des provisions réglementées éventuellement comptabilisées dans les comptes sociaux. Le total sur la ligne « consolidé » est toujours égal à zéro.

7. La colonne « Mouvements des réserves » présente les écritures de retraitements comptabilisées directement en réserve, sans être préalablement passées par le compte de résultat. En principe, cette colonne doit être vierge. Quelques exceptions existent cependant, tels que les changements de méthodes comptables (tous référentiels) ou certains retraitements dans le référentiel IFRS (contrepartie des charges liées aux stock-options – IFRS 2, retraitements impactant les « Autres éléments du résultat global »).

8. La colonne « N » présente le passage de la somme des capitaux propres sociaux des entités du groupe aux capitaux propres consolidés à la clôture de l'exercice audité.

Outre la validation de l'ensemble des retraitements impactant le TCVP, l'auditeur devra s'interroger :

- sur les raisons pour lesquels un retraitement existant à l'ouverture n'a pas eu d'impact sur l'exercice ; l'absence de mouvement peut être justifiée (par exemple : écart de réévaluation constaté en N-1 sur un terrain) ou peut mettre en évidence un oubli (par exemple : oubli d'amortir l'écart de réévaluation sur un immeuble) ;
- sur l'existence d'un élément nouveau au cours de l'exercice, justifiant un nouveau retraitement qui n'aurait pas été comptabilisé.

Exemple

Revue du TVCP

Le groupe M présente ses comptes consolidés à fin N. Il est composé de la société mère (M) et de son unique filiale à 100 %, créée en N-3 avec un capital de 10 K€, la société F1. Le 1er janvier N, M a fait l'acquisition de 100 % des titres de la société F2 pour 30 K€. Les capitaux propres s'élevaient à 20 K€ à la date d'acquisition. L'écart de première consolidation de 10 K€ constaté correspond à l'écart d'acquisition, aucun actif ou passif n'étant susceptible de faire l'objet d'un écart d'évaluation.

La somme des capitaux propres sociaux à l'ouverture s'élève à 100 K€ avec pour seuls retraitements de consolidation :

- la comptabilisation de l'IDR (12 K€ à l'ouverture, charge de 3 K€ sur l'exercice) ;
- l'élimination des titres de F1.

Sur l'exercice N :

- la somme des résultats nets sociaux s'élève à 20 K€ ;
- le capital social a été augmenté de 5 K€, passant ainsi de 10 K€ à 15 K€ ;
- une distribution de dividendes de 3 K€ a été réalisée par la société mère ;
- l'annulation de 7 K€ de dotations nettes aux provisions réglementées ;
- la comptabilisation de 5 K€ de charge sur les stock-options selon IFRS 2 ;
- constatation de l'entrée de périmètre de F2.

	31/12/N-1	Mouvements de périmètre	Mouvements sur le capital	Dividendes	Résultat net	Prov. réglementées	Mouvements des réserves	31/12/N
Capitaux propres sociaux	100	20	5	-3	20			142
Élimination des provisions	0				7	-7		0
IDR	-12				-3			-15
Impôt différé actif / IDR	4				1			5
Stock-options IFRS2	0				-5		5	0
Élimination des titres Y	-10							-10
Élimination des titres Z	0	-30						-30
Constation de l'écart d'acquisition Z	0	10						10
Capitaux propres consolidés	82	0	5	-3	20	-7	5	102

Outil 64 La revue des contrats de location

> Le retraitement des contrats de crédits-baux permet de donner au lecteur des états financiers une vision économique des locations.

En quelques mots

Les sociétés ont souvent recours à des contrats de location pour financer tout ou partie de leur actif immobilier, équipements industriels, outillages, informatique…

Ces opérations se traduisent dans les faits le plus souvent par la mise en place de **contrats de location-financement** qui transfèrent au preneur l'essentiel des avantages et des risques inhérents à la propriété du bien.

Dans les comptes sociaux, les contrats de location sont enregistrés en charges (traitement social) alors que le traitement en consolidation nécessite une analyse spécifique qui différera selon le référentiel (français ou IFRS).

TRAITEMENT SOCIAL *VS* TRAITEMENT EN CONSOLIDATION

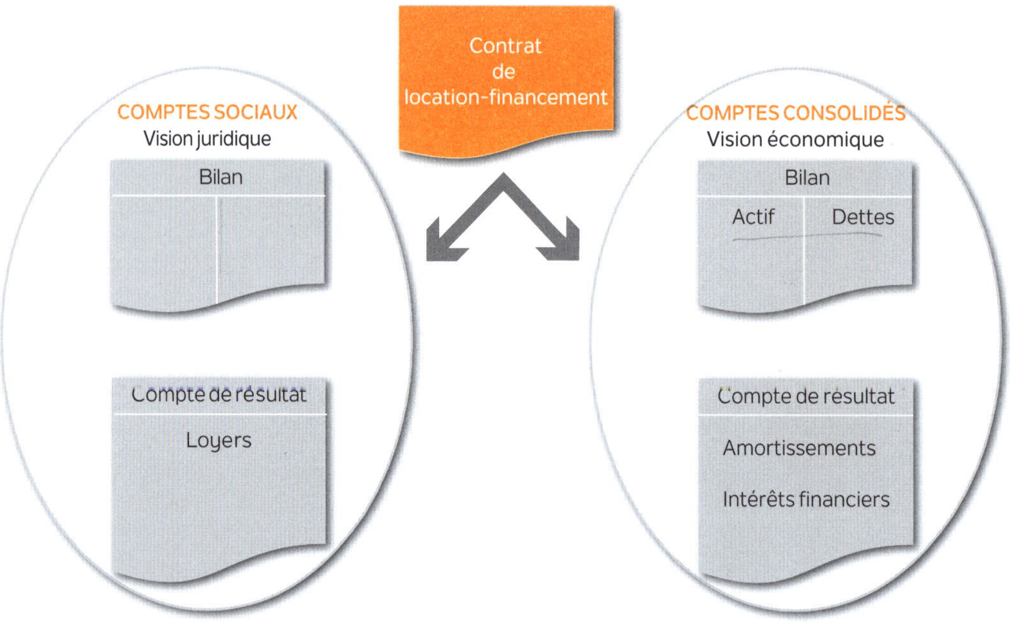

POURQUOI L'UTILISER ?

Objectif

La revue des contrats de location permet à l'auditeur de s'assurer qu'ils sont correctement retraités pour les besoins de l'établissement des comptes consolidés, en fonction du référentiel concerné.

Contexte

La consolidation a pour objectif d'apporter au lecteur la vision économique d'un groupe et des transactions qu'il réalise.
Dans ce cadre, les contrats de location, pour lesquels un loyer est reconnu au niveau des comptes sociaux, peuvent être considérés au regard des comptes consolidés comme des opérations de location-financement (normes françaises) ou faire l'objet d'un retraitement systématique au titre d'un « droit d'utilisation » (l'IFRS 16 prévoit que tout contrat d'une durée supérieure à 12 mois et portant sur un actif d'une valeur supérieure à 5 K$ doit être retraité).

COMMENT L'UTILISER ?

Étapes

Dans un premier temps, l'auditeur doit réaliser une revue de l'ensemble des contrats de location afin de déterminer lesquels devront être retraités, selon le référentiel appliqué. Selon le référentiel français :

- l'auditeur analyse les caractéristiques du contrat au regard des situations suivantes :
  - transfert obligatoire ou sur option de la propriété du bien au terme du bail ;
  - la durée du bail couvre l'essentiel de la durée de vie du bien ;
  - la valeur actualisée des paiements minimaux est proche de la juste valeur du bien au jour de la conclusion du bail ;
- il conclut sur le classement éventuel en location-financement ;
- il s'assure que la société a procédé au retraitement du contrat :
  - constatation d'un actif avec un emprunt en contrepartie ;
  - annulation du loyer annuel par le remboursement de l'annuité d'emprunt (capital et charges d'intérêts) ;
  - amortissement de l'actif ;
  - constat de l'impôt différé correspondant.

Méthodologie et conseils

Une documentation rigoureuse de chaque contrat et de ses caractéristiques (durée, loyer...) est nécessaire. Certains contrats sont soumis à des taux variables, ce qui nécessite de réactualiser chaque année la table d'amortissement de l'emprunt.
Par ailleurs, il convient de bien comprendre la finalité des opérations de location réalisées par la société. En effet, un même contrat peut comporter plusieurs opérations de location dont les paramètres seront à analyser distinctement.

Avant de se lancer...

- ✓ **La revue et le retraitement des contrats de location permettent de donner une vision économique des transactions conclues par la société en montrant le niveau réel de dettes contracté par un groupe.**
- ✓ **Lors de sa revue, l'auditeur doit s'assurer que la société a procédé à l'inventaire exhaustif des contrats de location (par exemple au travers d'une revue des comptes de location) et à la revue de ces derniers au regard des différentes situations déclenchant le retraitement.**
- ✓ **Il doit également vérifier que la durée d'amortissement retenue est cohérente (sur la durée d'utilisation pour un droit d'utilisation IFRS 16 / sur la durée d'amortissement pratiquée par la société pour ce type de bien en normes françaises).**

Outil 65

La revue de l'impôt différé

> « L'impôt différé permet, si nécessaire, de rattacher l'impact fiscal d'une écriture à l'exercice qui a supporté son impact comptable.

En quelques mots

La consolidation vise à donner une vision économique du résultat de l'entreprise. Mais les doctrines comptable et fiscale peuvent être divergentes sur l'impact d'une écriture au cours d'un exercice donné. Le principe en consolidation est donc de rattacher à un seul et même exercice les impacts comptables et fiscaux d'une opération. L'**impôt différé** constitue le moyen d'y parvenir.

EXEMPLE DE TABLEAU DE SUIVI DES IMPÔTS DIFFÉRÉS

IDA/IDP	Nature	Source	31/12/N-1 (en base)	Augmentation	Diminution	31/12/N (en base)
IDP	Locations financières	Retraitement conso.	-30	-5		-35
IDA	Provision retraite	Résultat fiscal	100	10		110
IDA	Participation	Résultat fiscal	40	11	-10	41
Etc.						
	TOTAL		110	16	-10	116

À rapprocher : du bilan N 1 — du compte de résultat — du bilan N

Lien avec les écritures de consolidation

Lien avec la détermination des résultats fiscaux

POURQUOI L'UTILISER ?

Objectif

La revue de l'impôt différé a pour but de valider l'impact de l'impôt différé dans le compte de résultat, ainsi que les impôts différés actif et passif au bilan.

Contexte

Les divergences « comptable »/« fiscal » peuvent être de nature permanente (cas d'une charge non déductible à titre définitif, comme une amende) ou de nature temporaire (cas d'une charge qui sera déductible au cours d'un exercice ultérieur). L'impôt différé vise à corriger ce décalage et ne s'applique donc qu'aux différences temporaires. Compte tenu de leur volume potentiel, il est nécessaire de disposer d'un outil pour les suivre et les contrôler.

COMMENT L'UTILISER ?

Étapes

1. Obtenir auprès du client un tableau de passage des impôts différés, présentant dans sa colonne d'ouverture le solde au bilan des impôts différés N-1, les mouvements de l'exercice et le solde N dans la colonne de clôture (à rapprocher des comptes consolidés).
2. Obtenir l'état des résultats fiscaux de l'ensemble des sociétés du périmètre. Qualifier chaque déduction ou réintégration de différence permanente ou différence temporaire. S'assurer que chaque différence temporaire est convenablement reportée dans le tableau de passage des impôts différés.
3. À partir du TVCP, identifier l'ensemble des retraitements de consolidation qui ont un impact sur le résultat de l'année. Les qualifier en tant que différence permanente ou temporaire. S'assurer que chaque différence temporaire est convenablement reportée dans le tableau de passage des impôts différés.
4. Si des déficits reportables ont été activés, se rapprocher de la liasse fiscale des entités concernées afin de s'assurer que le montant activé est inférieur ou égal à la somme des déficits à la clôture.
5. S'interroger sur les perspectives de résultat futur permettant l'utilisation des déficits antérieurs.
6. Valider la preuve d'impôt (*cf.* outil 66).

Méthodologie et conseils

Les travaux sur les impôts différés peuvent être présentés soit en base, soit en impôt (c'est-à-dire au taux d'impôt appliqué à la base). Il est nécessaire de choisir dès le départ une convention afin d'éviter les confusions très courantes en pratique.

Avant de se lancer...

- ✓ **Cette approche permet de suivre l'évolution dans le temps des impôts différés par nature et réduit donc le risque d'oubli de mise à jour de certaines lignes.**
- ✓ **Les travaux sur les impôts différés nécessitent la maîtrise préalable des grands principes comptables et fiscaux. Ils nécessitent donc l'intervention d'un collaborateur avec un minimum d'expérience.**
- ✓ **Il est indispensable de pousser les travaux jusqu'à la preuve d'impôt. Les travaux présentés ici se traduisent par beaucoup de revue de détail, rendant difficile la prise de recul. Seule la preuve d'impôt permet un contrôle global.**

Outil 66 La preuve d'impôt

> « La preuve d'impôt consiste à réconcilier l'impôt réel avec l'impôt théorique.

En quelques mots

L'impôt présenté dans le compte de résultat consolidé ne reflète pas le montant réellement versé à l'État. En effet, il est constitué d'une part de la somme des charges d'impôt sur les sociétés dues par chacune des entités incluses dans le périmètre de consolidation et d'autre part du montant des « impôts différés », calculés sur les retraitements de consolidation et sur les différences temporaires (*cf.* outil 65). La preuve d'impôt est le seul outil permettant de s'assurer que le calcul des impôts différés a été correctement effectué.

LA PRÉSENTATION CLASSIQUE DE LA PREUVE D'IMPÔT

a	**Résultat net des sociétés intégrées**	
b	Impôt social	
c	Impôt différé	
d	**Résultat avant impôt**	**= a – b – c**
e	Taux d'impôt théorique*	25 %
f	**Impôt théorique**	**= d × e**
g	Impôt comptabilisé	
h	**Écart à expliquer**	**= f – g**

i	Différences permanentes (à détailler ligne à ligne)	
j	Différences de taux (à détailler ligne à ligne)	
k	...	
l	Autres	
m	**Total expliqué**	**= i + j + k + l**
n	**Différence résiduelle**	**= h – m**

** Dernier taux d'impôt connu au niveau de la société mère du groupe.*

POURQUOI L'UTILISER ?

Objectif

La preuve d'impôt permet de valider la charge d'impôt consolidée (impôt social + différé) de l'exercice.

Contexte

Les logiciels de consolidation prévoient en général la production automatique de la preuve d'impôt. Dans les faits, elle demande une analyse et des retraitements manuels de la part de l'entreprise, le logiciel ne disposant pas de toutes les informations nécessaires à sa réalisation et une connaissance des subtilités fiscales locales. La preuve d'impôt est souvent un exercice difficile pour les entreprises et, par ricochet, pour les auditeurs.

COMMENT L'UTILISER ?

Étapes

1. Récupérer la preuve d'impôt groupe et l'ensemble des preuves d'impôt individuelles (au niveau de chaque société). S'assurer que :
- le résultat net correspond, tant au niveau individuel que consolidé, à celui indiqué dans le TVCP de l'entité correspondante – attention, il s'agit du résultat après retraitements de consolidation (donc la dernière ligne du TVCP, *cf.* outil 63) ;
- le taux d'impôt théorique utilisé correspond à celui de la société mère ;
- aucune société du périmètre n'a été oubliée.

2. Pour chaque société :
- vérifier la cohérence des lignes justifiant l'écart entre l'impôt réel et l'impôt théorique, en les classant soit en différence permanente, soit en différence de taux ;
- s'assurer sur la base du résultat fiscal, d'une part, et sur la base des retraitements de consolidation, d'autre part, que l'ensemble des différences permanentes ont bien été identifiées ;
- vérifier l'ensemble des sommes du tableau.

Méthodologie et conseils

Bien que l'annexe des comptes consolidés présente la preuve d'impôt au niveau du groupe, il est difficile d'utiliser cet état comme unique base des travaux. En effet, les différences permanentes, qu'elles soient liées aux différences social/fiscal ou aux écritures de consolidation, doivent s'analyser au niveau de chacune des sociétés composant le groupe. Ainsi, pour l'auditeur, il est plus aisé de travailler sur des états par société, après avoir vérifié que la somme de ces états correspond bien aux informations mentionnées en cumul dans l'annexe.

Suite outil 66 →

Avant de se lancer...

- ✓ La preuve d'impôt est un contrôle de cohérence globale dont la validation procure un confort certain à l'auditeur et constitue souvent la dernière étape de la consolidation.
- ✓ Il ne s'agit pas d'appliquer un seuil de matérialité à l'écart constaté entre l'impôt théorique et l'impôt réel. Contrairement à de nombreux autres travaux, un écart faible ne signifie pas que le contrôle est satisfaisant et peut masquer des anomalies, telles que l'application d'un impôt différé à une différence permanente. Il convient de s'assurer que l'écart, quel qu'il soit, a été décomposé par entité et justifié par l'entreprise.
- ✓ Attention aux impacts liés à l'activation ou à l'utilisation de déficits reportables.

Suite outil 66

La preuve d'impôt

COMMENT ÊTRE PLUS EFFICACE ?

Les éléments justifiant l'écart entre l'impôt théorique et l'impôt réel sont relativement récurrents. Nous en présentons ci-dessous une liste qui, bien que non exhaustive, reprend les cas les plus courants.

Différences permanentes

Parmi les différences permanentes (ligne « i ») issues du passage du résultat social au résultat fiscal :

- les amendes et pénalités ;
- la TVTS ;
- les écritures d'impôt : provision pour impôt, crédits d'impôt recherche, crédit d'impôt formation ou apprentissage ;
- les dépréciations de fonds de commerce ;
- les dépenses somptuaires.

Écritures de consolidation

Parmi les écritures de consolidation à indiquer en ligne « i » :

- l'amortissement ou la dépréciation des écarts d'acquisitions. À noter que la base de la preuve d'impôt est en général le résultat net de sociétés intégrées, donc avant amortissement des écarts d'acquisition. Néanmoins, si c'est le résultat net qui a été retenu, il convient de les prendre en compte ;
- dans le référentiel IFRS uniquement, les charges liées à l'application de l'IFRS 2 (paiement fondé sur des actions) ne font pas l'objet d'impôt différé et constituent donc une différence permanente.

Différences de taux

Parmi les différences de taux (ligne « j ») :

- l'impact de la contribution additionnelle. En effet, le taux retenu pour l'impôt théorique est celui de la mère (25 % pour la France). Si certaines des sociétés du groupe sont soumises à la contribution additionnelle, qui vient en plus du taux « normal », le montant comptabilisé au titre de cette contribution doit être identifié dans la preuve d'impôt ;
- sur le même principe, toutes les filiales étrangères qui paient un impôt sur la base d'un taux différent de celui de la mère génèrent un écart par rapport à l'impôt théorique. Il est donc nécessaire de vérifier le taux d'impôt applicable dans chacun des pays dans lequel se trouve une filiale de l'entreprise.

Cas des déficits reportables

Dans le cas particulier des déficits reportables (ligne « k ») :

- les déficits reportables générés par une entreprise, au cours de l'exercice, qui ne sont pas activés en consolidation, vont créer une différence entre l'impôt théorique (25 % de la perte, correspondant au produit d'impôt futur lié à l'utilisation des déficits) et l'impôt réel (zéro pour la société concernée) ;
- à l'inverse, lorsqu'une société active des déficits reportables correspondant à des exercices antérieurs, le produit d'impôt comptabilisé ne correspondra pas à des pertes comptables de l'exercice. L'impôt théorique, calculé sur le résultat de l'exercice, sera donc nécessairement différent de l'impôt réel qui est réduit au moyen des pertes fiscales passées ;
- enfin, lorsqu'une entreprise utilise des déficits qui n'étaient pas activés, le taux théorique est nécessairement différent du taux réel d'impôt.

Exemple

La preuve d'impôt

Le groupe M comprend deux sociétés, la mère M détenant sa fille F à 100 %. Au cours de l'exercice N, le groupe M a réalisé un résultat consolidé avant impôt de 150 K€. Il a comptabilisé une charge d'impôt sur les sociétés s'élevant à 45,3 K€ et une charge d'impôt différé s'élevant à 1 K€. Le taux d'IS s'élève à 25 %. Aucune des deux sociétés ne présente de retraitement de consolidation impactant le résultat. Il n'y a pas de différence entre le résultat comptable et le résultat fiscal de M.

Chez F, le passage du résultat comptable au résultat fiscal présente les éléments suivants :

- réintégration de 30 K€ de pénalités suite à un contrôle fiscal ;
- réintégration de 5 K€ au titre de la TVTS N ;
- réintégration de 28 K€ au titre de la participation N (déductible en N+1) ;
- déduction de 24 K€ au titre de la participation N-1.

La participation étant une différence temporaire, elle fait l'objet d'un impôt différé de 28 K€ × 25 % = 7 K€. La variation d'impôt différé est de (28 – 24) × 25 % = 1 K€.

Les pénalités et la TVTS étant des différences permanentes, elles ne font pas l'objet d'impôt différé et expliquent l'écart entre l'impôt théorique qui aurait été constaté si toutes les charges étaient déductibles et l'impôt réellement constaté.

Résultat net des sociétés intégrées	**103,8**
Impôt social	–45,3
Impôt différé	–1
Résultat avant impôt	**150**
Taux d'impôt théorique	25 %
Impôt théorique	**–37,5**
Impôt comptabilisé	–46,3
Écart à expliquer	**–8,8**

Pénalités	**–7,5**
TVTS	–1,3
Autres	0
Total expliqué	**–8,8**
Différence résiduelle	**0**

Outil 67 La revue croisée des travaux

« La revue croisée des travaux par les auditeurs conjoints est nécessaire pour émettre leur opinion commune.

En quelques mots

Dans le cadre de société devant publier des comptes consolidés, l'audit est réalisé par deux commissaires aux comptes qui se partagent la réalisation des diligences d'audit.

L'auditeur doit pouvoir être en mesure d'émettre solidairement avec son confrère une opinion sur les comptes. À cette fin, avant la signature du rapport commun d'opinion, chacun des commissaires aux comptes doit procéder à une **revue croisée des dossiers** de son confrère en s'assurant que les travaux effectués par ce dernier ainsi que les conclusions lui conviennent.

Cette revue doit ensuite faire l'objet d'une documentation appropriée dans les dossiers : compte-rendu d'entretien, questionnaire de revue, copies de papiers de travail importants...

LA REVUE CROISÉE DES TRAVAUX

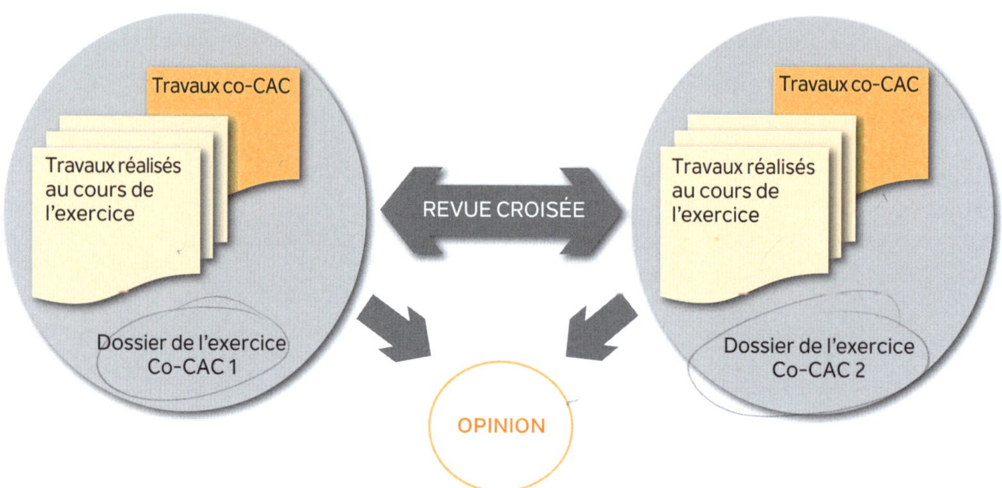

POURQUOI L'UTILISER ?

Objectif

L'auditeur doit s'assurer que les diligences mises en œuvre par son confrère sont suffisantes pour qu'il puisse forger son opinion.

Contexte

En France, pour les sociétés devant publier des comptes consolidés, le principe de l'audit conjoint est obligatoire. Ainsi, les deux auditeurs procèdent à une répartition des tâches équilibrée. Cette répartition donnera lieu à rotation au cours des six années de mandat.

Au moment d'émettre les différents rapports, il n'est pas fait mention de cette répartition, les deux commissaires aux comptes étant solidaires au niveau de la signature. De fait, en fin de travaux, les deux confrères effectuent une revue dite « croisée » des dossiers et diligences accomplies.

COMMENT L'UTILISER ?

Étapes

1. Établir une répartition des tâches entre les deux auditeurs. Cette répartition est jointe à la lettre de mission.
2. En fin de travaux, prévoir une réunion de revue des dossiers entre les deux auditeurs.
3. Documenter les travaux de revue réalisés et ajouter aux dossiers tous les éléments semblant utiles.
4. Le cas échéant, compléter les travaux du confrère si ceux-ci ne satisfont pas l'auditeur et faire de la « reperformance ».

Méthodologie et conseils

La documentation des travaux de revue croisée peut être réalisée au travers de la rédaction d'un mémorandum ou d'un questionnaire de revue qui reprend les différentes étapes de la démarche d'audit afin de s'assurer que les travaux du confrère sont suffisants et appropriés.

En outre, il apparaît nécessaire que la synthèse du confrère ainsi que certains de ses papiers de travail portant sur des problématiques comptables ou d'audit significatifs soient copiés et conservés dans les dossiers afin de supporter l'opinion conjointe.

La revue croisée intervient généralement en fin de mission. Toutefois, il est nécessaire en amont de :

- se mettre d'accord sur les seuils à utiliser afin que les travaux des confrères soient réalisés sur des bases comparables ;
- échanger sur le traitement des points d'audit afin de se mettre d'accord sur la conclusion ;
- s'assurer que chaque compte a été revu par un des deux auditeurs ;
- communiquer réciproquement les éventuelles problématiques rencontrées dans une section et pouvant avoir un impact sur les sections de l'autre.

Avant de se lancer...

- ✓ **La revue croisée des travaux permet de documenter la démarche d'audit suivi sur l'ensemble du dossier. L'auditeur est alors en mesure de conclure sur les états financiers dans leur intégralité.**
- ✓ **Il faut s'assurer que la revue croisée puisse intervenir avant l'émission de l'opinion sur les comptes. En effet, le calendrier de finalisation des travaux est souvent très serré. Ainsi, il convient en amont de prévoir cette étape clé dans ce laps de temps très court.**
- ✓ **Il est important de bien formaliser et documenter la revue des travaux du confrère qui trouve sa place dans le dossier de travail, au même titre que les travaux du premier auditeur.**
- ✓ **Attention toutefois à ne pas vouloir trop en faire. Il convient d'aller à l'essentiel, sans prendre une copie exhaustive du dossier de travail du confrère.**

Glossaire

ALPE : Audit légal des petites entreprises
AMF : Autorité des marchés financiers
ANC : Autorité des normes comptables
ASC : *Auditing Standards Codification*
BCFT : Blanchiment de capitaux et financement du terrorisme
BFR : Besoin en fonds de roulement
BP : Business plan
CA : Chiffre d'affaires
CAC : Commissaire aux comptes
CAF CAC : Certificat d'aptitude aux fonctions de commissaire aux comptes
CCA : Charge constatée d'avance
CNCC : Compagnie nationale des commissaires aux comptes
CRC : Comité de réglementations comptables
CRCC : Compagnie régionale des commissaires aux comptes
CUMP : Coût unitaire moyen pondéré
DDL : Diligences directement liées
DEC : Diplôme d'expertise comptable
DSN : Déclaration sociale nominative
DP : Dossier permanent
EIP : Entités d'intérêt public
EITF : *Emergency Insurance Task Force*
ERP : *Enterprise Resource Planning*
Exercice N : Exercice en cours
Exercice N-1 : Exercice précédent
FAE : Facture à établir
FEC : Fichier des écritures comptables
FIFO : *Fist In First Out*
FNP : Facture non parvenue
H3C : Haut Conseil du commissariat aux comptes
IAS : *International Accounting Standards*
IASB : *International Accounting Standards Board*
IDR : Indemnités de départ à la retraite
IFAC : *International Federation of Accountants*
IFRIC : *International Financial Reporting Interpretations Committee*
IFRS : *International Financial Reporting Standards*
ISA : *International Standards on Auditing*
IT : *Information Technology*
ITGC : *IT General Controls*
JO : Journal officiel
LIFO : *Last In First Out*

LME : Loi de modernisation de l'économie
NAO : Négociation annuelle obligatoire
NBE : Normes de bon exercice
NEP : Normes d'exercice professionnel
NI : Note d'information
NS ou N/S : Non significatif
PCA : Produit constaté d'avance
PCG : Plan comptable général
PE : Petites entreprises
PEPS : Premier entré premier sorti
PME : Petites et moyennes entreprises
PV : Procès-verbaux
RAS : Risque d'anomalies significatives
RC : Risque lié au contrôle
RCAI : Résultat courant avant impôts
REA : Réforme européenne de l'audit
RND : Risque de non-détection
RI : Revue indépendante
RI : Risque inhérent
R&D : Recherche et développement
SA : Société anonyme
SAAS : *Software As A Service* (« logiciel en tant que service »)
SACC : Services autres que la certification des comptes
SAS : Société par actions simplifiée
SIC : *Standards Interpretation Committee*
TPE : Très petites entreprises
TRACFIN : Service de renseignement rattaché au ministère des Finances et des Comptes publics
TVA : Taxe sur la valeur ajoutée
TIAP : Titres immobilisés de l'activité de portefeuille
TVTS : Taxe sur les véhicules de tourisme et société
TVCP : Tableau de variation des capitaux propres
US GAAP : *United States Generally Accepted Accounting Standards*
VMP : Valeurs mobilières de placement
VNC : Valeur nette comptable

Bibliographie

Documentation et ouvrages

- Table synthétique des normes d'exercices professionnelles.
- Code de déontologie de la profession de commissaire aux comptes, dernière version en vigueur à compter du 25 mars 2020.
- Mémento Francis Lefebvre, *Audit et commissariat aux comptes 2022-2023*, Lefebvre/Dalloz, 2022.
- Normes ISA.
- Normes IFRS et US GAAP.
- Notes d'information de la CNCC.
- Avis du H3C.
- Recommandations et études de l'AMF.
- Règlement ANC 2014-03 relatif au Plan comptable général.
- Règlement ANC 2020-01 relatif aux comptes consolidés.

Sites Internet

- Compagnie nationale des commissaires aux comptes : *cncc.fr*
- IFRS Fondation et International Accounting Standards Board : *ifrs.org*
- International Federation of Accountants : *ifac.org*
- Autorité des marchés financiers : *amf-france.org*
- Haut Conseil du commissariat aux comptes : *h3c.org*
- Autorité des normes comptables : *anc.gouv.fr*

83721 - (I) - SOP 90 - P130U - BEP- GCR
Dépôt légal : Juin 2022
Imprimé en Espagne par Unigraf S.L.